“十二五”国家重点图书出版规划项目

交通运输建设科技丛书·水运基础设施建设与养护

船闸灌泄水引航道和中间渠道通航水流条件研究

孟祥玮　周华兴　郑宝友　李　焱　著

人民交通出版社股份有限公司
China Communications Press Co.,Ltd.

内 容 提 要

本书为“十二五”国家重点图书出版规划项目、交通运输建设科技丛书。本书简述了船闸引航道和中间渠道的工程实践、研究概况以及引航道尺度规定和设计的现状。在此基础上，设定研究条件，开展了物理模型试验和数值计算工作，着重研究了船闸输水时引航道和中间渠道非恒定流的波动特性及通航水流条件。通过研究，揭示了各水力要素变化规律及其与引航道和中间渠道尺度的关系，提出了引航道和中间渠道通航水流条件的改善措施及其尺度的确定原则。

本书可供从事水利、水电及水运工程的设计、科研、管理人员和相关专业院校师生参考使用。

图书在版编目(CIP)数据

船闸灌泄水引航道和中间渠道通航水流条件研究/孟祥玮等著. —北京：人民交通出版社股份有限公司，2014.9

ISBN 978-7-114-11415-1

Ⅰ.①船… Ⅱ.①孟… Ⅲ.①船闸—引航道—研究 Ⅳ.①U641.2

中国版本图书馆 CIP 数据核字(2014)第 092662 号

“十二五”国家重点图书出版规划项目
交通运输建设科技丛书·水运基础设施建设与养护

书　　名： 船闸灌泄水引航道和中间渠道通航水流条件研究
著 作 者： 孟祥玮　周华兴　郑宝友　李　焱
责任编辑： 曲　乐　黎小东　李　喆
出版发行： 人民交通出版社股份有限公司
地　　址： (100011)北京市朝阳区安定门外外馆斜街 3 号
网　　址： http://www.ccpress.com.cn
销售电话： (010)59757973
总 经 销： 人民交通出版社股份有限公司发行部
经　　销： 各地新华书店
印　　刷： 北京市密东印刷有限公司
开　　本： 787×1092　1/16
印　　张： 10.5
字　　数： 255 千
版　　次： 2014 年 9 月　第 1 版
印　　次： 2014 年 9 月　第 1 次印刷
书　　号： ISBN 978-7-114-11415-1
定　　价： 49.00 元

总　　序

近年来，交通运输行业认真贯彻落实党中央、国务院“稳增长、促改革、调结构、惠民生”的决策部署，重点改革力度加大，结构调整积极推进，交通运输科技攻关不断取得突破，促进了交通运输持续快速健康发展。目前，我国公路总里程、港口吞吐能力、全社会完成的公路客货运量、水路货运量和周转量等多项指标均居世界第一。交通运输事业的快速发展不仅在应对国际金融危机、保持经济平稳较快发展等方面发挥了重要作用，而且为改善民生、促进社会和谐做出了积极贡献。

长期以来，部党组始终把科技创新作为推进交通运输发展的重要动力，坚持科技工作面向需求，面向世界，面向未来，加大科技投入，强化科技管理，推进产学研相结合，开展重大科技研发和创新能力建设，取得了显著成效。通过广大科技工作者的不懈努力，在多年冻土、沙漠等特殊地质地区公路建设技术，特大跨径桥梁建设技术，特长隧道建设技术，深水航道整治技术和离岸深水筑港技术等方面取得重大突破和创新，获得了一系列具有国际领先水平的重大科技成果，显著提升了行业自主创新能力，有力支撑了重大工程建设，培养和造就了一批高素质的科技人才，为交通运输科学发展奠定了坚实基础。同时，部积极探索科技成果推广的新途径，通过实施科技示范工程，开展材料节约与循环利用专项行动计划，发布科技成果推广目录等多种方式，推动了科技成果更多更快地向现实生产力转化，营造了交通运输发展主动依靠科技创新，科技创新服务交通发展的良好氛围。

组织出版《交通运输建设科技丛书》，是深入实施创新驱动战略和科技强交战略，推进科技成果公开，加强科技成果推广应用的又一重要举措。该丛书分为公路基础设施建设与养护、水运基础设施建设与养护、安全与应急保障、运输服务和绿色交通等领域，将汇集交通运输建设科技项目研究形成的具有较高学术和应用价值的优秀专著。丛书的逐年出版和不断丰富，有助于集中展示和推广交通运输建设重大科技成果，传承科技创新文化，并促进高层次的技术交流、学术传播和专业人才培养。

今后一段时期是加快推进“四个交通”发展的关键时期，深入实施科技强交战略和创新驱动战略，是一项关系全局的基础性、引领性工程。希望广大交通运输科技工作者进一步解放思想、开拓创新，求真务实、奋发进取，以科技创新的新成效推动交通运输科学发展，为加快实现交通运输现代化而努力奋斗！

王君顺

2014 年 7 月 28 日

前　言

2004年全国内河航道普查表明，我国已建各种形式的船闸约817座，船闸的功能是克服集中落差，使船舶（队）快速、安全地通过闸坝。船闸输水是使闸室船舶随水体作垂直升降运动。引航道是船闸的重要组成部分，它是连接河道与闸室的过渡段。船闸中间渠道是分散梯级船闸间两端封闭的渠道。

我国对船闸输水系统的研究较充分，发展了能适应高水头大型船闸的等惯性输水系统，并经葛洲坝、三峡船闸工程实践的检验，达到了国际领先水平。以往由于船闸水头低、闸室尺度小、输水流量小，灌泄水非恒定流长波波流运动对船舶（队）的停泊和航行影响较小。近年来，我国建设的中、高水头枢纽船闸尺度和水位差越来越大，而阀门开启和输水时间则基本保持不变。在航道等级不变的条件下，引航道的宽度和水深相对变化较小，而船闸灌泄水取走或泄入引航道的水体增加，则会导致引航道的通航水流条件变差。这一现象已经引起船闸设计和科研工作者的重视。船闸中间渠道的工程实践较少，20世纪80年代曾结合三峡枢纽通航工程的比选方案，即船闸设中间渠道方案，进行了物理模型试验和数模计算，但未进行系统的规律性研究。

船闸灌泄水在上下游引航道或中间渠道内形成非恒定流。这种非恒定流对船舶以及船闸本身均能产生不利影响。过去的研究大多根据工程需要，围绕着工程的布置形式和特定边界条件进行，由于问题的复杂性以及研究手段、规模的限制，系统的规律性研究尚显不足。本书采用理论分析、物理模型试验和数值计算的方法，对船闸灌泄水时引航道、中间渠道内非恒定流与船闸输水特性的关系，特别是与引航道和中间渠道尺度的关系进行了系统研究。

撰写本书的基础资料来自西部交通建设科技项目《内河航道通航条件关键技术研究（二期）》（合同号：2005 328 000 24）专题一，即《通航建筑物引航道通航条件研究》和西部交通建设科技项目《高坝通航中间渠道和渡槽的尺度及通航条件研究》（合同号：2004 328 224 36）专题三，即《船闸设中间渠道的尺度和水力特性及船舶（队）通航条件模型试验研究》及相关的技术文献。通过物理模型试验和数值模拟计算，围绕着引航道（中间渠道）长波波动特性、水力要素及通航条件，经归纳、整理和分析，找出各因素间的规律及关系、提出尺度确定原则及相应改善措施等。资料力求翔实，并密切结合实际工程中的问题，故可供水运工程中通航建筑物设计、研究和教学人员参考。

研究成果是在各级领导指导下，大家协同作战、辛勤劳动取得的，是集体智慧的结晶。在此向所有为本书做出贡献的同志表示感谢，感谢各级领导的支持、感谢所有同事的奉献、感谢编审专家辛勤的劳动。受作者认识水平所限，文中观点，如存错谬，不当之处敬请赐教指正。

著　者

2014 年 7 月

目　　录

第1章　绪　论

1.1　引　言

船闸是通航建筑物的一种形式，它的功能是帮助船舶克服河流或运河中的集中水位落差。例如长江三峡水利枢纽工程建坝以后形成的上下游最大水位差达113m，建在枢纽中的连续五级船闸则可以使万吨级船队在大坝上下游之间畅通无阻。船闸由闸室、上下闸首、输水系统及上下游引航道等组成，其中输水系统的作用是完成闸室灌水和泄水。船闸灌水时，可使闸室内水位与上游水位齐平，泄水时可使闸室内水位与下游水位齐平，船舶通过进出闸室可在上下游之间通航。引航道是通航建筑物的重要组成部分，是船闸、升船机等过船设施与上、下游河道的连接通道。其作用在于保证船舶安全、顺利进出船闸，供等待过闸的船舶安全停泊，并使进出船舶交错避让。引航道应具有足够的水深和合适的平面布置以保证通航期内过闸船舶(队)畅通无阻，安全行驶。

船闸灌泄水时，在上下游引航道内产生非恒定流，引起水面波动和流速、流态变化，对引航道内等待过闸的船舶产生各种动水作用力，直接影响船舶进出引航道的安全。同时船闸灌泄水产生的涌浪还会使引航道中的水面降低，减小有效水深，影响航行安全。水位波动会对船闸人字门安全运转带来不利影响。国内外工程实践中，在引航道内均发生过船只海损事故。如：美国俄亥俄河上的麦克阿尔派恩船闸，在上游引航道为最低通航水位时，由于船闸灌水引起引航道水面波浪幅值(以下简称“波幅”)达1.2m，曾导致船舶触底，发生海损事故。国内葛洲坝水利枢纽，1982年1月，某东方红客轮下行，船舶吃水2.62m，出二号船闸以后，在三江下游航道擦底，油舱漏油，造成引航道停航5h。因此，船闸和引航道的设计，在注重闸室输水系统和停泊条件的同时，切不可忽视上、下游引航道水力特性和船舶停泊及航行条件问题。特别是当船闸闸室尺度大、水位差大，要求阀门快速开启、输水时间短时，船闸灌泄水对引航道内的通航水流条件影响会更大。

对于单线梯级船闸，为使船闸灵活运转，并提高通过能力，可在两船闸之间根据地形条件布置一段中间渠道。而对于双线梯级船闸，一般采用连续布置，一线上行，一线下行，若地形地质条件合适，也可采用中间渠道，以增加运转的灵活性。在枢纽通航建筑物设计选型时，连续梯级与带中间渠道船闸经常互为比选方案。船闸中间渠道具有以下优点：①中间渠道两端船闸可以独立运行，调度较灵活；②船闸补溢水可由中间渠道调整；③通航建筑物布置可合理利用地形，避免大的开挖；④减小了输水阀门的作用水头，能改善阀门运转条件。中间渠道存在着与引航道类似的水流条件问题：①船闸灌泄水非恒定流，在中间渠道内会形成波动和局部比降；②波动会影响中间渠道内通航水深，在船闸人字门处形成反向水头；③局部比降会影响船舶航行及停泊。由于上下级船闸泄水、灌水的相互影响以及渠道端部的反射作用，中间渠道的

非恒定流运动比单级船闸的上游或下游引航道更复杂。

中外学者对船闸灌泄水时上下游引航道以及中间渠道的水力学问题，结合具体工程进行过大量研究。对引航道及中间渠道内非恒定的水流运动规律有了充分的认识。但是，过去的研究大多只是根据工程需要，围绕着工程的布置形式和特定边界条件进行研究，由于问题的复杂性以及研究手段、规模的限制，已有成果具有一定的局限性，缺乏普遍性。一些文献，通过理论模式分析和二维数学模型计算，讨论了三峡上游引航道对通航水流条件的影响规律，指出了尺度局部优化在水流条件改善方面的重要意义，明确提出了引航道尺度影响水流条件的概念。

目前，我国船闸工程的发展趋势是：①加大船闸尺度，实现大型船队一次过闸，以缩短过闸时间；②提高水头，减少梯级，减少过闸次数；③提高灌泄水速度，以加快船舶进出闸。因此闸室尺度和上下游水位差越来越大，并且要求输水阀门快速开启，输水时间缩短。船闸灌泄水从上下游取、泄大量水体，在引航道宽度和水深基本不变的前提下，取、泄水越多，流量越大，通航水流条件也越复杂。

随着我国西部航运事业的发展，有关山区航运枢纽设计中经常遇到船闸以及上下游引航道的布置问题，很难完全按照《船闸总体设计规范》(JTJ 305—2001)的有关规定执行。同时现行规范对于引航道的布置主要是从船队尺度要求出发，对水流条件的考虑还很不具体。船闸灌泄水在引航道内形成的非恒定水流运动对通航水流条件的影响，主要表现在对航道水深、系缆力和航行阻力的影响。其水力要素(波幅、比降、流速)与非恒定流流量、引航道尺度等有关。系统研究船闸灌泄水非恒定流水力特性，分析计算规则引航道尺度对水流条件的影响，以及非恒定流对船舶航行、停泊以及船闸运转的影响等，可为制定或修订有关规范标准中船闸灌泄水非恒定流的内容提供依据，具有重要的现实意义。目前我国尚无中间渠道的通航标准供设计使用，而中间渠道水力特性和通航条件不同于船闸引航道和运河，很难套用船闸引航道和运河的尺度及其通航标准。因此，也有必要根据中间渠道特殊的水力条件及边界条件，系统全面地研究规则中间渠道尺度与通航水流条件的关系，以确定中间渠道的合理尺度。

有关内河通航标准、船闸总体与输水系统规范及水力指标等，是设计人员应遵循的依据和原则。但规范标准制定时，实际存在局限性，如水力指标中的波高、流速、比降、系缆力等的确定均具有一定的灵活性。鉴于工程方案的确定受多种因素的影响，要照顾各方面的要求是困难的，因此衡量利弊时，要抓主要矛盾，忽略次要矛盾。其次标准、规范受历史条件限制，对一些问题的认识需要不断深化和完善。因此针对工程实践中暴露出来的问题进行总结和提高，是本书的宗旨。而本书着重对设定条件下的规律性进行研究，一些认识有待工程实践的检验，其成果可供标准规范修订时参考。

1.2 船闸引航道的工程实践及研究概况

1.2.1 工程实践

通航建筑物主要有升船机和船闸两种形式。据截至2010年的不完全统计，我国共有通航建筑物约900座，其中船闸所占比例超过90%，所以船闸是我国通航建筑物的主要形式。表1-1和表1-2是国内外部分船闸规划设计比选方案和工程实例[17-18]。

国内部分船闸引航道工程实例 表 1-1

序号	船闸名称	总水头(m)	级数	航道等级	闸室尺寸(m) $L_k \times B_k \times h_k$	引航道尺度(m)				$\frac{L_{n上}}{L_c}$	$\frac{L_{n下}}{L_c}$
						$L_{n上}$	$B_{n上}$	$L_{n下}$	$B_{n下}$		
1	葛洲坝1号	27.0	1	Ⅰ	280×34×5.5	1200	160(200)	950	140(180)	5.4	4.3
2	葛洲坝2号	27.0	1	Ⅰ	280×34×5.0	960	230	650	120(150)	4.3	2.9
3	葛洲坝3号	27.0	1	Ⅰ	120×18×3.5	360	230	≥360	120(150)	3.3	3.3
4	淮安三线	4.27	1	Ⅱ	260×23×5	520	63	520	63	2.8	2.8
5	水府庙	28.0	2	Ⅴ	56×8.4×1.8	—	—	320	—	—	3.4
6	贵港	14.5	1	Ⅲ	190×23×3.5	1279	45	725	45	7.1	4.3
7	三峡	113	5	Ⅰ	280×34×5.5	2113	220	2722	160～220	9.5	12.1
8	那吉	14.9	1	Ⅲ	190×12×3.5	392	45	385	45	2.3	2.3
9	大源渡	11.2	1	Ⅲ	180×23×3	1081	45	905	45	6.5	5.0
10	桂平	11.69	1	Ⅲ	190×23×3.5	1126	—	825	—	6.7	4.9
11	四九滩	9.9	1	Ⅴ	170×12×2.8	300	—	533	—	3.2	5.7
12	大顶子山	7.55	1	Ⅲ	180×2.8×3.5	810	90	810	90	4.9	4.9
13	株洲一线	10.55	1	Ⅲ	180×23×3.5	585	75	600	75	3.5	3.6
14	株洲二线	10.55	1	Ⅱ	280×34×4.5	685	75	685	75	3.7	3.7
15	长沙(双线)	7.8	1	Ⅱ	280×34×4.5	760	146	760	146	4.1	4.1
16	新政	14.1	1	Ⅳ	120×16×2.5	210	40	180	40	1.9	1.6
17	飞来峡	14.49	1	Ⅳ	190×16×3	1300	—	1500	—	11.6	13.4
18	长洲1～2号	15.55	1	Ⅱ	200×34×4.5	563	114.5	573	125.1	3.0	3.1
19	桥巩	24.5	1	Ⅳ	120×12×3	800	57	700	57	7.1	6.3
20	草街(双线)	26.5	1	Ⅲ	180×23×3.5	497	65	480	65	3.0	2.9
21	台儿庄二线		1	Ⅱ	260×23×5	388	—	388	—	2.1	2.1
22	东西关	24.5	1	Ⅳ	120×16×3	330	变宽度	220	变宽度	2.9	2.0
23	金溪场	17.3	1	Ⅳ	120×16×2.5	182	40	220	40	1.65	1.82
24	小龙门	6.5	1	Ⅳ	120×16×3.0	385	40	400	40	3.5	3.6
25	贵港二线	14.1	1	Ⅰ	280×34×5.8	—	75～140	—	75～140	—	—
26	西津二线	20.3	1	Ⅰ	280×34×5.8	—	—	—	75～115	—	—
27	大藤峡方案	40.25	1	Ⅰ	280×34×5.8	1195	75～115	1897	75～115	5.4	8.5
28	桂平二线	10.5	1	Ⅰ	280×34×5.6	777(直)	—	643(直)	—	3.5	2.9

注:①设Ⅰ级航道的代表船队为1顶4×3000t顶推船队,船队长 L_c=223m;Ⅱ级航道为1顶2×2000t～4×2000t顶推船队,船队长 L_c=180～186m;Ⅲ级航道为1顶2×1000t～4×1000t,船队长 L_c=160～168m;Ⅳ级航道为1顶2×500t～4×500t,船队长 L_c=110～112m;Ⅴ级航道为1顶2×300t～4×300t,船队长 L_c=90～94m[9]。

②表中 L_k、B_k 分别为闸室有效长度和宽度,h_k 为门槛水深;L_n、B_n 分别为引航道长度和宽度、下标为上游或下游。

国外部分船闸引航道工程实例 表 1-2

序号	国家	河流名	船闸名	总水头(m)	级数	闸室尺寸(m)(长×宽×槛上水深)	引航道尺度与特征	引航道形式
1	美国	哥伦比亚—斯内克河	邦纳维尔	23	1	205.5×26.2×5.79	上游导长 286m,下游导长 289m	—
2	美国	密西西比河	上密西西比河26号(双线)	7.3	1	366×33.5×5.5	上游导长 456.8m,下游导长 269.43m	一线反对称,一线对称
3	美国	斯内克河	下花岗岩	32	1	205.5×26.2×4.75	上、下游导长各一倍闸室	对称式
4	美国	哥伦比亚河	达来斯	27.1	1	205.5×26.2×4.75	上游导长 355m,下游导长 402m	对称式
5	美国	圣劳伦斯海道	布哈诺斯设中间运河两级船闸	25	2	233.5×24.38×9.1	上游导长 849.8m,下游导长 653.3m	一侧喇叭式
6	美国	沃希托河	哥伦比亚	5.49	1	233.5×24.38×9.1	上游导长 720m,下游导长 540m	对称式
7	巴西	托康汀斯河	图库鲁伊	71.5	2	210×33×6	长 1500m,最小宽度 140m,最小水深 6.5m	—
8	前苏联	伏尔加—顿运河	伏尔加—顿运河	17	2	290×30×3.6	导长 1900m	反对称式
9	前苏联	伏尔加	古比雪夫	29	2	290×30×3.6	上游导长 350m,下游导长 7000m	双线对称式
10	前苏联	卡马河	沃特金	23	1	290×30×5.5	上游导长 500m,下游导长 4500m	双线对称式
11	奥地利、德国	多瑙河	约亨斯坦	12.5	1	230×24×—	上游导长 520m,下游导长 300m	喇叭式
12	奥地利	多瑙河	瓦尔泽	10.9	1	230×24×—	上游导长 250m,下游导长 230m	喇叭式
13	朝鲜	大同江	烽火	7.5	1	174×16×—	上游导长 300m,下游导长 500m	对称式
14	加拿大	韦兰运河	8号	3.5	1	420×24.38×9.1	上游导长 743.3m,下游导长 619.3m	对称式
15	美国	汤比格运河	E	9.14	1	183×33.5×5.5	上游导长 140m,下游导长 140m	对称式
16	德国	莱茵—多瑙河	格斯林	7.3	1	270×24×4.0	上游导长 453m,下游导长 455m	喇叭式
17	前苏联	伏尔顿运河	2号	10.4	1	145×18×—	上游导长 508m,下游导长 508m	反对称

注:上游导长或下游导长是指导航墙长度[1]。

总结引航道设计的基本情况，有以下几点：①引航道最短 205.5m，最长 7000m，大多集中在 1～2 倍闸室长范围内。②单级船闸水头最大 42m，多级船闸总水头最大 113m。③引航道断面基本上是规则的矩形、梯形，不规则和天然地形甚少。

1.2.2 国内外研究概况

(1)国外研究概况

世界上许多国家在通航枢纽工程的建设中，对于通航建筑物引航道水流条件的研究十分重视。通过大规模的水利枢纽工程建设，通航水力学得到了快速的发展。欧美等西方国家的大部分河流在 20 世纪 30 年代已相继渠化，因而，对有关引航道水流条件的研究开展较早。

前苏联针对船闸引航道，开展了非恒定流波浪运行基本参数对建筑物及停泊条件影响的研究，提出了减小渠道内波浪幅值的多种措施。

1953 年采用 1∶100 物理模型对斯大林船闸引航道水流条件进行了研究，据此选定了泄水建筑物的结构和相应于通航所要求的流态。1956 年又为校核下游引航道中的船只停泊条件在 1∶40 的物理模型上进行了研究。

列宁格勒水运学院在 1960 年对克列明丘克船闸观测了渠道局部扩宽(设调节池)措施的效果。该船闸为单级，设计水头 18m，泄水量 8.5 万 m^3，观测时水头为 14.8m，下游引渠总长 4830m，距下闸首 580m 处，渠道右侧单向急剧扩宽，调节池顺渠道中心线方向开口宽约 300m，垂直中心线方向距渠道边界外侧扩宽约 430m。观测调节池末端波高为始端的 1/2，消波效果较好。另外还研究了阀门开启时间与方式(间歇开启)对波高的影响。

前苏联曾提出有关船闸的通航条件技术指标：在米哈依诺夫著的《船闸》一书中，提出了安全通航条件规定：航线上水流速度不大于 2.0～2.5m/s，横向流速不大于 0.2～0.3m/s，环流(即回流)速度不大于 0.4～0.5m/s；前苏联《船闸设计规范》(1975 年版)规定，航道上最大纵向流速对Ⅰ、Ⅱ级水道(相应船舶吨级为 5000t、3000t)不应大于 2.0m/s，对Ⅲ、Ⅳ级水道(相应船舶吨级为 2000t、1000t)不应大于 1.5m/s。对各级水道在引航道入口断面(包括引航道内)处，垂直于航道轴线横向流速不大于 0.25m/s，在引航道口门区范围内不大于 0.4m/s。进入引航道的自航船及顶推船队，受水流和风力的作用，它产生的扭力矩，不应大于船舶(队)舵效所能克服的扭力矩。1980 年 1 月，前苏联又颁布了新的挡土墙、船闸、过鱼及护鱼建筑物设计规范，新规范规定，引航道与水库(或河流)的连接段内，超干线及干线上航道允许纵向流速 2.5m/s、横向流速 0.4m/s，地方航道及地方小河航道允许纵向流速 2.0m/s、横向流速 0.4m/s。

美国结合具体工程的船闸引航道，研究了航道波动特性和流态，但主要依靠船模航行试验，判断水流情况是否影响航行。在 1952 年，研究了俄亥俄河上船闸航行条件，进行了包括船闸上下游引航道的流态的模拟，试验中操纵船模在进出船闸引航道内行驶时的情况以及研究水流对船只的影响。如俄亥俄河上的贝利维利船闸下游引航道口门处纵向流速 2.28m/s、横向流速 0.3m/s、回流流速 0.5m/s，对船队进出口尚无影响。

美国还对俄亥俄河上的麦克阿尔派恩船闸灌泄水非恒定流对通航的影响及改善措施进行了研究。该通航枢纽主船闸尺度为 183m×33.6m(长×宽)，灌水时间 9min，最大流量 510m^3/s。综合治理措施为：①扩大运河宽度，由 61m 扩大到 152.4m；②增加水深，由 2.74m 增加到 4.6m；③建造一座边长为 457m，水深为 3.05m 的三角形调节池，灌水时一半流量来自调节池。经这些措施后，尽管加大了主船闸尺度，但波高减小，航行条件得到改善。

美国通过水电站泄流对船闸下游引航道流场影响的研究，提出了航行条件的临界允许值，当回流长度为任意值时，回流流速应小于0.3m/s，当回流长度小于船队长度的一半时，回流流速应小于0.61m/s。美国陆军工程兵团工程师手册《浅水航道规划设计》中提到，经验表明：涡流超过0.38m/s是有害的。影响船舶（队）航行程度取决于涡流的强度和驾驶人员的经验。美国麦克阿尔派恩船闸上游引航道比降≤1‰。20世纪80年代又结合海湾泉船闸下游引航道，进行了物理模型、数学模型和自航船模的试验研究。

此外文献也对美国多个闸坝通航的设计工作以及相关水流条件的研究工作进行了介绍，基本上都是根据实际工程进行针对性的研究。

前联邦德国学者 Parten－Seky 认为，对排水量达到1240t的船舶，允许水面比降为1.3‰。

(2)国内研究概况

国内结合葛洲坝、三峡、桂平、那吉等工程也广泛开展了相应的试验研究。采用物理模型、数学模型和原型观测等研究手段，在理论分析和工程实践上，取得了范围广泛、水平较高的科研成果。

20世纪70年代我国针对葛洲坝水利枢纽中船闸进出口布置，进行了实船和模型试验，研究改善水流条件的措施，规定流速的限值和范围[19,51]。同时，也对浙江七里垅船闸下游引航道进闸进行了实船试验。在编制旧版《船闸设计规范》过程中，对船闸的通航条件进行了较全面的研究，包括实船、船模及船模动态校核等项试验，得到了船舶（队）进出口门时安全的水力条件，并由试验得到顶推船队不同航速时相应的允许横向流速限值，并要求船队在不均匀的横流航区，当发生偏转运动时，船队舵的转动力矩应大于横向流速对船体的转动力矩。这些试验成果为制定《船闸设计规范（试行）》(JTJ 261～266)提供了依据。

20世纪80年代，针对葛洲坝三江下游引航道非恒定流对船舶（队）航行和停泊影响的因素及变化规律，进行了大量的物理模型、原型观测和数值计算的分析研究：1983年有关单位组织进行了葛洲坝引航道非恒定流原型观测；1985年利用1∶100和1∶150两个物理模型进行了非恒定流的模型试验，取得了较为丰富的成果。其中有：三江下游引航道水流结构及淤积规律研究；三江双线船闸泄水布置及下引航道不稳定流—往复波流研究；采用一维非恒定流数学模型，对三江下游非恒定流进行的计算等。

20世纪80年代，国内还开展了针对三峡工程通航标准的研究，对三峡工程船队尺度、航道尺度、永久通航建筑物尺度、通航水流条件、通航流量水位和保证率、通航净空进行了规定。其中有关通航水流条件的规定如下：口门区纵向流速≤2.0m/s，横向流速≤0.3m/s，回流流速≤0.4m/s，波浪高度≤0.4～0.5m；引航道导航和调顺段内应为静水区，船闸自引航道灌泄水时，最大纵向流速上游引航道应不大于0.5～0.8m/s，下游引航道应不大于0.8～1.0m/s。

针对引航道及口门区通航标准问题，目前国内的研究主要是列出了一些水力学指标供设计参考。船舶航行安全除与水流条件有关以外，还与船舶自身航行特性有极大的关系。由于船舶建造技术在过去的十几年中已经得到了很大的发展，可以预见，未来针对通航标准问题还有很多工作要做。

20世纪90年代，国内有关科研院所通过1∶100的三峡枢纽物理模型，采用水力学试验与自航船模航行试验相结合的研究方法，探讨船闸引航道口门区的优化布置方案；同时对三峡工程在枢纽泄洪、电站调节和船闸灌泄水时，上下游引航道非恒定流——往复波流进行了研究。特别是利用泥沙动床模型，研究了三峡河势变化对通航水流条件的影响。在数值计算与仿真方面，采用对三维 *N-S* 方程沿水深方向积分后的二维水平方向的 *N-S* 方程和改进的 MAC 法，计算了具有分叉引航道的非恒定流，并与模型试验值进行了相互验证。有关单位开发了计算机实时仿真船舶模拟器，利用该模拟器可进行通航水利枢纽布置，内河航道以及港口、河口的船舶航行条件的研究。

20 世纪 90 年代至今，随着我国航运事业的发展，设计和科研人员结合我国新建工程，进行了大量的通航水流条件的研究。如交通部天津水运工程科学研究所(现更名为“交通运输部天津水运工程科学研究院”)曾对三峡、那吉、株洲、大源渡、大顶子山、贵港、桂平等枢纽工程通航水流条件进行了研究。

1.3 船闸中间渠道工程实践及国内外研究概况

1.3.1 工程实践

根据截至 2010 年的不完全统计，国内外规划设计比选方案和工程实例中设中间渠道的通航工程有 27 座，见表 1-3。

国内外船闸设中间渠道的通航工程一览表 表 1-3

序号	国家	河流名	船闸名	总水头(m)	级数	闸室尺寸(m)(长×宽×水深)	中间渠道尺度与特征	建设年代(年)
1	巴西	巴拉那河	伊泰普	130	3 或 4	210×17×5	1～2 级长 4025m，宽 40m，2～3 级长 1042m，宽 35m	规划
2	巴西	巴拉那河	伊拉索贻拉	52	2	210×17×—	—	设计中
3	巴西	托坎廷斯河	图库鲁伊	71.5	2	210×33×6	长 5463m，最小宽度 140m，最小水深 6.0m 梯形断面	已建
4	前苏联	额尔齐斯河	布赫达尔明斯克电站	68	4	100×18×3	—	1960
5	前苏联	叶尼塞河	中叶尼塞斯克	54	2	150×20×—	长 1450m	已建
6	前苏联	伏尔加河	高尔基	17	2	290×30×3.6	长 1900m	1955
7	前苏联	伏尔加河	古比雪夫	29	2	290×30×3.6	长 3800m	1958
8	前苏联	伏尔加河	列宁伏尔加电站	27	2	290×30×3.6	—	1957
9	尼尔利亚	尼日尔河	凯因吉	41.1	2	198×12.4×3	—	1969
10	加拿大	圣劳伦斯海道	布哈诺斯	25.6	2	233.5×24.38×9.1	长 1219m，宽 67m～122.0m，水深 9.14m	1959

续上表

序号	国家	河流名	船闸名	总水头（m）	级数	闸室尺寸(m)（长×宽×水深）	中间渠道尺度与特征	建设年代（年）
11	越南	—	和平	110	2	160×12×—	—	规划
12	前苏联	—	齐姆良水利枢纽	—	2	—	长 1625m，宽 75～80m	已建
13	法国	北运河	16～17 号	—	—	—	长 5630m	已建
14	中国	涟水	水府庙	28	2	56×8.38×1.8	长 75.0m，宽 17.5m，水深 1.8m，矩形	1963
15	中国	消水	双牌	43	2	56×8×2.0	长 185m，宽 15.0m，水深 2.0m，矩形	1962
16	中国	长江	三峡（设计方案）	88	2	280×34×5.0	长 3900m，呈弯道，最小宽 200m，其余为溪沟，最小水深 5m	比选方案
17	中国	长江	三峡（设计方案）	113.0	3	280×34×5.0	长 2400m，呈弯道，渠底宽 228m，其余为溪沟，最小水深 5.0m	比选方案
18	美国	圣劳伦斯海道	艾森豪威尔与斯奈尔船闸间	28	2	233.5×24.38×9.1	渠宽 91.4～137.2m	已建
19	加拿大	韦兰运河	1～2 号	28.0	2	233.5×24.38	长 2527m，规则梯形断面	1932
20	加拿大	韦兰运河	2～3 号	28.0	2	233.5×24.38×9.1	长 3917m，规则梯形断面	1932
21	加拿大	韦兰运河	3～4 号	29.0	2	233.5×24.38×9.1	长 1853m，宽 91m，规则梯形断面	1932
22	加拿大	韦兰运河	6～7 号	27.0	2	233.5×24.38×9.1	长 700m，规则梯形断面	已建
23	巴拿马	巴拿马运河	佩德罗—米格尔	25.9	3	305×33.5×—	长 1600m	1914
24	巴西	泰特河	Avanhadava	34.15	2	142×12×—	—	1991
25	巴西	泰特河	Aresirmaos	48	2	142×12×—	—	1991
26	中国	长江	三峡设计方案	17.02	第 5～6 级间	270×32×5	长 1000m，宽 102m，水深 5m，规则矩形断面	未建
27	德国	杜门—欧姆斯运河	米赛—万劳（双线）	15.0	2	175×12 105×12	长约 5540m，宽 43m，规则梯形断面	已建

中间渠道设计的基本特点:①中间渠道最短75m,最长5630m,渠道最宽228.0m,最窄15m。②在单线船闸间设中间渠道居多,分散3级的与双线的较少。③单级船闸的水头不等,最小的7.5m,最大的55m,总水头在15~130m。④中间渠道断面有矩形、梯形、不规则和天然地形等。

1.3.2 国内外研究概况

国内外研究人员结合具体的水利工程,对设中间渠道的通航建筑物的水力特性和通航条件进行了研究。

(1)国外研究概况

国外针对枢纽闸坝上下游通航条件做了较多的研究,涉及船闸中间渠道的主要有以下内容。

美国1953年对Welland运河和船闸中间渠道的涌浪问题进行了原体观测和室内试验,提出减轻涌浪可采用降低灌泄水速度,加大河道尺度,制定合理的船闸运转方式,设调节池等方法。1985年建成的贝斯毕林船闸,原设计方案存在涌浪问题,泄水阀门开启1min,作用在船队上的力达170t,船队难以上行。通过模型试验,提出增加泄水前沿宽度,放慢阀门开启速度等措施,改善了涌浪的影响。20世纪60~70年代,美国结合伊利湖—安大略湖水道之间5座船闸的连接渠道,观测了中间渠道内的水力特性,研究了中间渠道内波浪的改善措施。

20世纪50年代,前联邦德国卡尔斯洛工学院、日奥德·雷伯克流体力学试验室,针对米宾和万劳两双线船闸间的杜门—欧姆斯运河中间渠道进行试验研究和原型观测,研究了中间渠道的波动现象,渠道断面变化对波动叠加反射的影响,波高、波速、比降等波要素与船闸输水流量及流量增率的关系;提出了波前坡度的计算公式,引航道最小断面的确定及灌水初期允许的流量增率等;同时还研究了双船闸运行方式对船舶航行与停泊的影响。

前苏联针对两船闸之间的中间渠道,开展了非恒定流波动运行基本参数对建筑物及船舶停泊条件影响的研究,提出了减小渠道内波浪幅值的多种措施和合理的运转方式。如:1954年对齐姆良水利枢纽14号和15号船闸中间渠道的涌浪进行了研究,目的是确定涌浪的基本参数和上、下级船闸合理运转方式等对船舶航行及停泊条件的影响。该中间渠道长1625m,宽75~80m,当上级船闸泄水时,最大流量90m^3/s,波浪幅值达0.4~0.5m,当上下船闸同时灌(泄)水时,波浪幅值达0.65~0.70m。当渠道内有船时,波浪相互干扰、叠加,波浪幅值达1.5m,增加了人字闸门的动水作用力以及堤坝的水压力,并危害船舶安全。该研究提出的综合治理措施有:改变渠道尺度,确定合理的运转方式,提出下级船闸灌水宜选择在上级船闸泄水形成水面上升时进行。同时针对调节池面积大小、相对位置、出水面积等与波浪波动时间的关系开展了研究。认为要减小波高幅值,可调节调节池的进出口水量,水量大则效果显著;渠道与调节池用管道连接时,效果与管道孔口面积和调节池面积的比值有关。这些措施是有效的,改善了航运条件。

法国对北运河16号和17号船闸之间中间渠道(长5630m)及索恩—莱茵运河上的船闸中间渠道涌浪进行了研究,提出水面波动的变化(水面上或水面下)以0.30m为最大允许极限,最大水面比降以1‰为宜。

(2)国内研究概况

20世纪50年代,北京水利水电科学研究院针对三峡水利枢纽通航船闸比选方案,在双线9级船闸的5、6级船闸间设长1000m、宽102m的中间渠道,研究了上级船闸泄水、下级船闸灌水运转中不同的8种组合时,中间渠道的水位波动、流速、流态以及船舶航行阻力等。

20世纪80年代,交通部天津水运工程科学研究所结合三峡通航建筑物的选型,进行了分散2级和分散3级双线船闸中间渠道内非恒定流的物理模型试验,研究了中间渠道为天然地形时的水流运动、波动特性以及消波措施等。

通过试验研究得到的认识有:

①船闸中间渠道中的涌浪是船闸灌泄水水体在渠道中传递产生的,因此,无论渠道长短,只要注入或排出水体就有涌浪存在。

②涌浪属浅水长波,波周期约数分钟至数十分钟,波长以公里计,波高一般不大于1m,波陡(水面比降)小于1‰,波速接近二阶孤立波理论值。在封闭的渠道中,只存在半个波,最大波峰和最小波谷出现在渠道两端。每个扰动源各自激发出一个涌浪,这些涌浪能相互干扰和叠加。

③涌浪是长周期的水面升降运动,它对船舶航行的影响主要体现在:水体运动形成的水面比降增加了船舶坡降阻力;其次是水流流速产生的附加阻力。

④在最低通航水位时,涌浪引起的水面下降减小了有效水深。

⑤改善通航条件的措施:主要是改善水面比降、水流速度和通航水位的下降。通常措施:采取设调节池、加大渠道尺度、增加水深等工程措施;采取合理的船闸组合运转方式;输水阀门采用变速开启方式等。

南京水利科学研究院结合三峡工程进行了船闸中间渠道内非恒定流及改善措施的数值模拟研究。研究表明:在有溪沟的不规则渠道中,由于上级船闸输水廊道出口分散布置,改善了泄水波的传播与反射条件;单闸或双闸适当错开运行,能改善通航水流条件。

1.4 本书主要研究内容及创新点

1.4.1 主要研究内容

(1)船闸引航道非恒定流研究

在认识引航道尺度有关规定及设计现状的基础上,对引航道的停泊条件作了分析计算,并采用理论分析、物理模型试验和数值计算的方法,研究船闸灌泄水时引航道非恒定流的影响因素,包括引航道尺度、船闸水头、阀门开启时间、输水时间、流量增率和最大瞬时流量对非恒定流水力参数(水位变幅、流速、比降、系缆力)的影响,建立了相互之间的关系,综合提出了改善引航道通航水流条件的控制运转和工程措施,并提出了经验公式以利于成果的应用。其中Ⅲ级航道的引航道通过物理模型进行研究;Ⅰ、Ⅱ、Ⅳ级航道的引航道通过数值计算进行研究。同时研究引航道进出口的波动特性和波动对人字闸门的影响,分析了引航道技术标准。

(2)船闸中间渠道非恒定流研究

根据山区河流通航特点,主要针对Ⅳ级限制性航道,通航船舶500t级的工程布置进行分析，确定试验参数。利用调查研究、理论分析、物理模型、数学模型和船模航行试验相结合的方法，研究不同条件下中间渠道尺度与通航水流条件的关系。主要包括：船闸中间渠道不同运转方式的波动特性，如推进波、反射波、振荡波运动规律，水力要素（水深、流速、比降）的变化特点；渠道中船舶（队）的航行条件；波动产生的人字闸门正反向水头等。通过研究，提出了中间渠道尺度确定原则及方法等。

（3）改善措施研究

主要包括：船闸灌（泄）水方式研究；船闸输水系统进出口布置形式研究；调节池工程措施研究；船闸输水阀门开启方式以及双线船闸运转方式研究等。

1.4.2 主要创新点

（1）系统研究了引航道长度对水流条件的影响，丰富了引航道水力学的知识结构。研究表明，船闸灌泄水时，引航道的水位波动不仅与引航道的断面尺度（宽度和水深）有关，还与引航道长度有较大关系。

（2）相同船闸等级的闸室尺度有可能不同，使进入或流出引航道的流量不同，导致引航道水力条件与停泊条件有很大差异。在引航道断面设计时，应充分考虑闸室宽度的增加会引起引航道内水力要素的增大，如超标，应采取相应的改善措施。

（3）中间渠道振荡波波高与中间渠道长度有关，波高与渠道长度关系曲线会出现拐点，即存在使波高最大的渠道长度。设计中间渠道时应避开最不利长度，或者改变船闸灌泄水参数，从而改变船闸灌泄水的波长。

（4）中间渠道内正波前进过程中波前逐渐变陡，比降增加到一定程度波前不再稳定，出现短周期波，短周期波会加大人字门反向水头，并影响船舶停泊和航行。这一现象的发现，为某些中间渠道工程中出现的极端不利水流条件找到了物理上的原因。

（5）中间渠道内，上下级船闸同时输水，推进波与落水波叠加，波高加大，不利于船舶航行，该运转方式应予避免。渠道流速应以上级船闸泄水为控制条件。渠道水面比降应以先泄后灌运转方式为控制条件。中间渠道的通航水深应以下级船闸灌水为控制条件，根据船闸闸室尺度、水头、输水流量、渠道长度及宽度、反射波波高等因素计算确定。

（6）船闸中间渠道的尺度设计尚无规范标准可供遵循，经研究提出的渠道尺度确定原则，可作为规范标准制定时的依据。

第2章 船闸引航道通航水流条件研究

2.1 船闸引航道尺度的有关规定及引航道设计现状

2.1.1 引航道布置、组成及尺度的规定

引航道是船闸的重要组成部分，它的功能是连接船闸与河流、水库、湖泊中的航道，其布置及尺度应满足通航期内各航道等级，使船舶(队)快捷、通畅、安全地过闸，达到最大的通过能力和最省的工程投资。因此国内外的船闸建设都十分重视引航道的设计和研究。

引航道的平面布置应根据船闸级别、线数、设计船型、船队、通过能力等，结合地形、地质、水流、泥沙及上、下游河势等条件确定。一般有：反对称型、对称型、不对称型三种布置形式[7]。反对称型为上、下游引航道分别在相反一侧扩宽，这种布置适用于船舶(队)双向过闸时，直线进闸，曲线出闸；对称型是上、下游引航道两侧均匀扩宽，这种布置适用于船舶(队)双向过闸时，曲线进闸，直线出闸；不对称型是上、下游引航道在同一侧扩宽，这种布置适用于船舶(队)双向过闸时，直线进闸，曲线出闸。这三种布置在我国船闸工程实践中均存在。

引航道一般由导航段、调顺段、停泊段、过渡段(制动段)等组成。要求导航、调顺、停泊三段为直线段，过渡段(制动段)根据地形条件，可以是直接延伸，也可是曲线过渡。各段功能有所不同，导航段是供引导船舶(队)进闸之用；调顺段是船舶(队)双向过闸时，出闸或进闸调顺船舶(队)位置所在的区段；停泊段为船舶(队)双向过闸时，等候进闸船舶(队)的停靠位置，船舶(队)在此等候与会让。

尺度：《船闸总体设计规范》(JTJ 305—2001)规定[7]，引航道直线段(导＋调＋停)长度$L_n \geqslant (3.5 \sim 4.0)L_{cmax}$，$L_{cmax}$为设计最大船舶或船队的长度。引航道宽度要满足船舶(队)停靠、调顺、会让和操作上的要求，对反对称型和不对称型，引航道宽度$B_0 \geqslant 3.5B_{cmax}$，$B_{cmax}$为设计最大船舶或船队的宽度；对称型引航道宽度$B_0 \geqslant 5B_{cmax}$。引航道最小水深$h_{nmin}$，Ⅰ～Ⅳ级船闸$h_{min} \geqslant 1.5T_{cmax}$，Ⅴ～Ⅶ级船闸$h_{min} \geqslant 1.4T_{cmax}$，$T_{cmax}$为设计最大船舶或船队满载时的吃水深度。引航道最小弯曲半径R，对顶推船队和机动驳，Ⅰ～Ⅲ级船闸$R \geqslant 4L_{cmax}$，Ⅳ～Ⅶ级船闸$R \geqslant 3L_{cmax}$；对拖带船队$R \geqslant 5L_{cmax}$。弯道加宽$\Delta B = L_{cmax}^2/(2R+B_0)$，当弯道中心角大于35°时，$\Delta B$应适当加大。

2.1.2 引航道设计现状

前面提到，引航道设计受到规模、尺度、客货运量、过闸船型、船舶(队)排列组合、过闸方式、坝址地质地形等条件的制约，引航道设计是多种多样的，存在诸多差异。现将引航道尺度、停泊段位置、布置形式等的设计现状简述于下。

1）引航道尺度

国内部分船闸引航道工程数据见表1-1，表中列有上下游引航道的长度和宽度，以及与代表船型长度的比值。从表1-1可以看出：在统计的27座船闸引航道工程中，$L_{n上}/L_c=1.9\sim11.6$，$L_{n下}/L_c=1.82\sim12.1$，差别是很大的。其中$L_n/L_c>4$的工程，受地质地形条件的制约，引航道较长，如飞来峡、三峡、大源渡等船闸。对$L_n/L_c<3.5$的工程，都处于山区河流，其上下游河段弯曲，要满足引航道直线段$L_n/L_c=3.5\sim4.0$是有一定难度的，如嘉陵江上的梯级船闸。

关于引航道的宽度：在《船闸总体设计规范》(JTJ 305—2001)中对引航道的宽度作了规定，对单线船闸的引航道宽度与布置形式有关，对反对称型和不对称型的引航道宽度$B_n=3.5b_c$，对称型$B_n=5b_c$。其中b_c为代表船型、船队的宽度。

2）引航道工程中停泊段的位置

靠船墩在引航道中的位置有三种类型：一是在引航道直线段上（规范要求）；二是在引航道扩大段范围内；三是在引航道口门外口门区范围内。靠船墩的布置受地理、地质、地形条件的影响，尤其受边界条件的制约。山区河流河道弯曲，直线段很短，靠船墩布置在引航道口门外口门区范围内，如苍溪、新政、金溪场、将军渡、东西关、桐子壕、红岩子等枢纽船闸。有些枢纽船闸工程靠船墩布置在引航道扩大段处，如老口、那吉、贵港（上游）等。靠船墩布置在引航道直线段内的枢纽船闸工程有三峡、葛洲坝、金鸡、长洲、青居（上游）等。不同停泊位置受水流条件的影响是有差异的。靠船墩在引航道直线段内，受船闸灌泄水在引航道内产生的长波运动影响，水面比降较大、船舶（队）的系缆力大，但风浪影响小。靠船墩在口门外时，受泄水闸泄水波流及风浪的影响大，船舶停泊时的稳定条件差，但由于灌泄水形成的系缆力小；而靠船墩在扩大段时，则介于两者之间。因此从船闸灌泄水船舶（队）停泊条件的系缆力大小而言，船舶（队）停在口门外系缆力会减小[57]。

3）引航道布置形式

在“山区河流渠化枢纽总体布置综合研究”报告中，针对嘉陵江梯级渠化工程，提出了引航道半开敞直线布置形式（新政枢纽、金溪场枢纽）；引航道半开敞曲线布置形式（凤仪场枢纽）；限制性引航道的曲线布置形式（青居枢纽）以及引航道停泊段与调顺段重合布置形式，见图2-1，这些布置形式具有典型山区河流的特征，它们充分利用了航道一侧的河岸地形。

而另一侧利用了开阔水域，若以导航隔流堤（墙）头范围内为引航道，则长度甚短。引航道向口门区延伸，引航道的一部分为开敞式，同时也成为口门区一部分。这种布置受航道河岸边界条件的制约，顺应河岸边界的特点，导航隔流堤较短，停泊段在口门区。这种布置是适合山区河流枢纽船闸引航道布置的，只要通过原体实船检验，可编入规范条文，作为山区河流枢纽通航船闸布置依据。

4）分析

影响引航道尺度差异的因素是多方面的。一是随着国家经济实力的增强和航道等级的提升，运量成倍增加，原来的航道不再适应经济发展的需要。例如京杭运河上诸多的航运枢纽，如淮安、淮阴、宿迁等在20世纪70年代建的一线船闸，当时航道等级为Ⅳ级，通航500t级船舶；80年代航道等级提升为Ⅲ级，通航1000t级船舶；到了90年代，航道等级又提升为Ⅱ级，通航 2000t 级船舶。

二是船型的系列化、标准化，船队的大型化。尽管在制定规范标准时，均指出要远近结合，留有发展余地，但随着船闸工程建设以及新技术的出现，有些规定跟不上形势的发展。

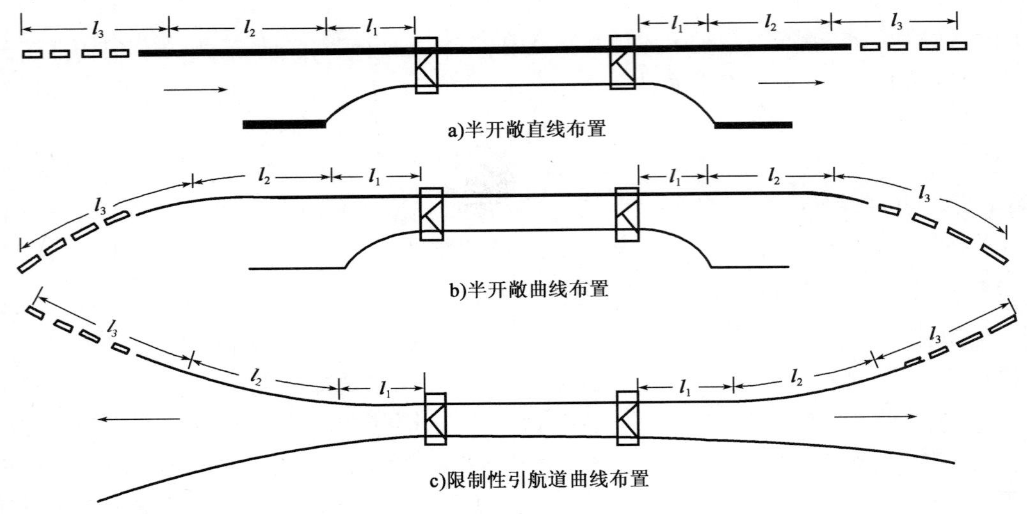

图 2-1　船闸引航道布置形式

l_1-导航段；l_2-导航段；l_3-停泊段

三是船舶（队）进出闸方式。京杭运河的台儿庄、万年、韩庄三座船闸的引航道设计打破了规范的规定，上下游引航道船舶（队）采用沿主导航墙曲线进闸、直线出闸的反对称布置方案，上下游引航道导航段长均为 187.83m，靠船段长均为 200m，其直线段总长度为 387.83m，而 2000t 级一顶二驳船队长度 185m，直线段长度仅为设计船队长度的两倍[45]。

四是枢纽建筑物的布置受地形条件的制约，如三峡连续五级船闸和贵港船闸等的上游，$L_{n上}/L_c$ 和 $L_{n下}/L_c$ 的比值均大于 3.5。

五是对于山区河流上下游河段弯曲，要布置上下引航道（3.5～4.0）L_c 的直线段长度很困难，如嘉陵江上的梯级船闸，因地制宜将停泊段布置在口门区范围内，打破了规范的规定，但需实践的进一步检验。

2.2　船闸闸室与引航道的水力要素及停泊条件

以往由于船闸水头低，闸室尺度小，灌泄水流量小，灌泄水非恒定长波波流运动对船舶（队）的停泊影响小，波动对航行几乎没有干扰。对于现代航道上的中高水头船闸及其相应尺度，船闸灌泄水时要从引航道取、泄大量水体，在上下游引航道宽度和水深不变的情况下，单位时间内进出引航道的能量和水体越大，通航水流条件就越复杂。所以研究船闸灌泄水非恒定流在引航道的波流运动，弄清楚它与阀门开启时间、最大瞬时流量、灌泄水时间的关系，对船舶过闸与船闸运转的影响，以及与引航道断面设计、控制船型与输水流量的关系，可以为制定或修订规范标准中有关船闸灌泄水非恒定流的内容提供依据以及相应设计原则。

2.2.1　闸室与引航道水力要素及停泊条件计算

(1)根据《内河通航标准》(GB 50139—2004)中各航道等级船闸闸室尺度和控制船型,可进行闸室与引航道水力要素与停泊条件的计算。计算条件为:①在船闸水头 $H=15\text{m}$ 的情况下,计算4个航道等级(Ⅰ~Ⅳ级);闸室尺度和控制船型见表2-1;②船队中驳船的排水量由水线长×宽×吃水×方形系数而得,方形系数均为0.9;船队中未考虑推轮;③引航道底宽为船宽的3.5倍,水深为船舶满载吃水的1.5倍,边坡坡度为1∶2;④不同的航道等级、闸室尺度、水头、阀门开启时间 $t_v=5\text{min}$,输水时间 $T=10\text{min}$ 左右,输水系统的流量系数均取0.7。

(2)计算内容如下:闸室与引航道水力要素及停泊条件的差异;同一航道等级、不同闸室尺度时引航道水力要素与停泊条件;引航道设计与实际运转条件的对比;引航道停泊条件的改善措施。

计算方法是按参考文献[8]附录D。

(3)计算结果见表2-1。从表看出:①在上述计算条件下,以满足控制船型的允许系缆力为控制条件,可以得到闸室的波浪力系数和输水系统形式;②以上述引航道为临界尺度,得到各控制船型的系缆力;③与允许系缆力比较,闸室船舶系缆力的波浪力系数均满足规范[8]规定的值,而引航道停泊条件中大部分系缆力不能满足要求,说明应重视引航道的水力条件,尤其是停泊条件。

各航道等级控制船队引航道系缆力的计算　　表2-1

航道等级	闸室尺度(m)(长×宽)	通航船队(t)	闸室		引航道尺度与系缆力				
			波浪力系数	输水系统形式选择	底宽(m)	水深(m)	断面系数	系缆力(kN)	允许纵向系缆力(kN)
Ⅰ	310×34	4×3000	<0.1	第三类等惯性输水系统	120	5.25	6.04	158.64	46
Ⅱ	250×23	2×2000	≤0.3	第一类闸墙长廊道侧支孔出水	54	3.9	6.02	74.41	40.0
Ⅲ	210×12	2×1000	≤0.3		40	3.0	6.39	31.37	32.0
	210×18	2×1000	≤0.5					50.75	
	210×23	2×1000	≤0.5					70.21	
	210×23	4×1000	≤0.3		75	3.0	5.62	71.96	
Ⅳ	130×12	2×500	≤0.5		40	2.4	6.22	17.44	25.0
	130×18							28.12	

注:闸室停泊条件,当符合表中的波浪力系数,则系缆力小于允许值。

2.2.2　闸室与引航道停泊条件的差异

为保证船舶(队)在闸室的安全停泊,在进行船闸输水系统设计时,根据《船闸输水系统设计规范》(JTJ 306—2001)的有关规定,由输水时间和船闸水头,确定输水系统形式,并计算输水廊道阀门面积,然后根据船舶的安全需求确定阀门开启时间与开启方式,按表2-1中的波浪力系数选择输水系统形式,至此,完成输水系统设计。对于Ⅰ~Ⅳ级船闸一般通过水工模型试验，来检测船闸输水系统设计的经济合理性，结构的可靠性与船舶(队)停泊的安全性，通过试验来完善输水系统设计及消能措施，因此对于船闸输水系统设计已有一套完整的方法，但是对于引航道设计，水深由控制船型的满载吃水和富余水深确定；宽度则根据引航道对称与否由船舶(队)最大宽度的5倍和3.5倍确定。

闸室与引航道停泊条件相比，从复杂性来看，前者比后者更复杂，从重要性而言，都很重要，都要求有良好的水流条件和安全的停泊条件。

从研究的深入程度来看，船闸已有《船闸输水系统设计规范》(JTJ 306—2001)；引航道的平面布置和尺度已在《船闸总体设计规范》(JTJ 305—2001)中作了具体规定，至于引航道的停泊条件，对大型水利枢纽船闸工程(三峡、葛洲坝等)较为重视，对于一般Ⅱ～Ⅴ级航道上的水利枢纽工程，船闸引航道船舶(队)停泊条件研究甚少，在《船闸输水系统设计规范》(JTJ 306—2001)中仅要求核算船舶(队)在上下游引航道内的停泊条件。

2.2.3　同一航道等级，不同闸室尺度时引航道的水力要素与停泊条件

在天然河流、渠化河流和限制性航道中，同一航道等级船闸闸室尺度是不同的[10]。诸如Ⅱ级航道，闸室的有效长度有230m和200m之分，有效宽度为23m、18m或16m；在Ⅲ级航道中，闸室的有效宽度为23m、18m或16m，12m；Ⅳ级航道闸室有效长度有180m、120m，有效宽度为23m、18m或16m、12m；同样在Ⅴ～Ⅶ级航道中也存在闸室尺度的差异。船闸输水时间一般为8～12min，它不因闸室尺度与水头的改变而有太大的变化，可认为基本相同，而此时的输水流量相差甚大。表2-2是Ⅲ级航道的船闸闸室尺度，有效长度相同，均为190m，宽度则不同；通航控制船型为2×1000t船队；当船闸水头$H=15$m，阀门开启时间$t_v=5$min，输水时间$T=10$min均相同，它取泄引航道的流量是不同的，导致引航道水力条件与停泊条件有很大的差异，闸室宽度$B=12$m，输入最大流量为116m^3/s，引航道流速和系缆力满足要求；当闸室宽度$B>12$m时，引航道流速和系缆力均超标。这说明引航道断面设计，不考虑闸室尺度改变使流量增加的问题是欠妥的。

Ⅲ级航道不同闸室尺度时引航道流速与系缆力　　表2-2

闸室尺度(m)(长×宽)	最大流量Q_{max}(m^3/s)	引航道尺度(m)	船队系缆力(kN)	允许纵向系缆力(kN)	断面流速(m/s)	允许流速(m/s)
210×12	115.92	40×3	31.37	32	0.84	0.8～1.0
210×18	168.84		50.75		1.22	
210×23	218.96		70.21		1.59	

注：引航道尺度指宽度和水深。

引航道断面设计，仅根据最大船舶(队)宽度和满载吃水，决定水深和宽度，这是问题的一个方面，尚应考虑其他各方面的因素来确定尺度。在参考文献[21]中，曾结合船闸工程实践，分析Ⅲ级航道中，航道等级与过闸船型相同时，船闸的闸室宽度有12m、16m、23m几种情况，但是闸室有效长度均为190m，输水时间一般为9～10min。例如，那吉船闸闸室宽度12m，贵港船闸设计方案1闸室宽度为16m，设计方案2为23m(实际采用23m)，它们的闸室长度、水头和输水时间基本相同，而最大瞬时流量分别为115.0m^3/s、135.0m^3/s和190.0m^3/s，当引航

道长度为 850m 时，上游引航道在闸首处水位降低分别为 0.44m、0.51m 和 0.72m。

因此相同航道等级、不同闸室尺度，在设计确定引航道尺度时应充分考虑闸室尺度改变后使灌泄水流量增大带来的不利影响。

2.2.4 引航道设计与实际运转条件的比较

设计条件与实际运转条件存在差距。船闸水力设计一般都是取若干年一遇的上游水位和下游最低水位时的最大水位差，船舶(队)则采用远景规划满载的最大船舶(队)作为设计条件。根据这个条件来确定输水廊道的断面尺度和阀门开启时间，以及船舶(队)在闸室停泊安全的要求。

此次把规范规定的引航道尺度作为设计的临界值进行了分析计算，在本书 2.2.1 的条件下，计算各航道等级及相应闸室最大流量、船型的系缆力，结果见表 2-3。从表中可以看出：①Ⅰ、Ⅱ级航道及其控制船型，船队系缆力不满足要求，流速基本满足要求；②Ⅲ级航道在闸室宽 12m 情况下，流速与系缆力满足要求；Ⅲ级航道在闸室宽 18m、23m 情况下，流速与系缆力不满足要求；③Ⅳ级航道在闸室宽 12m、18m 情况下，流速与系缆力基本满足要求。

各航道等级、控制船型在水头 15m 时引航道流速与船队系缆力 表 2-3

航道等级	闸室尺度(m)(长×宽)	引航道尺度(m)		最大流量(m^3/s)	控制船型(t)	系缆力(kN)	允许系缆力(kN)	平均流速(m/s)
		宽度	水深					
Ⅰ	310×34	120	5.25	470.78	4×3000	158.64	46.0	0.69
Ⅱ	250×23	54	3.9	260.71	2×2000	74.41	40.0	1.08
Ⅲ	210×12	40	3.0	116.0	2×1000	31.37	32.0	0.84
	210×18			169.0		50.75		1.22
	210×23			219.0		70.21		1.59
	210×23			219.0	4×1000	71.96	32.0	1.59
Ⅳ	130×12	40	2.4	70.7	2×500	17.44	25.0	0.64
	130×18			106.0		28.12		0.96

比较结果表明：按规范规定的引航道尺度，船队的系缆力为控制因素；同一航道等级，引航道尺度不变时，不同的闸室宽度会影响引航道的水力与停泊条件，应引起重视和关注。

2.2.5 小结

(1)随着船闸水头的提高与闸室尺度的加大，从引航道取泄水体流量和体积也大幅增加，可能会影响引航道的水流条件和船舶(队)的停泊，危及船舶(队)的航行安全，因此应关注引航道断面尺度的设计。

(2)引航道断面尺度是根据船舶(队)的满载吃水和宽度来确定的，这是问题的主要方面，但同时还必须与船闸的输水流量联系起来，这样设计引航道，才是安全的。

(3)航道等级与控制船型相同，而闸室尺度不同，有较多的工程实践，这是客观存在，若采用相同的引航道尺度，显然是欠妥的。近年来有关设计院所，设计引航道尺度时已考虑到了此问题，改变了引航道断面尺度。

(4)经对不同设计条件(控制船型、最大水位差、最小水深)下引航道水力条件的分析计算,可见航道的系缆力与断面平均流速有时会超过允许限值,是偏危险的。也就是说引航道中存在的问题尚未充分暴露出来,为防患于未然,注意这些问题,无疑是有好处的。

2.3 船闸引航道非恒定流通航条件研究

2.3.1 船闸灌泄水引航道非恒定流理论与影响因素分析

1)引航道非恒定流的理论分析

(1)船闸引航道非恒定流微分方程组

船闸灌泄水在引航道的水体运动本质上属于明渠非恒定流。对于断面形状规则,顺直的人工渠道,可用一维方程组描述非恒定流的运动,见式(2-1)、式(2-2)。当需要考虑水流在平面上的分布时,可采用二维方程组描述非恒定流的运动,见式(2-3)~式(2-5)[19]。因为这些方程并无明确的解析解,目前可用数值方法求解。

①一维方程组

连续方程:

$$B\frac{\partial Z}{\partial t}+\frac{\partial}{\partial x}(BHV)=0 \tag{2-1}$$

运动方程:

$$\frac{\partial V}{\partial t}+V\frac{\partial V}{\partial x}+g\frac{\partial Z}{\partial x}+g\frac{V^2}{C^2R}=0 \tag{2-2}$$

式中:B——引航道宽(m);

Z——水位(m);

t——时间(s);

H——断面平均水深(m);

V——断面平均流速(m/s);

x——水流纵向距离(m);

g——重力加速度(m/s^2);

C——谢才系数;

R——水力半径(m)。

②二维方程组

连续方程:

$$\frac{\partial Z}{\partial t}+\frac{\partial}{\partial x}(uh)+\frac{\partial}{\partial y}(vh)=0 \tag{2-3}$$

x 方向运动方程:

$$\frac{\partial u}{\partial t}+u\frac{\partial u}{\partial x}+v\frac{\partial u}{\partial y}+g\frac{\partial Z}{\partial x}+g\frac{uW}{C^2h}=v_t\left(\frac{\partial^2 u}{\partial x^2}+\frac{\partial^2 u}{\partial y^2}\right) \tag{2-4}$$

y 方向运动方程:

$$\frac{\partial v}{\partial t}+u\frac{\partial v}{\partial x}+v\frac{\partial v}{\partial y}+g\frac{\partial Z}{\partial y}+g\frac{vW}{C^2h}=v_t\left(\frac{\partial^2 v}{\partial x^2}+\frac{\partial^2 v}{\partial y^2}\right) \tag{2-5}$$

式中：x、y——平面直角坐标(m)；

u——垂向平均流速在 x 方向的分量(m/s)；

v——垂向平均流速在 y 方向的分量(m/s)；

W——x 和 y 方向的矢量合成流速(m/s)；

v_t——水流紊动黏性系数；

h——水深(m)。

③船闸输水水力特性

连续方程：

$$A_l\frac{\mathrm{d}h}{\mathrm{d}t}=-NA_cv \tag{2-6}$$

能量方程：

$$\frac{L_{np}}{g}\frac{\mathrm{d}v}{\mathrm{d}t}+\xi\frac{v\mid v\mid}{2g}-h=0 \tag{2-7}$$

式中：A_l——闸室水域平面面积(m^2)；

h——船闸水头(m)；

N——输水廊道支数；

A_c——输水廊道控制断面面积(m^2)；

v——输水廊道控制断面平均流速(m/s)；

L_{np}——输水廊道换算长度(m)；

ξ——输水系统阻力系数。

(2)引航道非恒定流的分析

船闸输水时，在引航道内将发生流量随时间变化的非恒定流，这种非恒定流形成的长波运动具有传递流量的性质，波动所及之处，会引起水面的升高或降低，水面在发生倾斜的同时伴有水流的纵向运动，它将对引航道内等待过闸和正在航行的船舶产生各种不利的影响。

对长度为无限长的矩形断面渠道，船闸灌泄水的推进波高度 h_p 是与灌泄水流量 Q 成正比的。如果忽略波动前进过程中的变形，可用式(2-8)～式(2-10)进行估算。

$$h_p=\frac{Q}{cB_n} \tag{2-8}$$

$$c=\sqrt{gD_n}\pm v \tag{2-9}$$

当波高很小以及渠道中水流速度为零时：

$$c=\sqrt{gD_n} \tag{2-10}$$

式中：h_p——推进波波高(m)；

Q——流量(m^3/s)；

B_n——渠道水面宽度(m)；

c——波浪传递速度(m/s)；

v——渠道中水流速度(m/s)；

D_n——渠道中水深(m)。

当船闸灌水时,渠道中波浪纵剖面轮廓与流量过程线的形状如图 2-2 所示。在任意瞬时 t,推进波前缘将到达 $x=ct$ 处,而在 $x=0$ 处的波高为 $h_{max}=Q_t/(cB_n)$,在 0 和 x 之间任意点 x_1 处的高度为 $h_t=Q_1/(cB_n)$,其中 Q_1 为 $t_1=(x-x_1)/c$ 时的流量。当 t 大于灌泄水时间 T 以后,渠道中就有一个完整的推进波剖面图见图 2-2b),渠道中波浪轮廓与流量过程线的形状与图 2-2c)相似。其波前部分的长度为 ct_{max},波后部分长度为 $c(T-t_{max})$,而最大波高按式(2-11)计算:

$$h_{pmax}=\frac{Q_{max}}{cB_n} \tag{2-11}$$

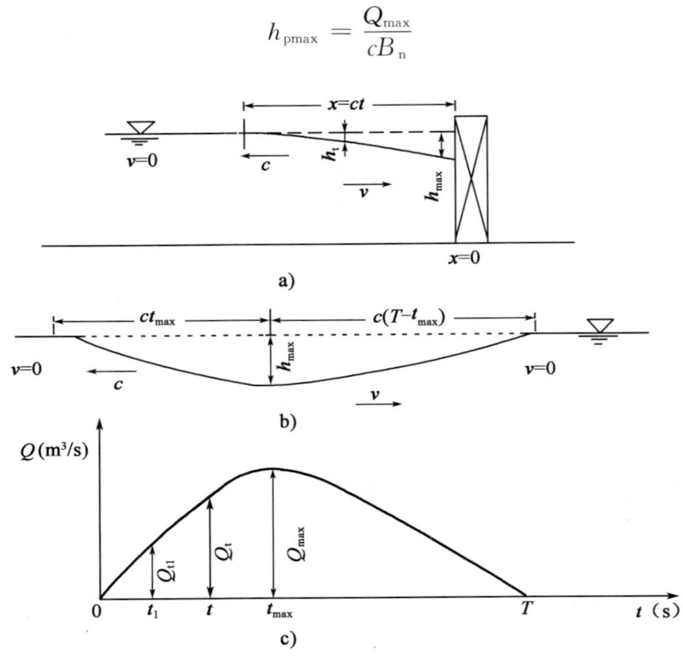

图 2-2 船闸灌水时上游引航道的水面比降与波动

渠道中的流速分布亦与波浪纵剖面相对应,最大断面平均流速按式(2-12)计算:

$$V_{max}=\frac{Q_{max}}{\omega_n} \tag{2-12}$$

因此,波前水面的平均坡降为:

$$J_1=\frac{Q_{max}}{g\omega_n t_{max}} \tag{2-13}$$

波后水面的平均坡降为:

$$J_2=\frac{Q_{max}}{g\omega_n(T-t_{max})} \tag{2-14}$$

任意一点的水面比降为:

$$J=\frac{\mathrm{d}Q}{g\omega_n\mathrm{d}t} \tag{2-15}$$

式中:Q_{max}——闸室灌泄水的最大流量(m^3/s);

V_{max}——渠道中最大断面平均流速(m/s);

t_{max}——最大流量发生的时间(s)；

T——闸室输水时间(s)；

dQ/dt——流量增率(m^3/s^2)；

ω_n——渠道断面积(m^2)。

考虑波动反射的影响，当引航道长度满足式(2-16)的要求时，闸首处出现最大波高，按式(2-11)计算。

$$L_n \geqslant 0.5 t_{max} c \tag{2-16}$$

而当引航道长度满足式(2-17)的要求时，引航道内会形成一个波面形状及流速分布与流量过程线相似的完整推进波。

$$L_n \geqslant Tc \tag{2-17}$$

对于船闸上(下)游引航道，总是一端封闭，另一端开敞，即引航道进(出)口存在突然收缩(扩大)。当船闸灌(泄)水时引航道产生长波波流运动，在流量由 $0 \to Q_{max}$ 时段内，闸首处水面呈现最大降低(升高)；在流量 $Q_{max} \to 0$ 时段内，闸首处水面抬升(降低)，同时受水体惯性影响，该处水面低于引航道口门外，这时口门外水体进入引航道，至闸首处产生叠加并反射。至此已完成一个周期，随即开始第二周期的往复波流运动，至 2～3 个周期水面趋于稳定。对于船闸泄水，下游引航道也会产生类似的水体波动，不同之处在于船闸下闸水位是先上升后下降。

2)引航道非恒定流影响因素分析

以上对推进波的理论分析，没有考虑推进波在推进过程中波的变形以及航道底部与侧壁边界摩阻对波的衰减作用，以及灌泄水非恒定流流速对波速的影响以及渠道底部高程与岸壁边界不规则会发生波的反射等影响。因此，上面的分析，作为定性与初步估算是可行的，但实际应用中必须全面考虑各种因素的影响，主要包括以下三个方面的影响因素。

(1)边界条件的影响

船闸灌泄水非恒定流长波运动，在渠道内形成的波高和水面比降与边界条件有关，如渠道水面平均宽度 B_n，水深 D_n 及断面积 ω_n 等。而渠道尺度及其布置受多种因素的影响，很难是一种固定模式，如渠道长度、宽度、高程、断面形状以及水深的沿程变化等，都有可能发生变化。

(2)水力特性的影响

船闸灌泄水的特征值如灌泄水时间 、流量增率 dQ/dt 和最大瞬时流量 Q_{max} 等影响波动特性。而闸室尺度(长度 L，宽度 B)与输水廊道阀门面积 ω_v，船闸运转条件(包括阀门开启时间 t_v、流量系数 μ 等)又影响船闸输水特性。

因此，长波运动使水面下降或升高，可以用函数式(2-18)～式(2-22)表示：

$$h_p = f(Q_{max}, B_n, D_n, L_n, \omega_v, \cdots) \tag{2-18}$$

其中：

$$Q_{max} = f(A_l, H, t_v, T, \mu, \cdots) \tag{2-19}$$

水面比降：

$$J = f(dQ/dt, B_n, D_n, L_n, \omega_v, \cdots) \tag{2-20}$$

其中：

$$dQ/dt = f(\mu, H, \omega_v, t_v, T, \cdots) \tag{2-21}$$

对船的作用力：

$$p = f(P_J) + f(P_v) = f(dQ/dt) + f(Q_{max}) \quad (2\text{-}22)$$

在输水系统进出口布置形式、闸室尺度、水头、渠道断面形状、水深、宽度等已确定的前提下：$h_p = f(Q_{max})$，$J = f(dQ/dt)$，$p = f(J, v)$。

(3)船舶(队)影响

研究渠道的水力条件，应保证船舶(队)停泊与航行的安全，它与船型、船舶组合形式、船队总排水量、船舶允许系缆力标准等有关，并应以控制船型进行衡量。

2.3.2 概化物理模型试验及数值模拟计算

前面提到随着船闸水头的提高与闸室尺度的加大，从引航道取泄大量水体，引航道的水流条件已成为控制因素。为认识船闸灌泄水非恒定流在引航道的水位波动形态以及水位升(降)、流速、比降与系缆力的变化规律，采用物理模型与数学模型相结合的方法，设定研究条件和数值模拟计算工况，系统研究了Ⅰ～Ⅳ级船闸引航道的波动与水力特性；通过物理模型研究引航道进出口的波动特性；分析了引航道长波波动对人字闸门的影响等。

1)研究条件的设定

(1)船闸引航道规模与尺度

①船闸尺度：根据《内河通航标准》(GB 50139—2004)，选定Ⅰ～Ⅳ级航道船闸尺度，见表2-4。

②船闸水头：10m、15m、20m、25m、30m。

③阀门开启时间一般为5min左右，考虑到山区高水头船闸采用等惯性输水系统，阀门快速开启，选取 $t_v = 2\text{min}$ 和 $t_v = 6\text{min}$。

④试验和计算船型：Ⅰ～Ⅳ级天然和渠化航道船型较多，对于同一等级，也有不同船型。因此，对于每一等级的船型只选择一种进行试验和计算。

⑤引航道断面形状：采用规则梯形断面(边坡1∶2)。

⑥引航道长度和宽度：引航道直线段长度一般为500～600m，也有1000～3000m的情况，参考目前国内不同工程的实际长度，各等级条件下的引航道长度选择见表2-4。对于其中的Ⅲ级航道，采用概化物理模型进行试验研究，考虑场地要求，其引航道长度最长为1600m。引航道底宽采用底宽/船宽=3.5，研究的宽度值见表2-4；对于引航道扩大段，长度取1倍船长，扩大段底宽按1.5倍直线段底宽选取。

⑦引航道最小水深应满足：$D_n/T_0 \geqslant 1.5$。其中，D_n 为设计最低通航水位时的最小水深(m)，T_0 为船舶满载吃水(m)。Ⅰ～Ⅳ级引航道水深选择见表2-4。

(2)船闸引航道地形与边界

由于概化物理模型不是针对具体工程进行试验，因此没有具体的地形及边界。为了使物理模型设计符合一般工程的特征，统计了国内一些工程中有关引航道高程与河道高程的关系、引航道宽度与河道宽度的关系以及引航道的糙率，取其普遍的条件进行物理模型设计。

①上下游引航道高程与河道高程的统计情况

表2-5是有关枢纽工程上下游引航道、导航墙外侧、口门区及河床高程的统计资料。从表中可以看出：a.上游引航道高程一般比河床高，尤其是山区河流，丘陵与平原地区相差不大；b.下游引航道高程与河床高程存在引航道高程高于、等于和低于河床高程三种情况，但相差不大；c.引航道与口门区的高程基本一致。

物理模型试验和数值模拟计算工况及组次

表 2-4

航道等级	船闸尺度（长×宽×门槛水深）（m）	船队尺度（长×宽×设计吃水）（m）	船闸水头（m）	阀门开启时间（min）	引航道长度（m）	引航道宽度（m）	引航道水深（m）	备注
Ⅰ	310×34×5.5	223×32.4×3.5	10、15、20、25、30	2与6	800、1200、1600、2000、3300	120	5.25	数值计算
Ⅱ	250×23×4.5	182×16.2×2.6	10、15、20、25、30	2与6	700、1000、1300、1600、2000	60	3.9	数值计算
Ⅲ	210×23×3.5	160×10.8×2.0	10、15、20、25、30	2与6	600、1000、1600	75与40	3.0	物理模型
	210×18×3.5							
	210×12×3.5							
Ⅳ	140×23×3.0	111×10.8×1.9	10、15、20、25、30	2与6	400、700、1000、1500	70与40	2.85	数值计算
	140×18×3.0							
	140×12×3.0							

有关枢纽工程上下游引航道、导航墙外侧、口门区及河床高程统计

表 2-5

枢组名称	上游底高程（m）				下游底高程（m）			
	引航道	导航墙河侧	口门区	河床	引航道	导航墙、侧	口门区	河床
那吉航运枢纽	105.9	98～100	105.9	101.5	97.37	99	97.37	98
鱼梁航运枢纽	91.1	86	91.1	84	84.45	85	84.45	84.2
老口航运枢纽	66.65	61	66.65	60.2	57.6	60	57.6	61
韩庄水利枢纽	28.5	28.5	28.5	28.5	26.6	26.6	26.6	26.6
大源渡航电枢纽	44.8	40	44.8	40	36.5	40	36.5	40
三峡水利枢纽	139	110～139	139	100	56.5	—	56.5	20～50
株洲航电枢纽	35.8	34	35.8	—	28.2	≈27	27.95	≈27
大顶子山航电枢纽	106.1	106	106.1	106	105.4	106	105.4	106

通过数学模型计算得知，当引航道高程与导航墙外侧河床水深相差 2m 时，波高差异较小（约 2%），影响不大，因此同时考虑在物理模型中研究方便，设定引航道水深与口门区河道水深相同。

②引航道口门与口门区河道宽之比

在物理模型设计中，统计了实际工程中口门区河道宽 B 与引航道口门 b 的比值，见表 2-6。从表可看出，口门区河道宽度是口门宽的 3～11 倍。因此结合场地条件，本试验中，设定口门区河道宽度/口门宽比值为 3.2 和 6.0。

(3)引航道底部及边坡糙率

引航道底部及边坡，平原地区一般为土质河床与边坡，山区一般为石质河床和边坡；引航道与闸首连接段以及护底和护坡的糙率情况如表 2-7 所示，从中看出，一般糙率分布在 0.012～0.035 之间。

有关枢纽工程上下游引航道口门、口门区河道宽及其比值　表 2-6

枢纽名称	船闸有效尺度(m)	引航道有关尺度(m)				口门区河道水面宽 B(m)	闸首与引航道连接段长度(m)	B/b
		长	宽	长	口门宽 b			
那吉航运枢纽	190×12	400(400)	40(40)	240(160)	70(67.5)	260(280)	50(60)	3.71(4.15)
鱼梁航运枢纽	190×12	506(530)	45(45)	0(0)	45(45)	250(240)	150(150)	5.56(5.33)
老口航运枢纽	190×23	272(272)	45(45)	160(160)	54(54)	350(325)	46(46)	6.48(6.02)
韩庄水利枢纽	230×23	460(460)	70(70)	0(0)	70(70)	156(300)	190(195)	2.23(4.29)
株洲航电枢纽	190×23	760(600)	75(75)	150(150)	90(90)	800(800)	85(80)	8.89(8.89)
大顶子山航电枢纽	180×28	645(645)	90(90)	0(0)	90(90)	1000(1000)	80(80)	11.1(11.1)

注:表中数据前者为上游引航道情况,括号中的数据为下游引航道情况。

引航道床质及护面的糙率　表 2-7

河床床质及护面		糙　率
土质河床和河岸	清洁、形状正常	0.02～0.025
	挖泥机挖成的土渠	0.0275～0.033
	砂砾渠道	0.025～0.3
	土底、石砌坡岸渠	0.03～0.035
石质河床和河岸	清洁、形状正常的凿石渠	0.03～0.035
	光滑而均匀的石渠	0.025～0.04
	精细开凿的石渠	0.02～0.025
各种材料护底和护坡	浆砌砖(条石)护面	0.014～0.017
	浆砌砖(块石)护面	0.017～0.03
	干砌砖(块石)护面	0.023～0.035

(4)通航标准

参照相关规范,引航道和口门区的通航标准采用如下指标。此处仅为判断通航水流条件优劣之用,实际工程应根据具体情况研究决定。

①3000t 级船舶系缆力应满足:纵向系缆力≤46kN,横向系缆力≤23kN;2000t 级船舶系缆力应满足:纵向系缆力≤40kN,横向系缆力≤20kN;1000t 级船舶系缆力应满足:纵向系缆力≤32kN,横向系缆力≤16kN;500t 级船舶系缆力应满足:纵向系缆力≤25kN,横向系缆力≤13kN。

②引航道导航和调顺段内宜为静水,制动段和停泊段的水面最大流速纵向不应大于0.5m/s,横向不应大于 0.15m/s。

③船闸灌泄水时,上游引航道中最大纵向流速应不大于 0.5～0.8m/s,下游引航道中应不大于 0.8～1.0m/s。

④船闸灌泄水时,引航道内非恒定流水面波动、比降等应满足过闸船舶(队)安全停泊和航行要求。

⑤Ⅰ～Ⅳ级船闸口门区最大纵向流速≤2.0m/s,横向流速≤0.30m/s,回流流速≤0.4m/s。

2)试验模型

(1)模型设计与制作

依据试验目的与要求，结合试验场地和供水等条件，确定为定床正态模型，长度比尺为1∶60。按重力相似准则设计，并保证模型水流处于紊流区，即模型雷诺数 $Re \geqslant 1000$，同时满足表面张力限制性条件：模型水深 $D_n > 3.0\text{cm}$。各物理参数比尺换算关系如下：

几何比尺：$\lambda_L = 60$；

流速比尺：$\lambda_v = \lambda_L^{1/2} = 7.746$；

流量比尺：$\lambda_Q = \lambda_L^{5/2} = 27855.5$；

时间比尺：$\lambda_t = \lambda_L^{1/2} = 7.746$；

糙率比尺：$\lambda_n = \lambda_L^{1/6} = 1.9786$；

水面比降：$\lambda_i = 1.0$。

模型遵循《通航建筑物水力学模拟技术规程》(JTJ/T 235—2003)执行，按常规制作。模型一端设量水堰和平水槽，以满足进流及调节水位的功能，另一端布置引航道、船闸和调水尾门。模型布置见图2-3。

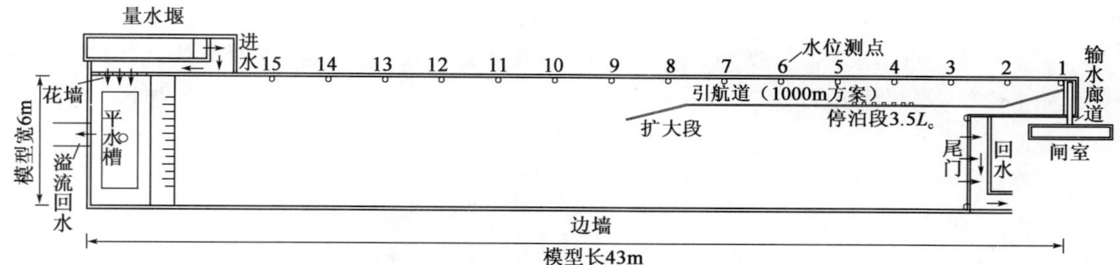

图2-3　物理模型布置示意图

（图中：L_c 为顶推船队最大船队长，或单船中的最大船长）

实船和模型尺度见表2-8。船模比尺及各物理参数比尺与物理模型相同。船模依据《内河航道与港口水流泥沙模拟规程》(JTJ/T 232—1998)的要求制作。

2×1000t 级驳船队主要尺度　　表2-8

情　况	船队总长 L (m)	型宽 B (m)	吃水 T (m)	方形系数	设计排水量 W (m^3)
实船	2×67.5=135	10.8	2.0	0.945	2658
船模	2×1.125=2.25	0.18	0.033	0.945	12.30×10^{-3}

(2)试验设备及测点布置

①试验采用的仪器设备

a. DPJ 光电式旋浆流速仪，最小量程为0.01m/s。

b. Vectrino 小威龙三维点式流速仪，误差为测量值的±0.5%F.S。

c. 超声波水位传感器，精度为±0.1mm。

d. 电容式水位传感器，精度为±0.5%。

e. 2000型数据自动采集和处理系统，该系统由计算机、数据采集转换器和传感器构成，可对流速、水位等要素进行实时跟踪采集并自动实时解算处理。

f. 船舶系缆力测量，采用全环式电阻拉压力传感器。

g. 阀门启闭系统，用直流力矩测速机组控制(±1%F.S)阀门启闭，阀门启闭、船舶停泊受力均采用基于计算机的数据采集和控制系统。

②模型测点布置

a. 水位量测。在引航道中沿程，每隔 150m（原型）布置超声波水位传感器，自闸首至口门区共布置 15 个，测量船闸灌泄水时引航道及口门外的水位波动变化（图 2-3）。

b. 流速量测。流速主要测量了船闸灌泄水时，停泊段的最大流速值。

c. 系缆力量测。2×1000t 级船队在引航道停泊段位置的纵、横向受力。

3）引航道数学模型验证

利用数学模型进行Ⅰ、Ⅱ、Ⅳ级引航道的计算，计算条件和组次见表 2-4。对式（2-3）中的二维水流方程采用 ADI 法求解，所采用的网格为矩形网格。基本方程离散时，流速、水位、水深在网格中采用交错排列。

（1）初边值条件

船闸灌泄水为开边界，作源汇项处理计算，依据《船闸输水系统设计规范》（JTJ 306—2001）[8]中公式计算的流量过程数据进行模拟，河道边界控制水位恒定。

采用数学模型计算结果与物理模型试验结果进行验证校准。验证方案取物理模型中的一个方案进行。该方案的条件为：引航道长 1000m、底宽 40m，边坡 1∶2，渠道内起始水深为 3.0m，表面糙率为 0.025，水头 15m，阀门开启时间 t_v＝6min，方案布置见图 2-4，验证点为 A1（闸首处）、A2（停泊段处）、A3（口门处）。

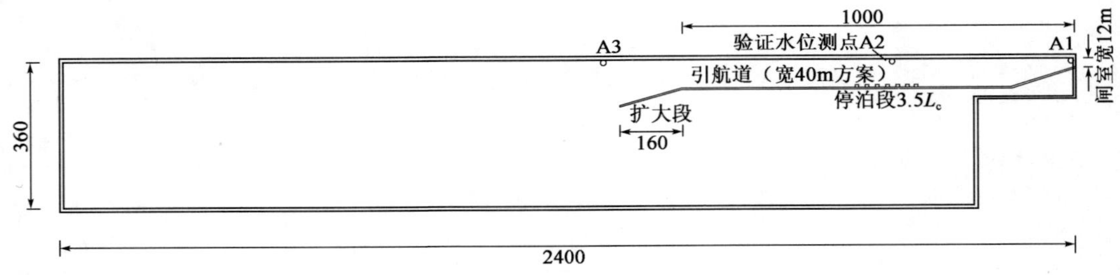

图 2-4　数学模型验证方案及验证水位点（尺寸单位：m）

（2）验证结果

利用数学模型和物理模型分别对船闸灌泄水情况进行了验证，验证结果见图 2-5～图 2-10。从图上可以看出，在船闸灌泄水，引航道内验证点水位变化曲线趋势，计算结果与模型试验结果吻合，最大水位变幅结果见表 2-9，偏差满足《通航建筑物水力学模拟技术规程》（JTJ 235—2003）精度要求。数学模型采用的计算方法、参数选择等可以进行不同方案的比较计算。

数学模型与物理模型最大水位变幅比较结果　表 2-9

工　况	船闸灌水			船闸泄水		
验证点	计算结果 H_{max}（m）	试验结果 H_{max}（m）	偏差（%）	计算结果 H_{max}（m）	试验结果 H_{max}（m）	偏差（%）
A1	0.51	0.52	1.90	0.44	0.44	0.00
A2	0.27	0.27	0.00	0.24	0.24	0.00
A3	0.068	0.071	4.11	0.058	0.061	5.17

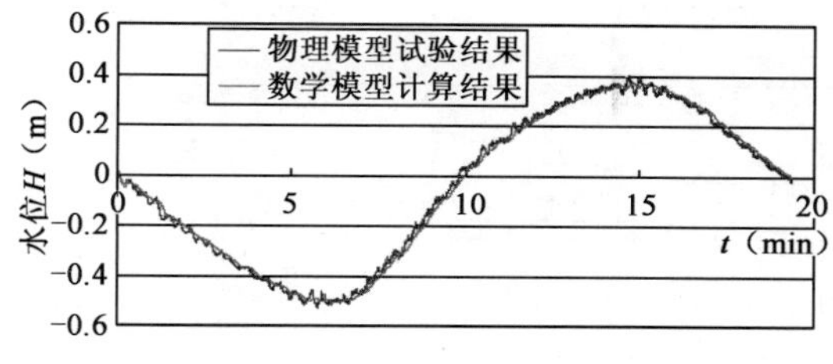

图 2-5　灌水时 A1 测点水位验证

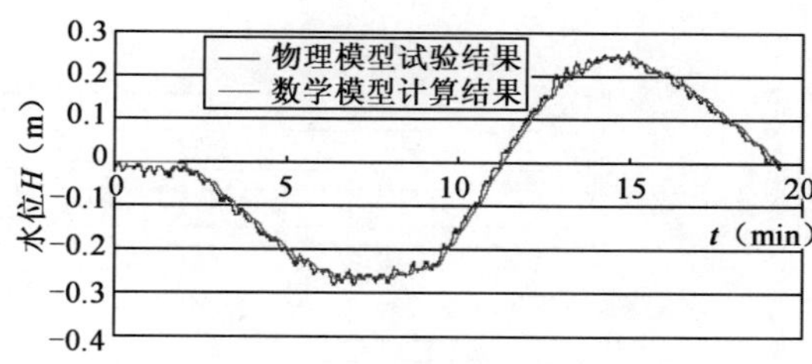

图 2-6　灌水时 A2 测点水位验证

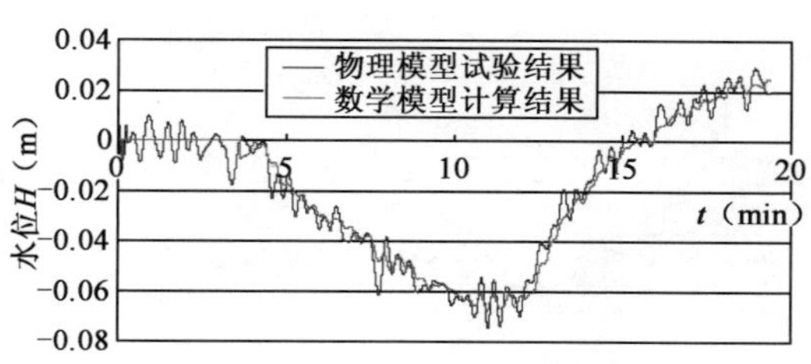

图 2-7　灌水时 A3 测点水位验证

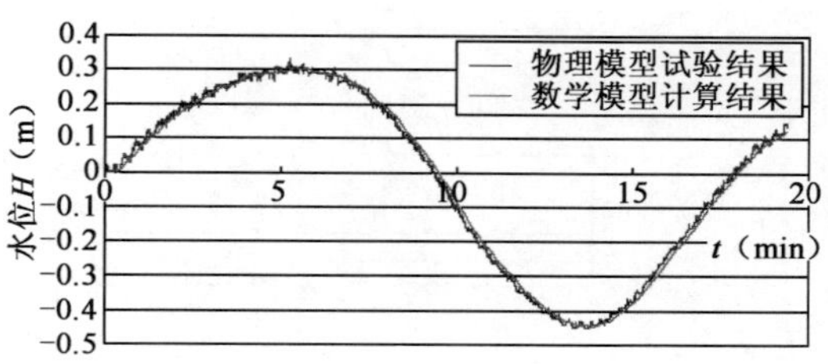

图 2-8　泄水时 A1 测点水位验证

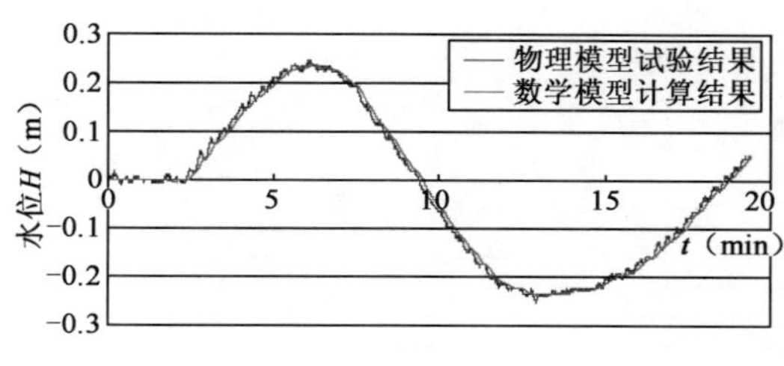

图 2-9　泄水时 A2 测点水位验证

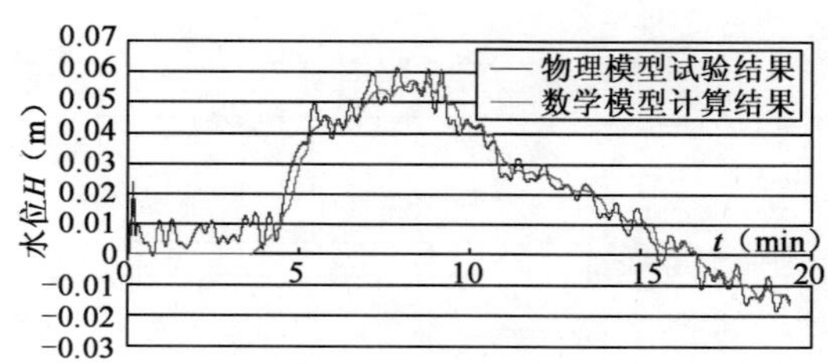

图 2-10　泄水时 A3 测点水位验证

2.3.3　船闸灌泄水引航道水力特性的规律

在研究条件设定的基础上，对Ⅲ级航道船闸及其引航道进行概化物理模型试验，对其他各类船闸及其引航道进行数值计算。研究船闸输水时，引航道内水位波动形态、引航道内水位升（降）变化规律、引航道内流速变化规律、引航道内水面比降与系缆力，以及引航道水力特性规律的应用，分别阐述于下。

1）船闸输水引航道内水位波动形态

根据Ⅲ级航道船闸及引航道规模尺度，按试验设定条件，观测船闸输水引航道水位波动过程，绘制了引航道中各水位测点的水位波动过程线，见图 2-11 和图 2-12。波动形态描述如下：

（1）船闸灌水时，引航道水体流入闸室，水位下降，产生的负波向上游传播。由于口门外水域扩大，引航道内负波推进到口门时，口门外水位比引航道水位高，口门外水体进入引航道，至闸首处产生波的反射，此时引航道水位有所抬升。船闸泄水时，闸室水体流入引航道，引航道内水位升高，产生的正波向下游传播。由于口门外水域扩大，正波推进到口门时，水体受惯性影响，引航道水位低于口门水位，水体进入引航道闸口门，至闸首处产生波的叠加和反射。这些水力现象与前面的理论分析较符合。

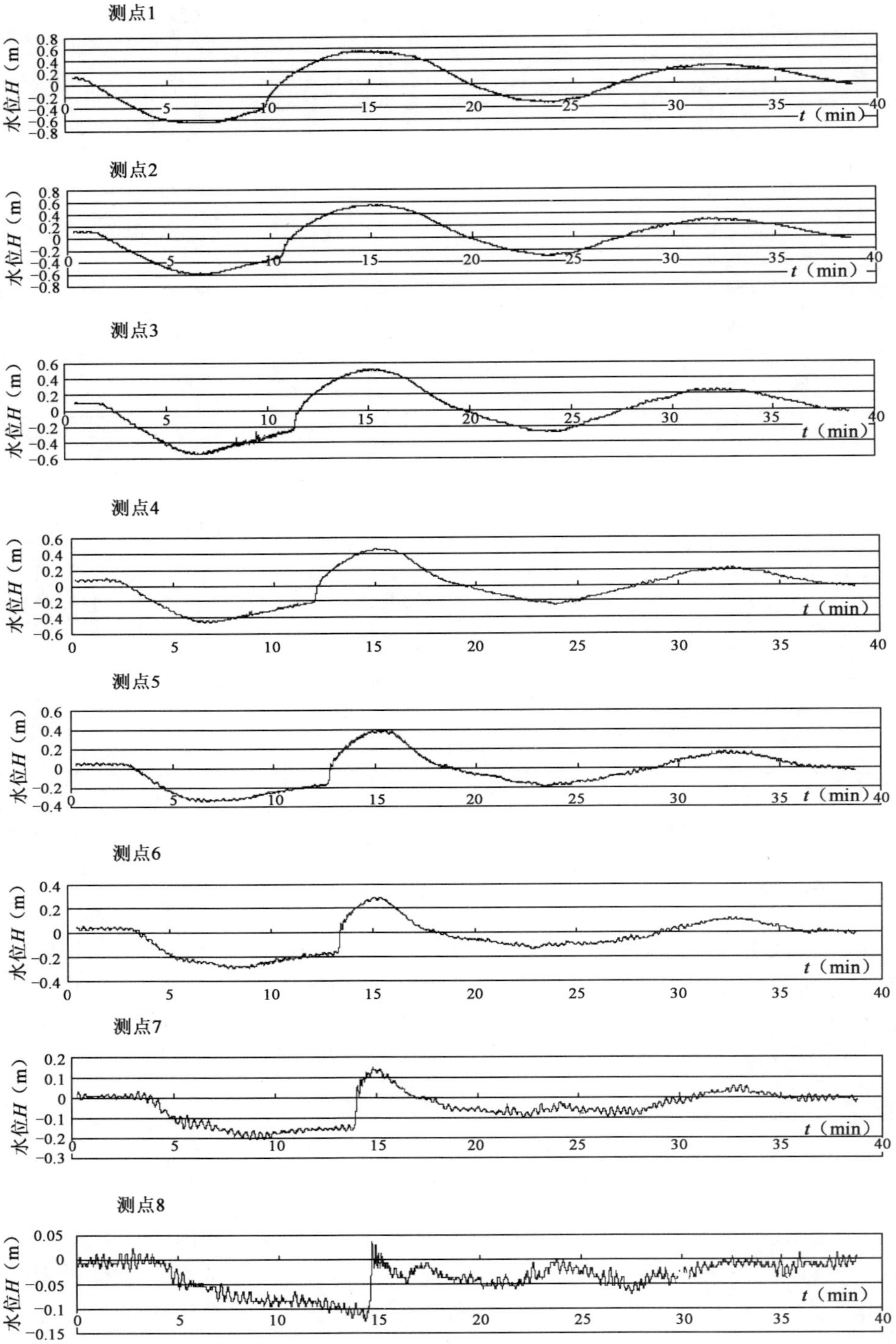

测点1

测点2

测点3

测点4

测点5

测点6

测点7

测点8

图 2-11

测点9
测点10
测点11
水位H（m）
t（min）

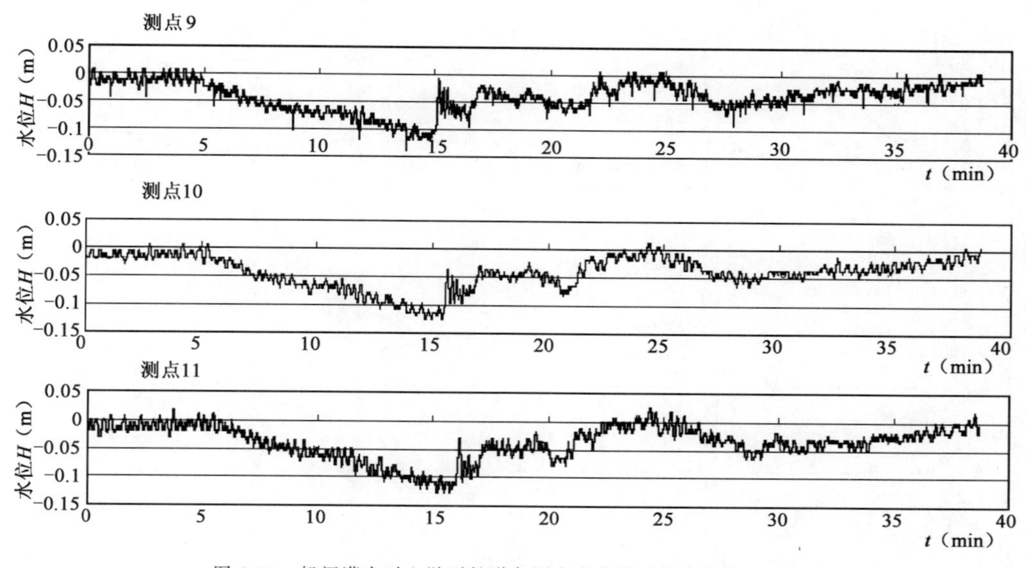

图 2-11　船闸灌水时上游引航道各测点水位随时间变化(t_v=6min)

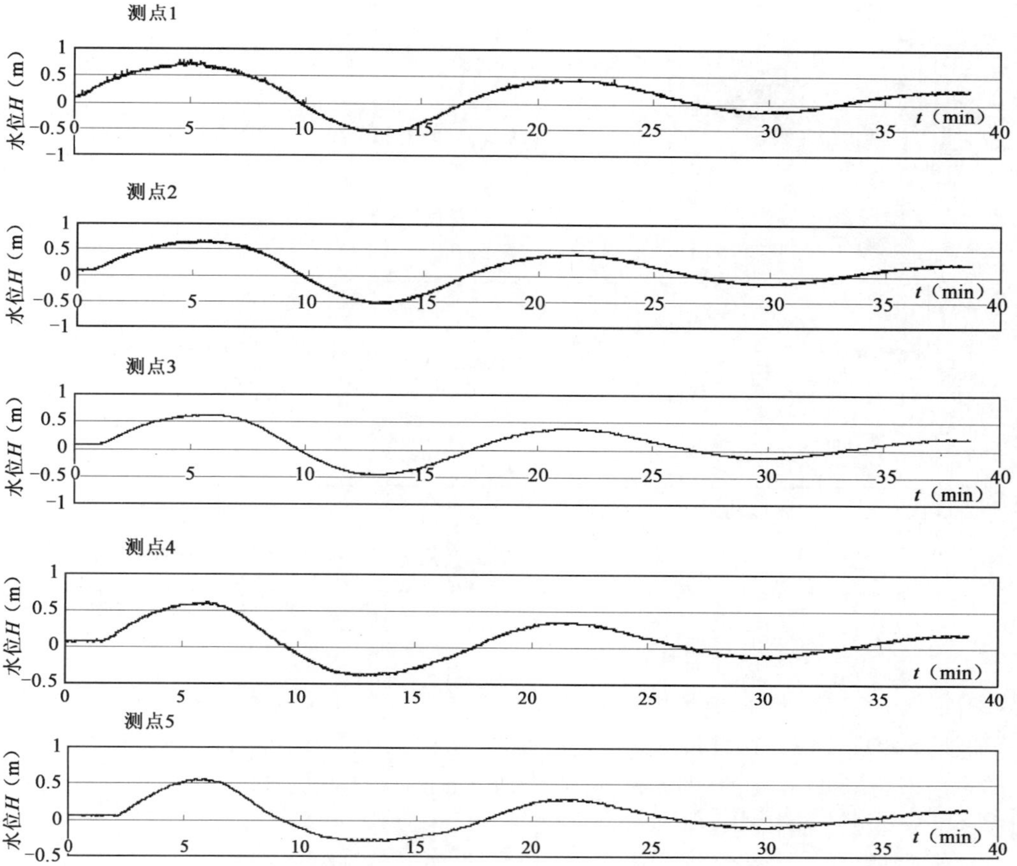

测点1
测点2
测点3
测点4
测点5
水位H（m）
t（min）

图　2-12

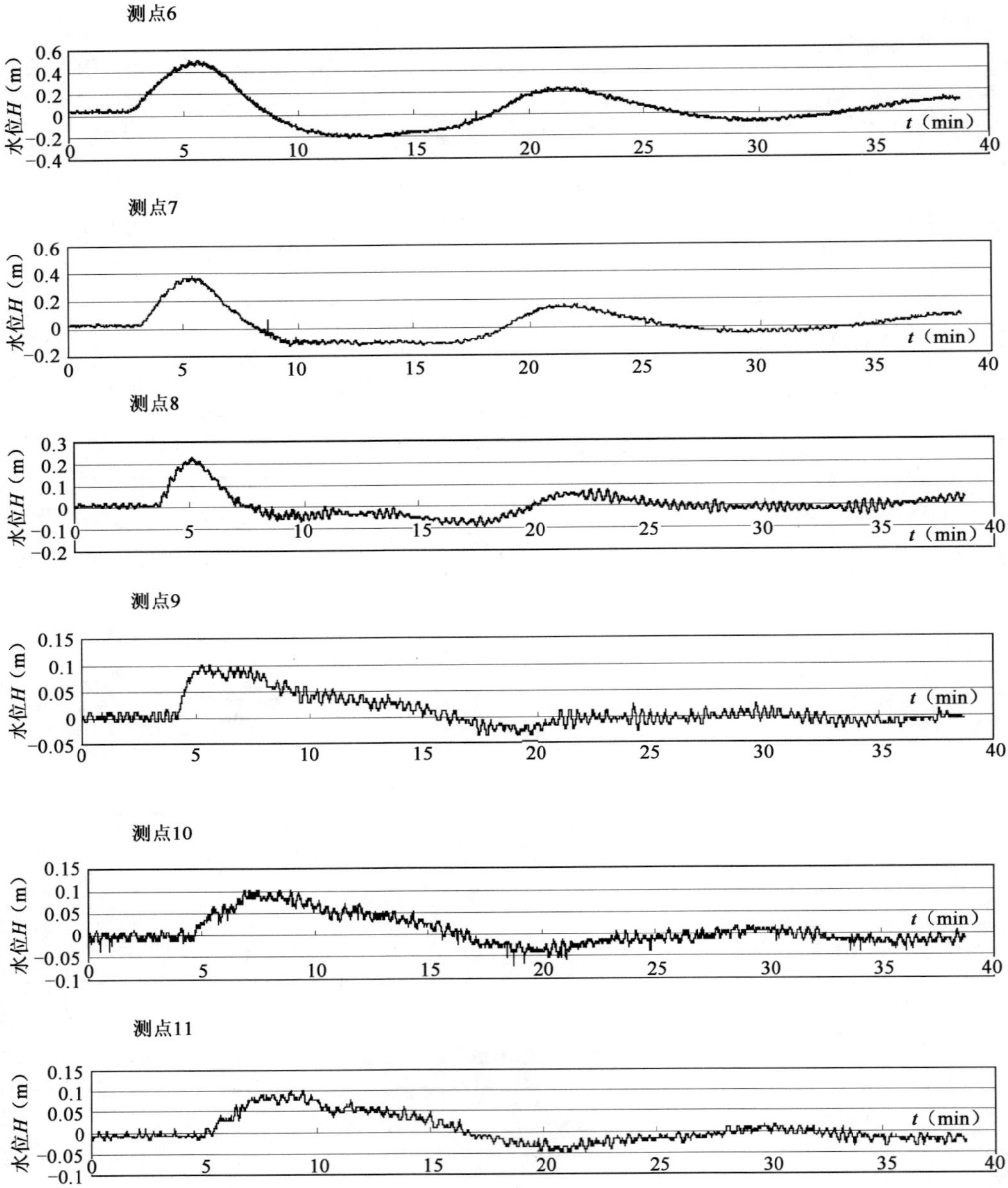

图 2-12　船闸泄水时下游引航道各测点水位随时间变化($t_v=6$min)

(2)随着时间的增加,引航道中波动逐渐衰减,只有第一个波过程比较明显,而第二个波之后,水面波动衰减较快。在经过 3～4 个周期的波动过程后,水面趋于平衡并恢复初始状态。本试验在引航道长度不变的情况下,水位波动周期约为 16min,最大波幅出现在第一个周期内。

(3)船闸闸首处水位变幅最大,波幅随着距闸首距离增大而减小,出引航道口门后,波动幅度迅速减小。

图 2-11～图 2-14 分别为船闸灌水与泄水时引航道定点水位过程和瞬时水面线。从图可知：船闸灌泄水在上、下游引航道内产生的浅水长波形状是一个孤立波，这个波动自闸首处向口门铺展，直至与开阔的水域衔接。长波波动产生的水面坡降越近闸前越大，沿程则趋于坦化，当波动传播至口门反射后，在靠近口门处的坡降较大，沿程坡降也趋于坦化。船闸输水时，流量随阀门开启增加，引航道水面同时升高（泄水）或降低（灌水）。当阀门开启结束后，流量为负增长，水面逐渐坦化。

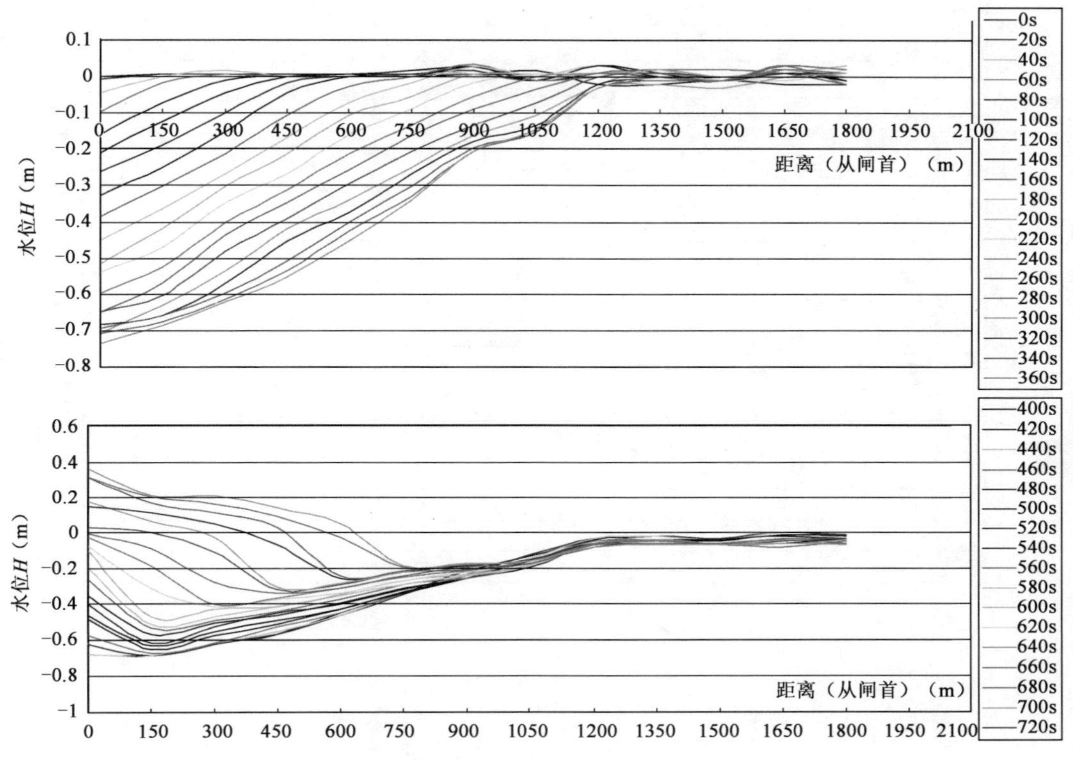

图 2-13　船闸灌水时上游引航道瞬时水面线（$t_v=6$min）

2）水位变幅的变化规律

（1）水位升高（降低）与引航道长度的关系

图 2-15～图 2-18 为各船闸等级水位最大升高和最大降低与引航道长度的关系。其中Ⅲ级航道船闸的平面尺度为 210m×23m，引航道宽度为 75m，为模型试验结果；其余为数值计算结果。Ⅳ级航道船闸尺度为 140m×23m，引航道宽度为 40m。从图可看出，当引航道长度增加到一定值时，最大水位变幅与长度变化无关。当阀门开启时间 $t_v=6$min 时，引航道长度约大于 900～1100m 以后，水位变幅随引航道长度的变化较小。当阀门开启时间 $t_v=2$min 时，引航道长度约大于 400～500m 以后，水位变幅随引航道长度的变化较小。

结合前面的分析，可以得出当引航道长度 $L_n \geqslant 0.5t_{max}c$ 后，灌水时最大降低和泄水时最大升高值变动幅度很小。这是因为引航道长度大于该值时，在口门反射波到来之际，引航道内最大水位变动幅度值已出现。当阀门开启时间 $t_v=6$min 时，最大流量发生的时间为 5～6min，计算得到各级引航道的临界长度为 800～1200m。当阀门开启时间 $t_v = 2\text{min}$ 时，最大流量发生的时间为 2min，计算得到各级引航道的临界长度为 320～500m。试验值与计算值基本一致。

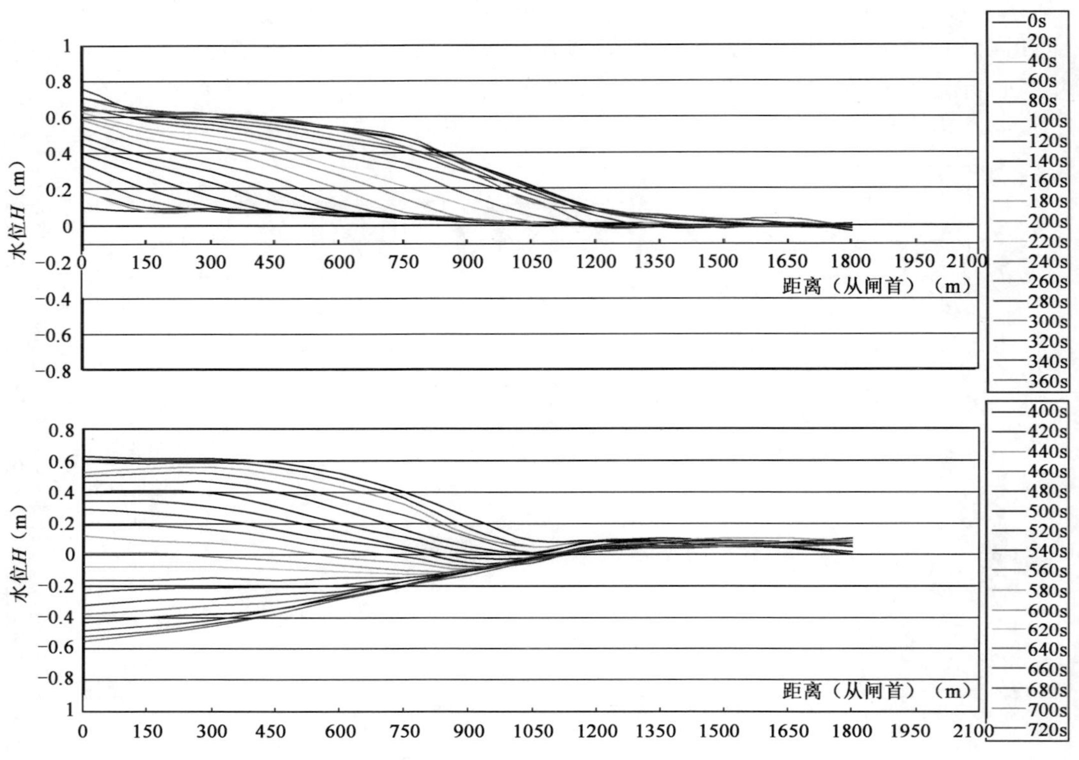

图 2-14　船闸泄水时下游引航道瞬时水面线（$t_v = 6\text{min}$）

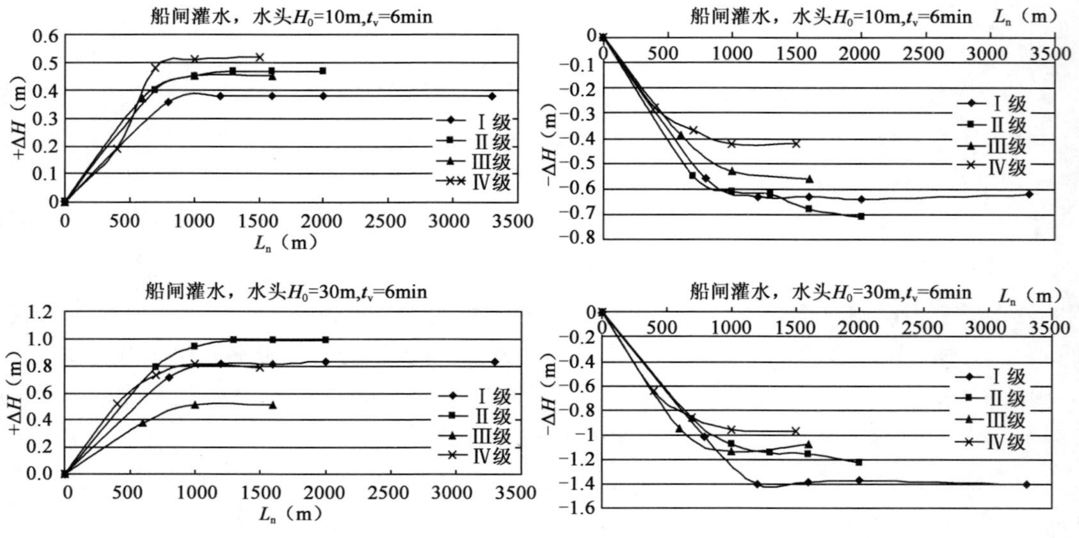

图 2-15　各船闸等级灌水时，最大水位升高和降低与引航道长度的关系（$t_v = 6\text{min}$）

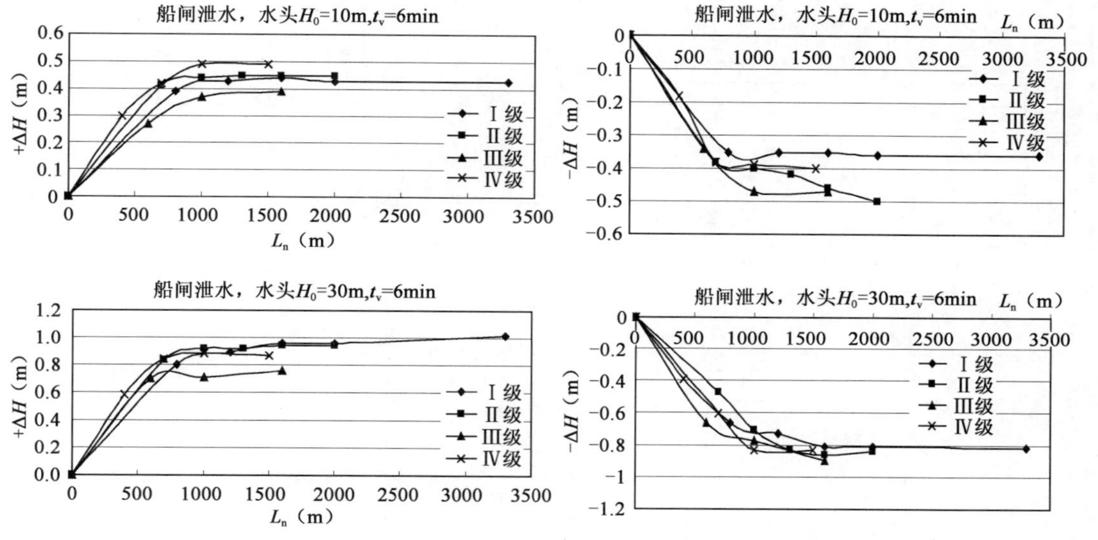

图 2-16 各船闸等级泄水时，最大水位升高和降低与引航道长度的关系(t_v=6min)

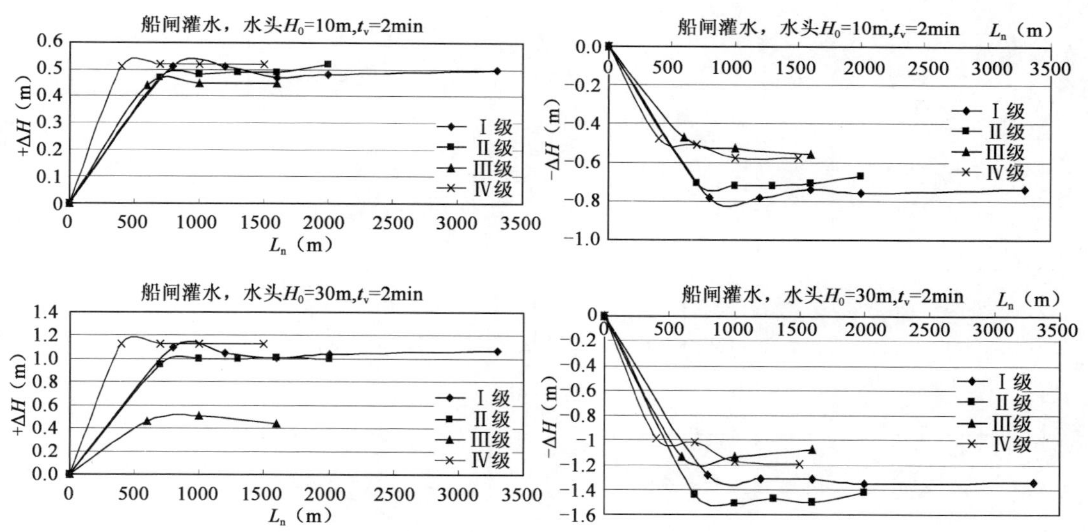

图 2-17 各船闸等级灌水时，最大水位升高和降低与引航道长度的关系(t_v=2min)

(2)水位升高(降低)与最大流量的关系

图 2-19 为引航道最大水位降低和船闸灌水最大流量的关系，图 2-20 为船闸泄水时，最大水位升高和最大流量的关系。由试验结果可见：①水位升(降)主要与瞬时最大流量有关，流量大，产生的水位变幅就大。②阀门 t_v=2min 比 t_v=6min 的瞬时最大流量大，所以水位变幅也大。③相同条件下，闸室尺度加大，瞬时最大流量也增大，则水位变幅也增大。④相同条件下，引航道宽度和水深增大，水位变幅减小。

(3)最大水位升高和降低的经验公式

将引航道长度 $L_n<0.5t_{max}c$ 时，拟合 $\Delta H=f(Q_{max},L_n)$ 经验计算公式以及引航道长度 $L_n\geq$

$0.5t_{max}c$ 后，拟合 $\Delta H=f(Q_{max})$ 经验计算公式见表 2-10，供设计引航道时采用。

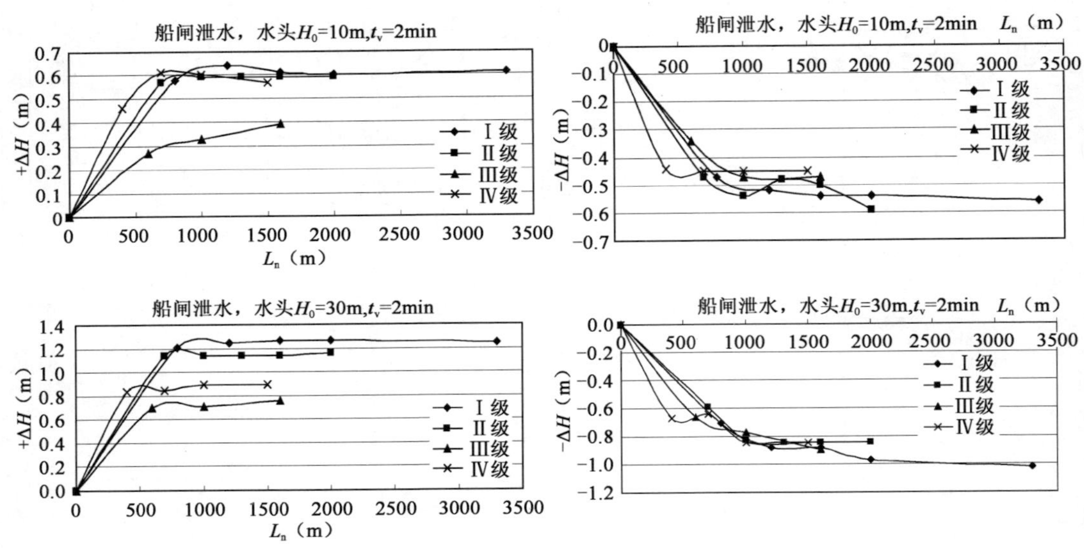

图 2-18 各船闸等级泄水时，最大水位升高和降低与引航道长度的关系（t_v=2min）

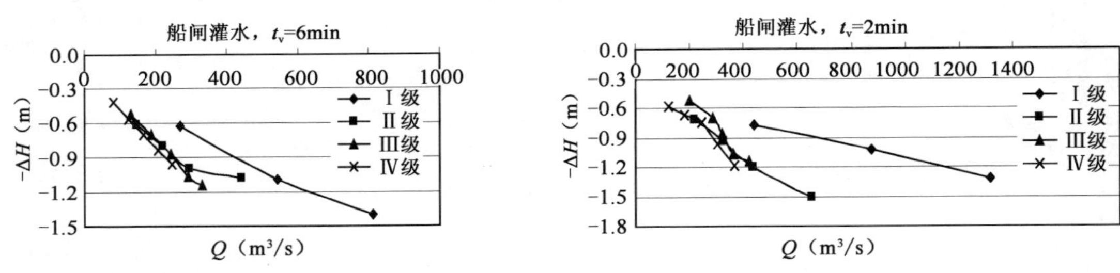

图 2-19 各船闸等级灌水时，最大水位降低与最大流量关系图

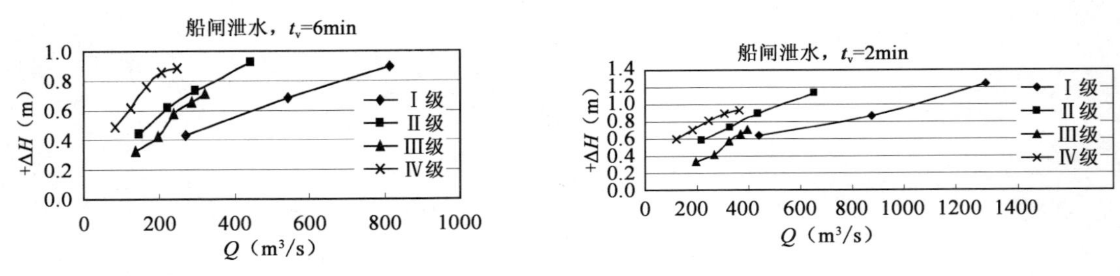

图 2-20 各船闸等级泄水时，最大水位升高与最大流量关系图

3）流速的变化规律

（1）水质点周期性往复运动是重力波流运动的重要特性之一，流速的大小和流向转换的周期，同水面升降和顺逆比降交替更迭的周期大体相近。

（2）引航道内流速与引航道断面形状、尺度以及船闸输水水力特性有关，最大断面平均流速可用公式 $V=Q_{max}/\omega_n$ 计算。输水最大流量增大，则流速也增大（图 2-21）。当阀门开启速度、闸室尺度以及船闸水头加大，导致瞬时最大流量加大，则引航道内流速也增大，而引航道过水断面尺度加大(增加水深和宽度)，则流速减小。

(3)当其他条件相同时，不同引航道长度，引航道中最大流速基本不变。

(4)波动过程中，水面仅表现为平稳升降，水流的紊动和振荡不显著。对于规则引航道，不存在挑流、驻流等碍航流态，当船闸输水时，水流流出口门外，或从口门外流入，仅在导航堤堤头产生绕流。

各船闸等级灌水时最大水位降低和泄水时最大水位升高经验公式(值)(单位:m) 表 2-10

航道等级	引航道设计最低通航水位的水深 D_n(m)	引航道底宽 B_n(m)	工况	引航道长度 L_n	
				$L_n<0.5t_{max}\sqrt{gc}$	$L_n<0.5t_{max}\sqrt{gc}$
Ⅰ	5.25	120	灌水	$\Delta H=-0.00022Q_{max}^{0.64}L_n^{0.63}$	$\Delta H=-0.0013Q_{max}$
			泄水	$\Delta H=-0.00175Q_{max}^{0.65}L_n^{0.25}$	$\Delta H=0.001Q_{max}$
Ⅱ	3.9	60	灌水	$\Delta H=-0.00053Q_{max}^{0.47}L_n^{0.69}$	$\Delta H=-0.0027Q_{max}$
			泄水	$\Delta H=-0.00106Q_{max}^{0.66}L_n^{0.40}$	$\Delta H=0.002Q_{max}$
Ⅲ	3.0	75	灌水	$\Delta H=-0.000269Q_{max}^{0.91}L_n^{0.46}$	$\Delta H=-0.00586Q_{max}^{0.90}$
			泄水	$\Delta H=-0.000381Q_{max}^{1.06}L_n^{0.21}$	$\Delta H=0.00332Q_{max}^{0.94}$
		40	灌水	$\Delta H=-0.000352Q_{max}^{0.91}L_n^{0.46}$	$\Delta H=-0.00933Q_{max}^{0.90}$
			泄水	$\Delta H=0.000691Q_{max}^{1.06}L_n^{0.21}$	$\Delta H=0.00581Q_{max}^{0.94}$
Ⅳ	2.85	70	灌水	$\Delta H=-0.000369Q_{max}^{0.79}L_n^{0.43}$	$\Delta H=-0.00695Q_{max}^{0.81}$
			泄水	$\Delta H=-0.000496Q_{max}^{0.66}L_n^{0.51}$	$\Delta H=0.0215Q_{max}^{0.62}$
		40	灌水	$\Delta H=-0.000624Q_{max}^{0.79}L_n^{0.43}$	$\Delta H=-0.0113Q_{max}^{0.81}$
			泄水	$\Delta H=0.000754Q_{max}^{0.66}L_n^{0.51}$	$\Delta H=0.0322Q_{max}^{0.62}$

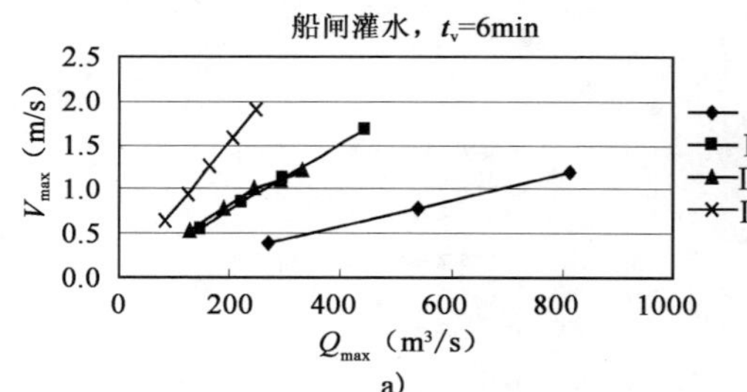

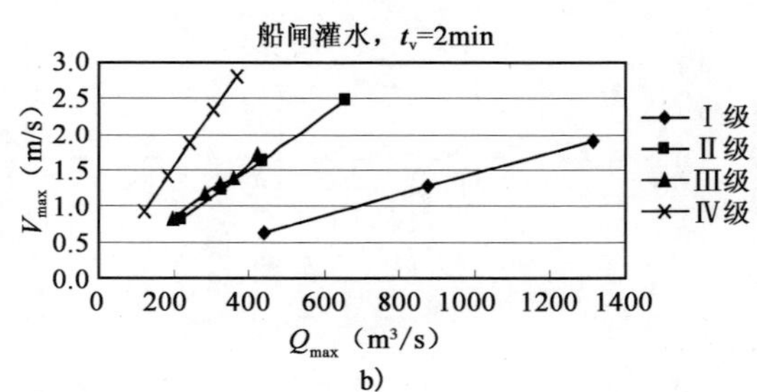

图 2-21 各船闸等级灌水时，最大流速与最大流量关系

4)水面比降与系缆力

水面比降及其变化影响船舶航行阻力和停泊船舶的平稳度，并产生坡降力，增大了船舶系缆力。因此，水面比降是通航水流条件的重要判据之一。

对于限制性的引航道，断面系数 $n=6$ 左右，其内停泊船舶与否对水面比降影响较大，试验进行了有船和无船时的水面比降测量对比，见表 2-11。

在船闸灌泄水引起的波流运动全过程中，水面比降不是一个常值，而是时间和流程的函数。水面比降的方向也是变化的，在灌泄水过程中阀门开启结束后，水面倾向下游变为倾向上游或反之。无船时的水面比降小于有船时，两者之间的差别与引航道断面系数有关，有船时造成断面过流面积减小，则流速与水面比降加大。

各船闸等级引航道停泊段水面比降经验公式(单位：‰)　　表 2-11

航道等级	引航道设计最低通航水位的水深 D_n(m)	引航道底宽 B_n (m)	无船时水面比降经验公式	有船时水面比降经验公式
Ⅰ	5.25	120	$J_{max}=0.60\mathrm{d}Q/\mathrm{d}t$	$J_{max}=1.99\mathrm{d}Q/\mathrm{d}t$
Ⅱ	3.9	60	$J_{max}=0.30\mathrm{d}Q/\mathrm{d}t$	$J_{max}=1.06\mathrm{d}Q/\mathrm{d}t$
Ⅲ	3.0	75	$J_{max}=0.471\mathrm{d}Q/\mathrm{d}t$	$J_{max}=0.73\mathrm{d}Q/\mathrm{d}t$
		40	$J_{max}=0.883\mathrm{d}Q/\mathrm{d}t$	$J_{max}=1.368\mathrm{d}Q/\mathrm{d}t$
Ⅳ	2.85	70	$J_{max}=0.536\mathrm{d}Q/\mathrm{d}t$	$J_{max}=0.807\mathrm{d}Q/\mathrm{d}t$
		40	$J_{max}=0.938\mathrm{d}Q/\mathrm{d}t$	$J_{max}=1.412\mathrm{d}Q/\mathrm{d}t$

试验观测到船闸各种运行条件下引航道内的瞬时水面比降差别较大，停泊段(距离闸首2.5～3倍船队长)的最大瞬时水面比降随最大流量增率[$\mathrm{d}Q/\mathrm{d}t=f(\mu,H,\omega,t_v,c,T)$]增大而增大(图 2-22、图 2-23)，即 $J=f(\mathrm{d}Q/\mathrm{d}t)$。在改变阀门开启时间 t_v 从 6min 到 2min(对应输水时间相应减小)时，流量增率迅速增大，停泊段的最大瞬时水面比降相应快速增加。在Ⅰ～Ⅳ级船闸引航道中，同样断面情况下，任意位置的水面比降只与 $\mathrm{d}Q/\mathrm{d}t$ 有关，且随 $\mathrm{d}Q/\mathrm{d}t$ 增加而增大。而在同样流量变化情况下，水面比降随引航道宽度增加而降低。船闸灌水、泄水的最大水面比降基本一致。现将各级船闸引航道拟合最大比降的经验计算公式列于表 2-11，供计算时应用。

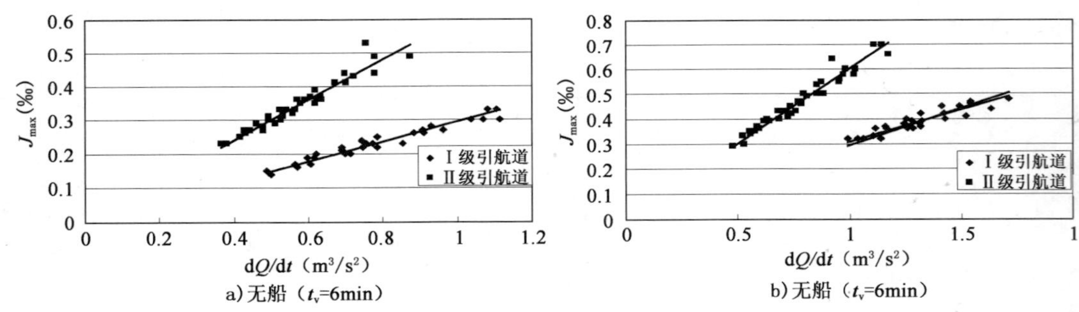

图 2-22　水面比降与最大流量增率关系(Ⅰ、Ⅱ级船闸灌泄水)

图 2-24 为物理模型中实测的船闸泄水时 2×1000t 船队在停泊段的系缆力过程线。从图可知，系缆力大小和方向变化过程有明显周期性，其最大值发生在阀门开启后 3～5min，与发生最大波高、最大流速、最大比降的时段相近。

船舶受力是流速、流态、水面比降、波高等一系列水力要素对船舶综合作用的结果，主要由流速力 P_v 和坡降力 P_j 组成，即 $P=P_v+P_j$。当最大瞬时流量增大，则流速增大，流速力也增大。当最大流量增率增大，则坡降增大，坡降力也增大，因而总的系缆力增大。

模型实测系缆力值与采用船闸规范计算得到的缆力值的比较见表 2-12。从比较结果看，实测数据与计算数据相差很小，因此物理模型试验工况系缆力和数学模型各工况系缆力均可按规范方法计算。

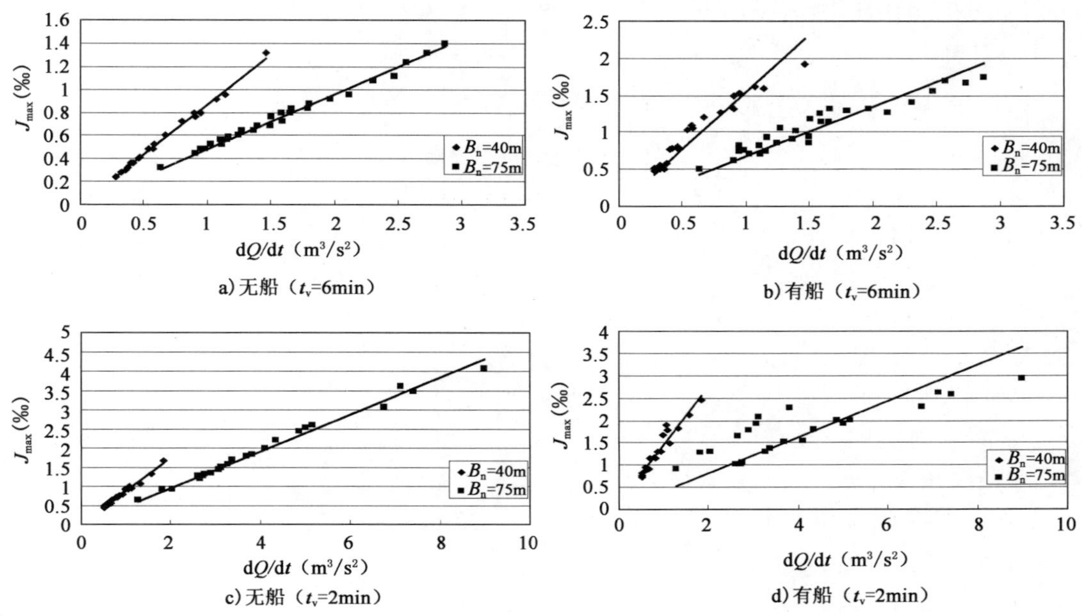

图 2-23 水面比降与最大流量增率关系（Ⅲ级船闸灌泄水）

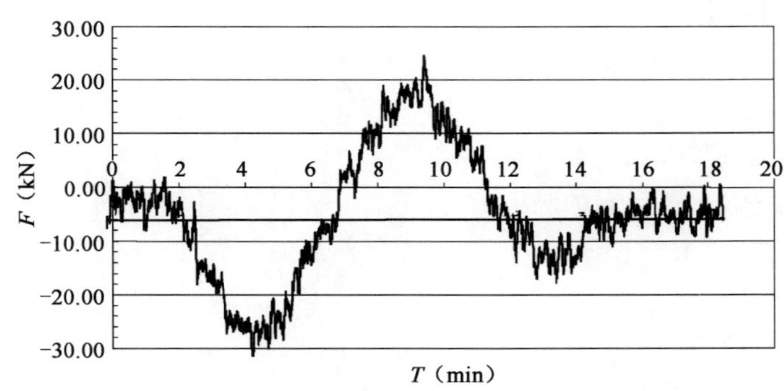

图 2-24 2×1000t 船队系缆力过程线

（L_n=1000m，B_n=40m，船闸尺度：210m×12m，H_0=15m，t_v=6min）

实测系缆力数据与计算值比较 表 2-12

工　　况	初始水头 H_0 (m)	输水时间 T (min)	最大流量 Q_{max} (m³/s)	系缆力 P(kN)	
				实测值	计算值
灌水	10	10.25	53.45	15.21	14.71
	15	11.80	90.84	25.47	25.23
泄水	10	10.27	66.28	18.02	17.14
	15	11.67	100.07	26.80	26.38

注：2×1000t 船队，引航道长 L_n=1000m，B_n=40m，船闸尺度：210m×12m，H_0=15m，t_v=6min。

5) 引航道水力特性规律的应用

(1) 确定水位降低值，判别通航水深

船闸输水将从引航道取泄大量水体，该水体与闸室尺度、水头、阀门开启时间等因素有关，可按下式计算[2-3]。

当 $K=\frac{t_v}{T}\leqslant 0.5$，最大流量发生在阀门全开的瞬时：

$$Q_{max}=\frac{K_p\mu^2\omega^2 g(1-K)T}{C}=\frac{8K_pCH(1-K)}{T(2-K)^2} \tag{2-23}$$

当 $K\geqslant 0.5$ 时：

$$Q_{max}=\frac{1.54K_pCH}{T\sqrt{(2-K)K}} \tag{2-24}$$

式中：K_p——与阀门形式和流量系数有关的校正系数；

μ——阀门全开后输水系统的流量系数；

ω——阀门全开后的面积；

C——单级船闸时为闸室水域面积；

K——阀门相对开启时间 t_v/T 的比值；

T——输水时间；

t_v——阀门开启时间；

H——水位差；

g——重力加速度。

在已知 $\Delta H=f(D_n、B_n、L_n、Q_{max})$，可按船闸灌（泄）水时，最大水面降低和升高的经验公式，求得 $\pm\Delta H_{max}$ 值，用以判别上游引航道水深是否满足通航水深的要求。

(2)衡量引航道流速，以满足通航标准要求

在计算求得船闸输水最大瞬时流量和引航道断面积后，计算断面平均流速 V_{cp}，与上下游引航道允许流速比较，要求 $V_{cp}\leqslant V_{允许}$。

(3)衡量船舶(队)在引航道内停泊允许的水面比降

船舶(队)在引航道内停泊时，受到船闸输水非恒定流在引航道产生长波波流运动影响，受断面系数减小的影响，增大了流速和水面比降对船舶(队)的作用，引航道停泊段有船比无船时水面比降大。

应用时根据表 2-11 的船闸等级，引航道的水深和水面宽度，以及输水时的流量增率，先算无船时的水面比降，再求有船时的水面比降。

至于允许的坡降力是船舶(队)排水量的函数，而衡量单船的标准与由相同单船组成的船队安全停泊标准相同，这样它们所允许的水面比降则有很大的差别，单船允许的比降大，船队的允许比降小，故应以航道与船闸等级所规定的代表船型为依据。表 2-13 提供了内河通航标准与三峡工程通航标准中的代表船型(船队的总排量可能有些出入，供参考)。这样，有了船闸等级、相应的代表船型、船队总排水量和船舶允许系缆力标准(内河船舶系缆力标准按《船闸输水系统设计规范》(JTJ 306—2001)、三峡工程船舶按《三峡工程通航标准》)，就可算出允许比降。

船队在引航道停泊的系缆力由比降力和流速力两部分组成，在《三峡双线船闸引航道停泊条件分析》[42]一文中，对船闸泄水时下游引航道的停泊条件进行了试验和计算。计算条件是：引航道宽 226m，水深 5.5m，水位差 43m，阀门开启时间 5min，船队 4×3000t，实测纵向力

113.0kN，计算值108.0kN，计算与实测结果十分吻合。通过引航道停泊条件的计算表明，最大流速力与坡降力发生时间是不同的，流速力发生在最大瞬时流量时刻，坡降力发生在最大流量增率时刻，坡降力占总力约88%，流速力仅占总力的12%。在《船闸引航道内水面波动的二维数学模型研究》[59]一文中，对三峡工程小包长堤方案的水面波动进行水力计算，船闸上引航道宽180m，水深6m，引航道长度为2.1km，船闸为双线，船闸尺度280m×34m，水位差20.75m。计算结果：双闸灌水引航道内正比降 $J_{max}=0.75‰$，反比降 $J_{max}=0.2‰$；正向流速0.75m/s，反向流速0.16m/s。船队1顶9×1000t，总排水量 $W_{总}=12723t$，计算坡降阻力 $R_i=85kN$，水流力 $R_v=18kN$，由于坡降阻力与水流阻力出现峰值的时间不同，叠加后总力 $R=94kN$，坡降阻力占总阻力的90%，水流阻力仅占10%。

内河航道与三峡工程代表船型的允许比降　　表2-13

资料来源	船闸级别	船舶吨级(t)	代表船队(t)	船队总排水量(t)	允许比降 $J_{允}$(‰)
内河通航标准	Ⅰ	3000	—	—	—
	Ⅱ	2000	1顶2×2000	5300	0.69
	Ⅲ	1000	1顶2×1000	3060	0.96
	Ⅳ	500	1顶2×500	1450	1.58
三峡工程通航标准	Ⅰ	3000	1顶4×3000	15000	0.31
		2000	1顶6×2000	15200	0.30
		1500	1顶9×1500	17000	0.27
		1000	1顶9×1000	13000	0.35

注：三峡工程通航标准中控制船型应该是1顶9×1500t。

综上所述：比降力占系缆力的90%左右，流速力占10%左右，表2-13为内河航道和三峡通航标准的控制船型和相应的排水量，并已知各自允许缆绳标准，就能计算出允许水面比降，即按比降力占允许水面比降的90%，$0.9P_L=JW$，则允许水面比降为 $0.9P_L/W$(‰)，式中：P_L 为允许纵向力；W 为船队排水量。

根据表2-13的数据，点绘允许比降 $J_{允}=f(W)$ 的关系，见图2-25。得到：$J_{允}=294.1W_{总}^{-0.71}$，由表2-11经验公式计算有船时的 J_{max}(‰)与允许比降 $J_{允}$ 对比，若 $J_{max}\leqslant J_{允}$，则系缆力满足要求，反之则不满足。

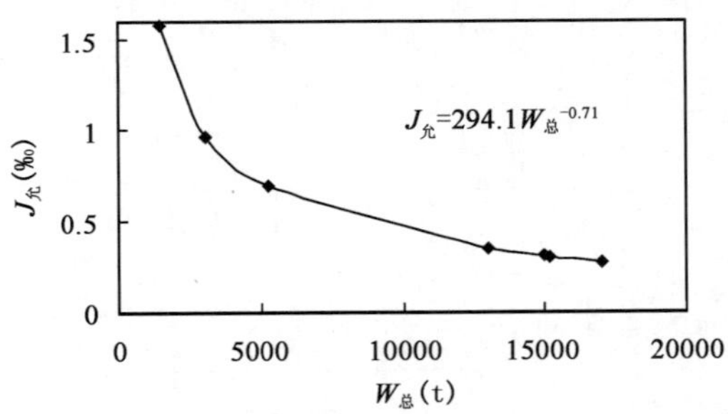

图2-25　船队总排水量 $W_{总}$ 与允许比降 $J_{允}$ 的关系曲线

6）有关认识

采用理论分析、物理模型试验和数值计算，研究非恒定流的影响因素，包括引航道尺度、船闸水头、阀门开启时间、输水时间、流量增率和最大瞬时流量对非恒定流水力参数（水位变幅、流速、比降、系缆力）的影响，建立了相互之间的关系，提出了经验公式可供计算应用。

（1）引航道内影响通航条件的水力参数主要是波高（波幅）、水面比降和流速，并与其对船舶作用而产生的系缆力一起构成引航道内安全通航要求的技术参数。水位、流速、水面比降等水力要素以及船舶系缆力是评价通航水流条件的重要指标。船闸灌泄水在引航道内形成的重力波流运动对航道水深、比降和系缆力均有影响。

(2)船闸灌水,负波运动造成引航道水面下降,会影响通航水深。船闸输水调平闸室与引航道水位后,负波在船闸上闸首人字闸门产生反向水头。船闸泄水,调平闸室与引航道水位过程中,正波至口门以负波返回,产生的波谷会影响通航水深。负波造成的水位降低,将加大船舶在引航道航行时的下沉量。

(3)船闸灌泄水非恒定流对通航水流条件的影响,主要是对引航道水深、系缆力和航行阻力的影响。水位波动与瞬时最大流量有关,流量大,水位变幅就大。水位波动与引航道长度有关:当引航道长度 $L_n < 0.5t_{max}c$ 时,灌水时最大降低值和泄水时最大升高值变动幅度随长度增加而增大;当引航道长度 $L_n \geqslant 0.5t_{max}c$ 后,灌水时最大降低值和泄水时最大升高值基本不变。

(4)船闸灌泄水非恒定流的比降,与闸室尺度、引航道尺度、阀门开启速度、最大流量增率以及船队尺度等有关。比降对引航道的影响主要是船队停泊和航行条件,引航道内允许比降与船队排水量有关,应根据航道等级中的控制船型来确定。

(5)在确定引航道内水深的设计中,应充分考虑到船闸灌泄水在引航道内引起水深的减小。建立Ⅰ～Ⅳ级船闸灌泄水时,引航道内水面降低与最大流量的经验公式,可作为工程设计的参考。

2.3.4 引航道进出口不同形式的波动特性

1)引航道进出口的布置及定义

引航道布置形式见图 2-26。定义为船舶(队)从上游进入引航道为进口,船舶(队)由引航道进入闸室为出口:船舶(队)从上游航道进入引航道,其进口有渐变收缩与不收缩两种形式;当船舶(队)由上游引航道进入闸室,即上游引航道出口处的边界有渐变收缩、圆弧收缩和不收缩三种形式。当船舶(队)从闸室进入下游引航道,其进口有渐变扩大、圆弧扩大和不扩大三种形式;当船舶(队)从下游引航道驶出,进入下游航道,其出口有渐变扩大与不扩大两种形式。当船舶(队)从下游航道进入引航道,情况相反。

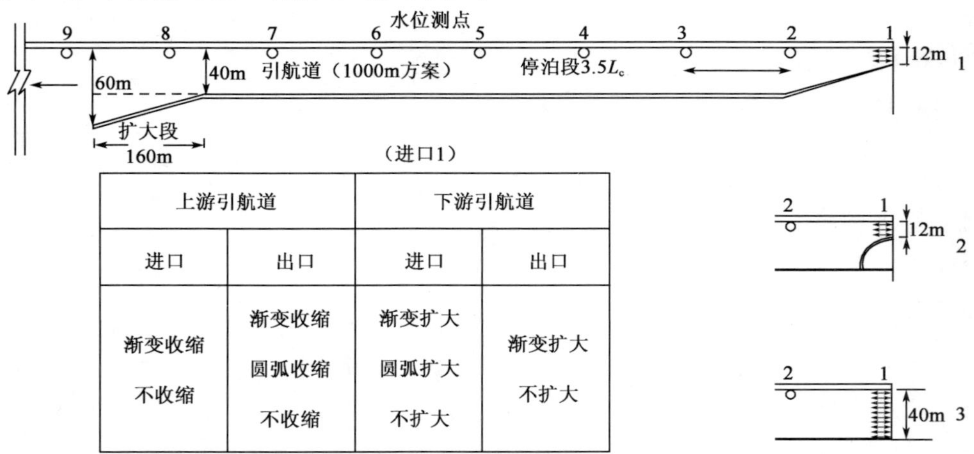

上游引航道		下游引航道	
进口	出口	进口	出口
渐变收缩 不收缩	渐变收缩 圆弧收缩 不收缩	渐变扩大 圆弧扩大 不扩大	渐变扩大 不扩大

图 2-26 上(下)游引航道进出口的布置形式

下面主要针对上下游引航道的进出口形式，研究波动特性。

2)试验条件

(1)以Ⅲ级船闸设计引航道尺度，即 $L_n=1000m$，$B_n=40m$，$D_n=3.0m$，梯形断面边坡 1∶2；船闸水头 15m，闸室尺度 210m×12m；阀门开启时间 $t_v=6min$，灌泄水时间 $T=11.56\sim12.24min$。

(2)水位测点布置：分别在上下游引航道进口、出口及中心位置布置测点，见图 2-26 中 1 号、5 号、9 号。

3)试验成果及分析

闸室灌泄水时，上下游引航道的水力要素见表 2-14。从表可以看出：①最大水位升高或降低、其中上游出口形式与下游进口形式 1 水位变幅最大，而上游出口形式 3 与下游进口形式 3 水位变幅最小，这是水量分布的断面积不同所致；引航道中心测点水位差异很小。②上下游引航道流速基本一致，在 0.65～0.73m/s 之间变化，可认为与进(出)口形式无关。③无船舶(队)时的水面比降，进(出)口等宽比其他形式稍大。其他形式比降基本是一致的。④引航道有无船舶(队)对水面比降的影响甚大，无船时的比降 $J_{wmax}=0.42‰$左右，而有船时比降 $J_{ymax}=0.8‰$左右，增加将近 1 倍。

Ⅲ级船闸引航道进、出口形式的水力要素　　表 2-14

引航道	工况	进出口形式	输水时间 T (min)	最大流量 Q_{max} (m^3/s)	最大水位升高 $+\Delta H$ (m)	最大水位降低 $-\Delta H$ (m)	无船比降 J_{wmax} (‰)	有船比降 J_{ymax} (‰)	最大流速 V_{max} (m/s)	系缆力 P (kN)
上游	船闸灌水	进口段收缩	11.80	90.84	0.67	−0.88	0.40	0.77	0.66	25.23
		进口不收缩	11.64	89.76	0.78	−0.70	0.40	0.77	0.65	24.99
		扩大出口	11.80	90.84	0.67	−0.88	0.40	0.77	0.66	25.23
		圆弧出口	12.24	91.90	0.56	−0.72	0.36	0.74	0.67	24.47
		等宽出口	11.62	97.13	0.69	−0.73	0.52	0.91	0.70	29.56
下游	船闸泄水	进口渐扩大	11.67	100.07	0.69	−0.62	0.36	0.78	0.73	26.38
		进口圆弧	11.78	95.77	0.53	−0.69	0.36	0.75	0.69	25.37
		进口等宽	11.85	95.06	0.71	−0.64	0.56	0.94	0.69	29.94
		出口扩大	11.67	100.07	0.69	−0.62	0.36	0.78	0.73	26.38
		出口无扩大	11.56	95.81	0.85	−0.64	0.48	0.82	0.69	25.97

经对表 2-14 进(出)口成果的综合比较，得到初步认识：对上游引航道，进口收缩水位升高小，不收缩水位降低小；出口圆弧形式较好，各项指标比其他形式偏小。对下游引航道，圆弧进口形式较好，各项指标比其他形式小；出口扩大比不扩大好。

闸室灌泄水时，引航道中各测点的水位过程线见图 2-27 和图 2-28。从图看出：①定点水位波动过程线，上游引航道中心与出口处测点的波动形态，与下游引航道进口与中心处形态均相似；②从上下游引航道各测点的波动幅值绝对值而言，上游引航道出口(上闸首处)与下游进口(下闸首处)最大，而上游引航道进口与下游出口最小；③上游引航道进口与下游引航道出口，上游进口水流收缩，下游出口水流扩大，进出口的收缩与扩大，水流波动明显比不收缩、不扩大的大，主要原因是水面收缩或扩大造成反射的影响。

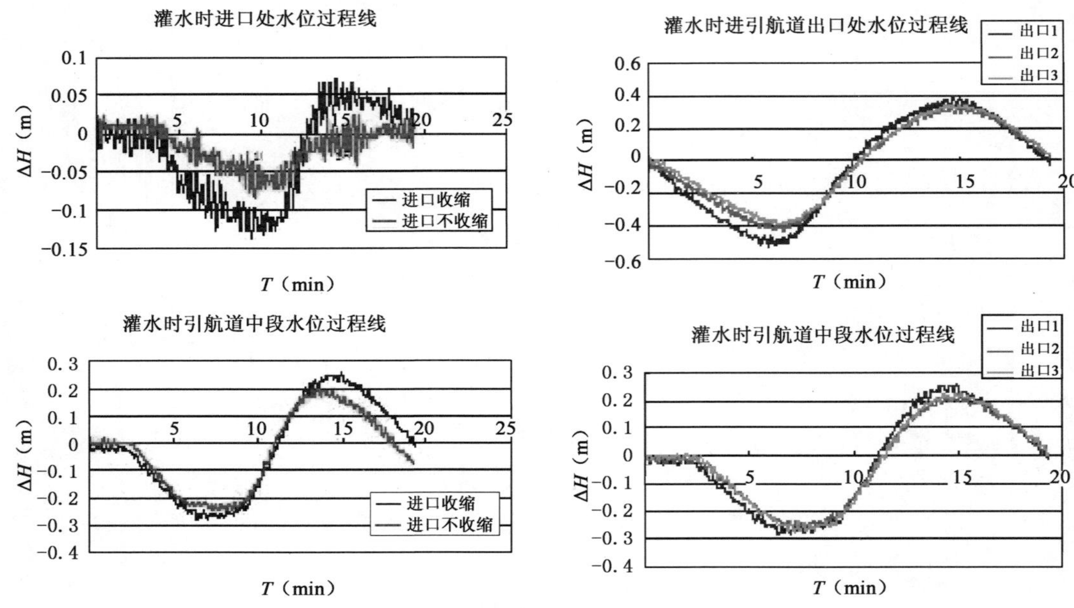

图 2-27　船闸灌水时上游引航道进出口与中心测点水位过程线

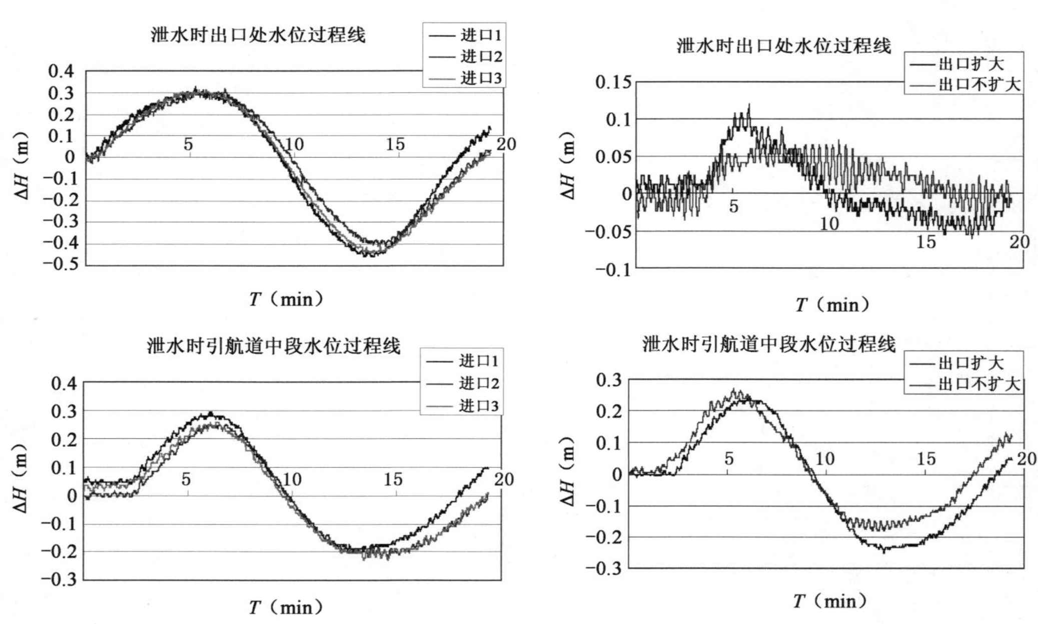

图 2-28　船闸泄水时下游引航道进出口与中心测点水位过程线

2.3.5　引航道长波波动对人字闸门的影响

船闸的灌泄水过程就是调平闸室与上下游引航道的水位，它通过输水阀门来完成，阀门的一侧是闸室，另一侧是上游或下游引航道，输水过程中闸室与引航道的水力特性有所不同。在船闸灌水末期，廊道水体受惯性作用，在闸室会产生惯性水头，形成超高；同样，泄水末期在闸室会产生超降。作用在人字闸门的反向水头，会影响闸室船舶的停泊安全、人字闸门运转及启闭机械的安全。船闸灌泄水非恒定流在引航道会产生长波波流运动，在闸首人字闸门处形成水面周期性的升降运动，同样，在人字闸门外侧，形成正向或反向水头。

船闸输水末期闸室惯性超高（降）与引航道长波波动水面升降的水头，同时作用于人字闸门的两侧，两者是叠加还是抵消，这是需要进行研究的问题。

1）分散输水系统船闸在输水末期的惯性超高（降）

船闸输水末期，水体受惯性影响，造成闸室水面的齐平水位上（下）波动，这个波动即为惯性超高（降），它与输水系统的流量系数平方、阀门面积、廊道换算长度成正比，与闸室水域面积成反比[2-3]，即：

$$d = \frac{\mu^2 \omega l_{np}}{C} \tag{2-25}$$

或

$$d = \frac{8CHl_{np}}{T^2(2-K_v)^2\omega g} \tag{2-26}$$

式中：d——惯性水头（m）；

μ——输水系统的流量系数；

ω——阀门处廊道断面积（m^2）；

l_{np}——廊道换算长度（m）；

C——闸室水域面积（m^2）；

H——船闸水头（m）；

T——输水时间（s）；

K_v——阀门开启时间与输水时间之比；

g——重力加速度（m/s^2）。

当输水水位差 $H_i=0$ 时，输水系统的流量 $Q\neq 0$，流量为 $Q=\mu\omega\sqrt{2gd}$，只有当 $H_i=-d$ 时，流量才为0，因此，灌泄水时闸室水位超过齐平水位，可分别为 $+d$（灌）值、$-d$（泄）值，该水位上升或下降时间为水位齐平后的时间，即：

$$t_d = \frac{2C\sqrt{d}}{\mu\omega\sqrt{2g}} \tag{2-27}$$

超高（降）较大会自动打开人字闸门产生危害；在闸室与上下游引航道发生涌浪，使过闸船舶（队）系缆力增大；改变人字闸门的启闭力矩；超降会减小闸室有效水深。

2）船闸灌泄水非恒定流在引航道长波波动的形态与特性

（1）引航道水面波动形态

船闸输水时的非恒定流，在引航道内形成长波运动，具有传递流量的性质，会引起水面的升高或降低，当进入引航道的流量增加时，形成正波，水面升高；当水体流出引航道时与此相反。对于船闸的上下游引航道，总是一端封闭，而另一端开敞。开敞端反射波的性质与入射波相反，因而不论是灌水还是泄水，引航道内总是正波和负波交替出现。

当引航道长度 $L_n \geqslant (t_{max}\sqrt{g\omega_n/B_n})/2$（$t_{max}$为发生最大流量的时间）时，闸首处会出现最大波高，即：

$$H_{pmax}=\frac{Q_{max}}{\sqrt{g\omega_n B_n}} \tag{2-28}$$

式中：H_{pmax}——最大水面升高或降低；

Q_{max}——最大瞬时流量。

当引航道长度 $L_n \geqslant T\sqrt{g\omega_n/B_n}$时，引航道内会形成一个波面形状及流速分布与流量过程线相似的完整的推进波。

（2）船闸灌泄水非恒定流引航道波动

根据本书2.3.3节内的有关内容进行分析，以Ⅲ级船闸为基础，建立概化模型，研究引航道波动。闸室尺度为210m×12m×3.5m，阀门处廊道面积为10～18m^2，输水廊道换算长度为150m，水头分别为10m、15m、20m、25m，引航道长分别为600m、1000m、1300m、1600m，底宽40m，边坡1∶2，灌泄水时间10～12min，水深3m，阀门开启时间t_v=6min。图2-29为闸室灌泄水时，靠近闸首处测点水位随时间的变化过程。从图可以看出：随着时间的增加，波动逐渐衰减，整个波动过程在经过3个周期后，水面恢复初始状态，水位波动周期约16min，最大波幅出现在第一个周期内约1/4周期时刻；闸首处的水位变幅最大，波幅随闸首距离增大而减小；水流出引航道口门后，波动迅速减小；灌泄水结束后的第一个波峰和波谷值约为输水过程中最大峰谷值的0.8倍。

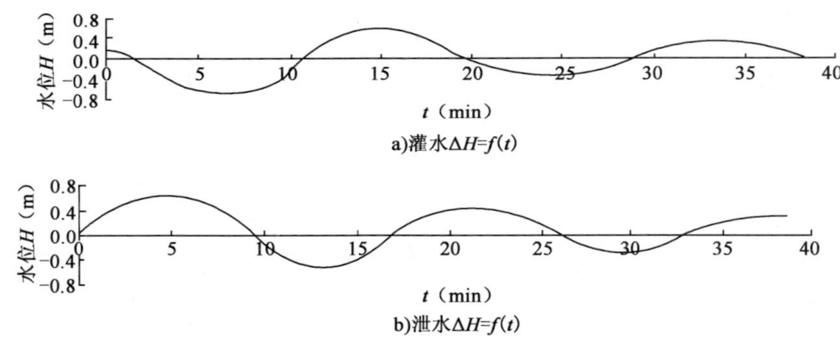

图2-29　靠近闸首处测点水位随时间变化过程

闸首处水面最大升高（降低）与最大流量、引航道长度的关系。

根据引航道宽度 B_n=40m，水深 D_n=3m。船闸水头 H=10m、15m、20m、25m、30m时的灌泄水流量 Q=50～175m^3/s，引航道长度 L_n=600m、1000m、1300m、1600m时，引航道最大水位降低与升高值的关系，得到下列经验公式。

当 $L_n < 0.5t_{max}\sqrt{g\omega_n/B_n}$时：

灌水　$$\Delta H=0.000282Q_{max}^{0.91}L_n^{0.46}$$

泄水　$$\Delta H=-0.000553Q_{max}^{1.06}L_n^{0.21}$$

当 $L_n \geqslant 0.5t_{max}\sqrt{g\omega_n/B_n}$时：

灌水　$$\Delta H=0.00746Q_{max}^{0.9}$$

泄水 $\Delta H=-0.00465Q_{max}$

3)闸室超高(降)与引航道长波升降对人字闸门运转的影响

(1)闸室水位超高(降)与引航道水面升降

当闸室与上下游水位齐平后,闸室水位受廊道水体的惯性影响仍会上升或下降,产生超高(对上游人字闸门)、超降(对下游人字闸门);而引航道水体受惯性影响,在原水位的基础上上升(下降)。因此,闸室水位超高(降)与引航道水面升降运动是同步进行的,仅是上升或下降的变率有差异而已。

(2)分析

依据图2-29上下闸首处水面波动的实测资料。分析闸室与上下游水位调平后,得出引航道水面升(降)与时间的关系,即 $\Delta H=f(t)$。同时点绘了闸室惯性超高(降)与时间的关系,即 $d=f(t)$,见表2-15及图2-30。将相同时刻的 $\pm\Delta H$ 与 d 相减,当 $\Delta H>d$ 时人字闸门承受正向作用水头,$\Delta H<d$ 时人字闸门承受反向作用水头。结果表明,上闸首人字闸门不考虑引航道水面升降时,反向水头0.494m,超过规范规定,应采取改善措施;当考虑引航道水面升降时反向水头为0.219m,满足规范要求。同理,下闸首人字闸门考虑引航道水面升降时反向水头为0.184m。所以,引航道水面升(降)有助于闸室惯性超高(降)的减小,起到抵消作用。

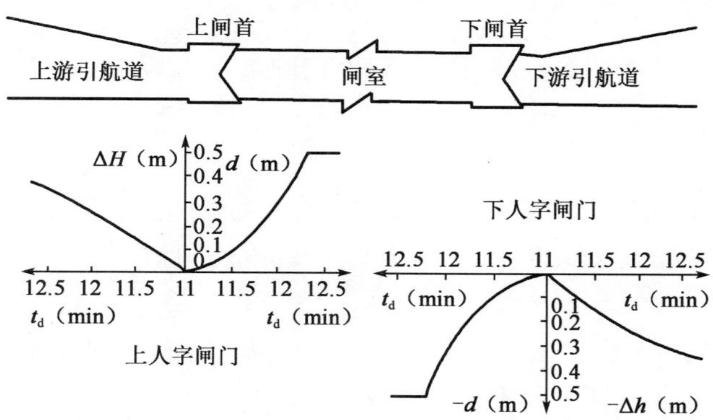

图2-30 上下人字闸门 $d=f(t)$、$\Delta H=f(t)$ 关系曲线

上下游人字闸门上的作用水头(单位:m) 表2-15

惯性超高(降)时间 t_d(s)	上人字闸门			下人字闸门		
	惯性超高 d	水面波动 ΔH	$H=\Delta H-d$	惯性超降 d	水面波动 ΔH	$H=\|\Delta H\|-\|d\|$
0	0	0	0	0	0	0
10	0.01	0.04	0.03	−0.1	−0.06	0.05
20	0.041	0.08	0.039	−0.041	−0.1	0.059
30	0.092	0.14	0.048	−0.092	−0.15	0.058
40	0.164	0.18	0.016	−0.164	−0.19	−0.026
50	0.256	0.21	−0.046	−0.256	−0.24	−0.016
60	0.369	0.245	−0.124	−0.369	−0.26	−0.109
70	0.494	0.275	−0.219	−0.494	−0.31	−0.184
90	0.494	0.35	−0.144	−0.494	−0.34	−0.154

引航道水流受船闸灌泄水非恒定流的影响，水面呈周期性的升降运动，能抵消闸室惯性超高(降)，波动的自身一般不会对人字闸门形成反向水头，这是有利的方面。不利的是它影响引航道的有效水深、船舶(队)的停泊和航行。

引航道水面波动对集中输水系统船闸人字闸门的影响：由于输水廊道的换算长度短，输水末期的水面超高(降)甚小，且输水结束阀门没有立即关闭，此时闸室水位会随引航道水位一起升降，故不会影响人字闸门启闭。只有当阀门快速关闭后的时段内，即水位调平后 2～4min 范围内，引航道水位周期性升高(上游)和下降(下游)阶段，人字闸门会受正向作用水头的影响，开启闸门的难度会增大。

2.4 研究成果与引航道技术标准分析

2.4.1 引航道水深与水位变幅

引航道水深是设计最低通航水位时引航道底宽内的最小水深，等于设计船舶(队)满载吃水加富余水深，即：

$$D_n = T_0 + \Delta H_0 \tag{2-29}$$

式中：D_n——在设计最低通航水位时引航道底宽内的最小水深(m)；

T_0——设计最大船舶(队)满载吃水深度(m)；

ΔH_0——富余水深(m)。

富余水深主要包括：船舶航行下沉量，波浪引起的船舶升沉摇荡，航道淤积，风吹造成的水面下降(宽广水域)，船舶编队或装载不平衡引起的吃水增加值，施工预留超深，触底安全富余量等。

《船闸总体设计规范》(JTJ 305—2001)中 5.5.3 条对引航道最小水深规定如下。

(1)Ⅰ～Ⅳ级船闸应按下式计算：

$$\frac{D_n}{T_0} \geqslant 1.50 \tag{2-30}$$

(2)Ⅴ～Ⅶ级船闸应按下式计算：

$$\frac{D_n}{T_0} \geqslant 1.40 \tag{2-31}$$

(3)淤积较多或底质为基岩的引航道，$\frac{D_n}{T_0}$可适当加大。

对于引航道的富余水深，除考虑以上内容外，还应另加由于船闸灌泄水时水面波动引起的水位降低值(至于河床下切，引起水位降低，应在设计最低通航水位中加以考虑)。尤其在引航道长度较长时，船闸灌泄水未结束，船舶也可能在引航道航行，此时水位的降低减小了通航水深，并将增加船舶航行下沉量。在有关的文献中对此也作了论述。如在《渠化工程学》一书[58]中提到引航道及其口门的布置应考虑风浪、泄水波、涌浪等的影响，以保证船舶安全、方便的进出。在《船闸设计》一书[2]中，作者认为在富余水深 ΔH_0 中，并未包含船闸引航道较长、水头较高时，由于船闸灌泄水非恒定流的长波运动引起的水位降低值，在实际应用中，应考虑在富余水深基础上增加由于船闸灌泄水非恒定流的长波运动引起的水位降低值。《船闸输水系统设计规范》(JTJ 306—2001)中2.3.2条也原则上规定引航道内水面降低应保证航行船舶的富余水深。

在引航道水深设计中，当引航道长度超过3.5倍船长时，则船舶在船闸灌泄水的过程中是可能航行的，此时应充分考虑船闸灌泄水造成引航道内水深的降低。通过本试验列出各等级引航道在不同最大流量情况下的水位降低值计算经验公式，见表2-16，以供参考。

各引航道等级船闸灌泄水时，最大水位降低值的经验公式　　表2-16

航道等级	D_n (m)	B_n (m)	船闸运行工况	引航道长度 L_n	
				$L_n<0.5t_{max}\sqrt{g\omega_n/B_n}$	$L_n\geqslant0.5t_{max}\sqrt{g\omega_n/B_n}$
Ⅰ	5.25	120	灌水	$\Delta H=-0.00022Q_{max}^{0.64}L_n^{0.63}$	$\Delta H=-0.0013Q_{max}$
			泄水	$\Delta H=0.001Q_{max}$	
Ⅱ	3.9	60	灌水	$\Delta H=-0.000531Q_{max}^{0.47}L_n^{0.69}$	$\Delta H=-0.0027Q_{max}$
			泄水	$\Delta H=0.0016Q_{max}$	
Ⅲ	3.0	75	灌水	$\Delta H=-0.000269Q_{max}^{0.91}L_n^{0.46}$	$\Delta H=-0.00586Q_{max}^{0.90}$
			泄水	$\Delta H=0.0039Q_{max}^{0.93}$	
		40	灌水	$\Delta H=-0.000352Q_{max}^{0.91}L_n^{0.46}$	$\Delta H=-0.00933Q_{max}^{0.90}$
			泄水	$\Delta H=0.00512Q_{max}^{0.93}$	
Ⅳ	2.85	70	灌水	$\Delta H=-0.000369Q_{max}^{0.79}L_n^{0.43}$	$\Delta H=-0.00695Q_{max}^{0.81}$
			泄水	$\Delta H=0.019Q_{max}^{0.60}$	
		40	灌水	$\Delta H=-0.000624Q_{max}^{0.79}L_n^{0.43}$	$\Delta H=-0.0113Q_{max}^{0.81}$
			泄水	$\Delta H=0.0251Q_{max}^{0.60}$	

注：D_n-引航道设计最低通航水位水深(m)；B_n-引航道底宽(m)；L_n-引航道长度(m)；t_{max}-最大流量发生的时间(s)；ω_n-引航道断面积(m^2)；Q_{max}-最大流量。

船闸灌泄水在引航道内形成浅水长波，表现为水面的周期性平稳降落和抬升，水位波动对船舶不致产生瞬间较大的作用力而使船舶剧烈摇倾。由于最大水位变幅发生在闸首处，对闸室内船舶停泊条件和人字闸门启闭机构的安全构成影响。《船闸输水系统设计规范》(JTJ 306—2001)规定：当船闸闸室灌泄水时，闸室水面的最大惯性超高或超降不宜大于0.25m，因此引航道内闸首前的最大水位变幅不宜大于0.5m。

2.4.2　引航道内水面比降

比降的限值与允许的坡降力有关，允许的坡降力是船舶(队)排水量的函数，而衡量单船的标准与由相同单船组成的船队安全停泊标准相同，这样它们所允许的水面比降则有很大的差别，单船允许的比降大，船队的允许比降小，故应以航道与船闸等级所规定的船舶(队)尺度为根据。根据本试验的实测值和计算值数据，船队在引航道停泊的系缆力由比降力和流速力两部分组成，已知各自允许缆绳和最大平均流速标准，就能得出允许水面比降，表2-17是Ⅰ～Ⅳ航道等级的代表船型(船队总排量可能有些出入，在此也未考虑推轮吨位)和引航道为临界尺度的前提下，提出的引航道允许比降参考值。

Ⅰ～Ⅳ航道等级的代表船型的允许比降参考值　　表 2-17

航道等级	船舶吨级(t)	代表船队	船队总排水量(t)	最大比降 J_{max}(‰)
Ⅰ	3000	1 顶 4×3000	15967	0.26
Ⅱ	2000	1 顶 2×2000	5004	0.72
Ⅲ	1000	1 顶 2×1000	2658	1.09
Ⅳ	500	1 顶 2×500	1252	1.83

2.5 本章小结

(1)船闸灌泄水在引航道内形成的重力波流运动对航深、比降和系缆力产生影响。水位、流速、水面比降等水力要素以及船舶系缆力是评价通航水流条件的重要指标。

(2)水位波动主要与瞬时最大流量有关,流量大,产生的水位变幅就大。水位波动不仅与引航道的断面尺度(宽度和水深)有较大关系,还与引航道长度有关。当引航道长度 $L_n<0.5t_{max}\sqrt{g\omega_n/B_n}$时,灌水时最大降低值和泄水时最大升高值变动幅度随长度增加而增大;当引航道长度 $L_n\geqslant0.5t_{max}\sqrt{g\omega_n/B_n}$后,灌水时最大降低值和泄水时最大升高值变动幅度很小,ΔH 经验计算公式可参考表 2-16。

(3)船闸灌泄水非恒定流的波幅,与闸室尺度、引航道尺度、阀门开启速度、瞬时最大流量以及船队排水量等有关。引航道的水深设计应考虑在富余水深基础上增加由于船闸灌泄水非恒定流引起的水位降低值,其计算可参考表 2-16 经验公式。

(4)引航道内流速随流量增大而增大,平均流速可以用公式 $v=Q_{max}/\omega_n$ 估算,其中 ω_n 为引航道过水断面积。阀门快速开启导致闸室水位快速变化,瞬时最大流量增大,平均流速大于同工况下常规阀门开启时间。

(5)船闸灌泄水非恒定流的比降,与闸室尺度、引航道尺度、阀门开启速度、最大流量增率以及船队尺度等有关。比降对引航道的影响主要是船队停泊和航行条件,引航道内允许比降与船队排水量有关,应根据航道等级中的控制船型来确定。根据航道等级、控制船型及引航道临界断面尺度提出允许比降,见表 2-17,可供设计时参考。

(6)船闸灌泄水非恒定流的长波运动对船舶停泊条件的影响,是流速、流态、水面比降、波高等水力要素对船队综合作用的结果,最大瞬时流量和最大流量增率增大,船舶系缆力增大。

(7)阀门开启时间 t_v 的长短,影响最大流量出现时间和流量增率的大小,导致引航道中比降增大或减小,影响船舶(队)的航行和停泊,因此在高水头船闸等惯性输水系统中,采用阀门快速开启解决阀门空化问题时,应注意引航道的通航条件。

(8)相同航道等级的引航道断面设计应顾及闸室不同宽度的流量变化,由于闸室尺度不同,它进入引航道的水体差异较大,可能导致引航道流速与系缆力超标,因此在设计确定引航道尺度时应顾及此因素。

(9)改善由于重力波流运动形成的通航水流条件,实质在于消浪、减速、改善流态。与之相应的工程措施和调度措施是多方面的,宜结合工程布置、地质地形、水流泥沙以及船型条件等因素综合考虑(见本书第 4 章中的有关章节),最好结合模型试验研究和经济、技术比较,采取经济合理的措施。

第3章　船闸中间渠道通航水流条件研究

中间渠道(以下称渠道)为分散梯级船闸间两端封闭的特殊渠道。船闸渠道的特点:该渠道宽度可充分利用溪沟的低洼地带,长度按地形条件,可长可短,航道可直可弯(弯曲半径≥规范要求),航道水深可深可浅(水深需要满足渠道的特殊要求),断面形状可以是梯形、矩形、复式或不规则形状,因此渠道布置的任意性大,可充分利用有利地形条件布置。与连续梯级船闸相比,能提高货运能力,调度灵活,发生故障和全修停航几率小,通过能力大。能充分利用渠道的水域面积,进行补水或溢水。与单级高水头船闸相比,有利于船闸输水系统设计,能减小阀门的工作水头,改善阀门及门后廊道空化条件;还有利于解决闸门加工工艺,闸墙衬砌等问题。还可以避免高水头升船机机电设备、建造与安装的工艺水平、封闭与止水、驱动与安装装置等问题。

中间渠道的不利因素是两端封闭,船闸灌泄水会在渠道中产生涌浪、反射、叠加和震荡、水面比降等。为了工程安全,很有必要认识船闸灌泄水非恒定流产生的不利于船舶航行的长波波流运动规律和水力要素,也有必要了解涌浪影响渠道通航水深及在船闸人字门处形成反向水头等不利的通航水流条件。为此,采用 1∶40 船闸渠道水工模型,在规则矩形(含梯形)渠道中,针对渠道不同尺度(渠道的长度、宽度和水深),改变船闸起始水头,以变更最大瞬时流量,研究上级船闸泄水、下级船闸灌水及上下级船闸同时或错时灌泄水非恒定流引起的波动特性。经研究提出船闸中间渠道尺度与波动特性规律、水力要素等的关系,以及渠道尺度确定原则、参考尺度和有关认识等。研究成果可为规范制订提供依据,为今后类似工程提供参考。

3.1　船闸中间渠道非恒定流波动与水流条件研究

3.1.1　中间渠道非恒定流的理论分析

船闸灌泄水在中间渠道的水体运动本质上属于明渠非恒定流。描述非恒定流运动的微分方程组与船闸引航道相同。波动的影响因素主要有边界条件、船闸输水特性、船舶(队)等的影响,与引航道相同,此处不再赘述。

中间渠道是两端封闭的,这是与引航道的最大区别。中间渠道内的水体波动,水面上升时为涨水波(推进波),水面降低时为落水波(泄水波)。当流入渠道的流量增加,形成涨水波,渠道水面升高;当流入渠道的流量减小,形成落水波,渠道水面降低。当水体流出渠道时与此相反。上级船闸泄水先出现涨水波,后出现落水波。下级船闸灌水先出现落水波,后出现涨水波。

船闸输水时，中间渠道内非恒定流所形成的长波运动将使水面升高或降低，水面在发生倾斜的同时伴随有水流的纵向运动，它将对渠道内等待过闸和正在航行的船舶以及船闸运转产生各种不利的影响。

1）中间渠道水力特性

（1）具有引航道性质的水力特性

类似第2章的分析：当 $L_n > T \cdot c$、$c=\sqrt{gD_n} \pm v$ 时，在渠道中出现一个完整的波形。此时中间渠道具有引航道的水力特性。

由于工程实践的边界条件各不相同，中间渠道长短不一，最短的75m，最长5630m；渠道最宽228m，最窄15m；又渠道断面各异，有矩形、梯形、不规则和天然地形等。所以，渠道长会形成完整的推进波，渠道短则在尚未反射之前具有引航道的水力特性。

（2）具有闸室水力特性

闸室长度比渠道短，集中输水系统船闸输水时推进波在闸室内将不断往复反射叠加。与此同时，闸室的水深随着输水过程逐渐上升或下降，从而引起波速以及波高的变化。中间渠道长度一般较闸室要长得多，因而推进波的波浪反射叠加没有闸室中严重。但是波动在中间渠道内往返传递，会对两端的船闸运转产生强烈的干扰。总之，在调平闸室与渠道水位时，中间渠道犹如是多级船闸的中间级，故具有闸室水力特性。

（3）中间渠道的水力特性

前述中间渠道在推进波或泄水波没有反射之前具有引航道的水力特性，产生反射后又具有闸室的水力特性。中间渠道两端封闭，长度一般远大于船闸。当闸室与中间渠道内的水位调平之后，波动在渠道两端反射，周期较长，衰减较慢，不同于引航道以及船闸闸室，因此形成了中间渠道的水力特性。中间渠道的水力特性与渠道尺度尤其是渠道的长度有直接的关系。

考虑到端部反射波与初始波同为正波或负波，当 $L_n > ct_{max}$，在渠道内出现最大初始波高；当 $L_n < ct_{max}$，渠道内不出现最大初始波高。船闸灌泄水结束后，渠道中水位为 $H \pm \Delta H$，其中 ΔH＝闸室水体积/（渠道面积＋2倍的闸室面积）。

2）渠道内水力要素的控制条件

（1）波高或波幅

渠道上游端部的波峰，会对上级船闸下闸首的人字闸门产生反向水头。渠道下游端部的波谷，会对下级船闸上闸首的人字闸门产生反向水头。上级船闸泄水，当调平闸室与渠道水位后，所产生的波谷大于水位的升高时会影响通航水深。下级船闸灌水，负波运动造成水面下降，调平闸室与渠道水位后振荡波波谷也影响渠道的通航水深。可由渠道波高和富余高度确定渠道边坡高度。

（2）水面比降和纵向流速

水面比降和纵向流速对渠道内等待过闸的船舶产生动水作用力，使未系缆船舶运动，会发生船舶碰撞并影响系缆操作。不允许该力超过船舶允许系缆力，当流速方向和船舶行驶方向一致时，会影响其操纵性。当水面比降和纵向流速与船舶行驶方向相反时，会增加船舶的航行阻力，影响船舶的航行速度。上级船闸泄水或下级船闸灌水在渠道内产生长波运动。当下级或上级船闸人字闸门打开，进入闸室的波动会影响闸室内船舶停泊条件，并将发生变形或反射。

综上所述，中间渠道通航的控制条件是长波波高（波幅）、水面比降、缆绳拉力和流速等。

3.1.2　研究条件的设定

中间渠道断面有规则的，也有天然不规则的。实际工程中，有利用天然沟渠作为中间渠道的，此种形式的渠道，其宽度与底部高程都是沿程变化的，平面上无一定规律，不同工程之间会有很大差异。作为物理模型进行规律性研究，本着认识事物是由浅入深、由简单到复杂，首先对矩形断面中间渠道中船闸灌泄水的规律进行研究。

在工程实践中，不乏中间渠道为矩形断面，龙滩枢纽工程中间渠道断面设计为矩形 32m×2.5m，清江隔河岩中间渠道也是采用矩形断面 30m×1.8m，大化船闸前的中间渠道也为矩形断面。

根据龙滩枢纽工程通航基本情况，针对《内河通航标准》（GB 50139—2004）[10]限制性航道Ⅳ级航道尺度、《船闸总体设计规范》（JTJ 305—2001）[7]中引航道尺度，按通航船舶 500t 级的工程布置，借鉴百色水利枢纽工程中那禄线分散 3 级船闸设计方案进行船闸及渠道模型概化。百色水利枢纽通航建筑物比选方案为分散 3 级船闸、两个中间渠道，船闸有效尺度为 100m×12m×2.5m，水头 25m、44.5m，中间渠道长 720m、2962m。这些基本数据作为开展船闸中间渠道研究的边界条件、内容和依据。

模型试验采用以下数据：

（1）船闸及相关尺度

根据《内河通航标准》（GB 50139—2004）的规定，限制性航道Ⅳ级船闸宽度取 12m，有效长度 120m。模型为两级船闸，采用集中输水系统，闸室尺度（长×宽）为 130m×12m；廊道尺寸为 4m×4m；平板阀门面积为 13.6m^2；输水廊道惯性长度约为 100m；船闸水头为 15～45m。

（2）中间渠道尺度

船闸中间渠道采用规则渠道。根据《内河通航标准》（GB 50139—2004），Ⅳ级限制性航道宽度 40m，水深 2.5m。试验选择渠道长度 700～2000m，以 2000m 为主；渠道宽度选取 40m 和 60m，以 40m 为主；渠道起始水深，船闸泄水 2.5～7.0m，以 2.5m、3.0m 为主；船闸灌水 3.0～7.0m。断面形状为矩形和梯形，以矩形为主。

（3）船闸运转方式

上级船闸泄水廊道出口在渠道上游端，下级船闸灌水廊道进口在渠道下游端，均采用明沟消能方式，沿横向均匀分布。上级船闸泄水进入中间渠道，下级船闸灌水从中间渠道取水。上下级船闸有单独运转和组合运转多种方式。

（4）通航船队

试验采用 1 顶 2 驳船队。船队尺度为 117.75m（22.75m＋2×47.5m）×10.8m×1.6m；排水量为 59t＋2×658.5t＝1376t。

（5）通航标准

为判断通航水流条件优劣，根据国内外有关文献及我国工程应用的实践经验，对通航水流条件标准作如下规定：

①引航道内振荡波波高≤0.6m；

②渠道内表面最大流速≤0.8～1.0m/s；

③对于1顶2×500t船队，规定水面最大比降≤1.7‰；

④500t船队系缆力，纵向水平分力≤25kN，横向水平分力≤13kN；

⑤通航水深≥2.5m。

3.1.3 概化物理模型

船闸、中间渠道及船舶模型为正态，按重力相似准则设计。各物理量模型比尺如下：

几何比尺 $\lambda_L = L_p : L_m = 40$；

速度比尺 $\lambda_v = \lambda_L^{1/2} = 6.32$；

流量比尺 $\lambda_Q = \lambda_L^{5/2} = 10119.29$；

时间比尺 $\lambda_T = \lambda_L^{1/2} = 6.32$；

力的比尺 $\lambda_F = \lambda_L^3 = 64000$；

糙率比尺 $\lambda_n = \lambda_L^{1/6} = 1.85$。

船模严格控制甲板以下几何相似、吃水及配载相似，在直线航行试验中，控制静水航速相似。中间渠道原体混凝土糙率 $n_p \approx 0.013$，要求模型糙率 $n_m = n_p(\lambda_n \approx 0.007)$，而塑料板糙率 $n \approx 0.007 \sim 0.009$，基本满足模拟要求。渠道长度2000m的模型布置见图3-1。

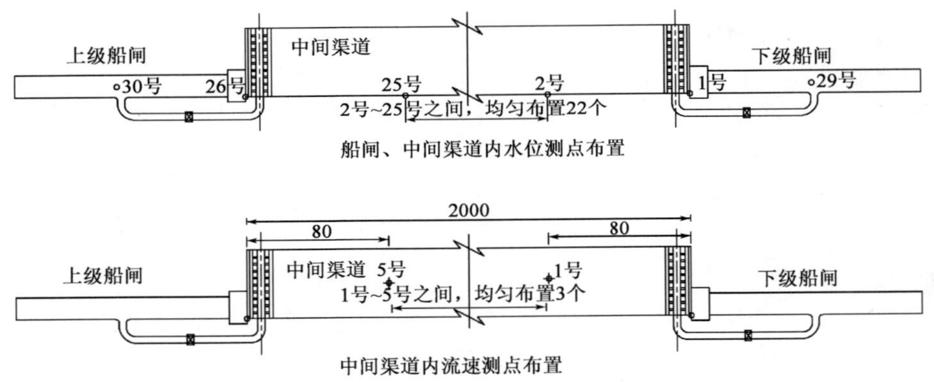

图3-1 渠道长 L_n=2000m，中间渠道概化模型与测点布置(尺寸单位：m)

渠道水位波动用超声波水位传感器监测。测点间距相当于原体80m，小于一个船队长度；渠道长度2000m共布置水位测点22个，布置见图3-1，当渠道长度改变以后，对测点数目进行相应调整。用相邻两个水位测点的瞬时水位差，除以两点间距(80m)得到水面比降。

3.1.4 中间渠道数学模型验证

中间渠道数学模型由上级船闸、下级船闸和中间渠道三部分组成。上下级船闸用船闸输水基本方程进行模拟，中间渠道用一维数学模型模拟。中间渠道模型与上下级船闸模型联立求解，即可得到反映船闸与中间渠道水体相互作用的数学模型。

验证条件：矩形断面中间渠道宽度为40m，长度为2000m，水深为2.5m船闸初始水头为30.0m，水体从上级闸室进入中间渠道。

船闸运转的其他参数如下：

船闸尺度(长×宽)为 130m×12m;闸室水域面积 $A_1=1560\text{m}^2$;廊道尺度(高×宽)为 4m×4m;阀门处廊道尺度(高×宽)为 3.4m×4m;输水廊道惯性长度 $L_{np}=100\text{m}$;输水廊道支数 $N=1$;阀门面积 $A_c=13.6\text{m}^2$;灌水阀门匀速开启时间为 120s;计算时间为 3000s。

数学模型计算结果与物理模型试验结果对比见图 3-2。从图看出,水位 $H=f(t)$、流量 $Q=f(t)$、波动 $Z=f(t)$过程线,三者十分吻合;图中线 1 为中间渠道上游端部水位波动随时间过程线的计算值,线 2 为试验值。由此可见,本数学模型很好地模拟了中间渠道水体的非恒定流运动。

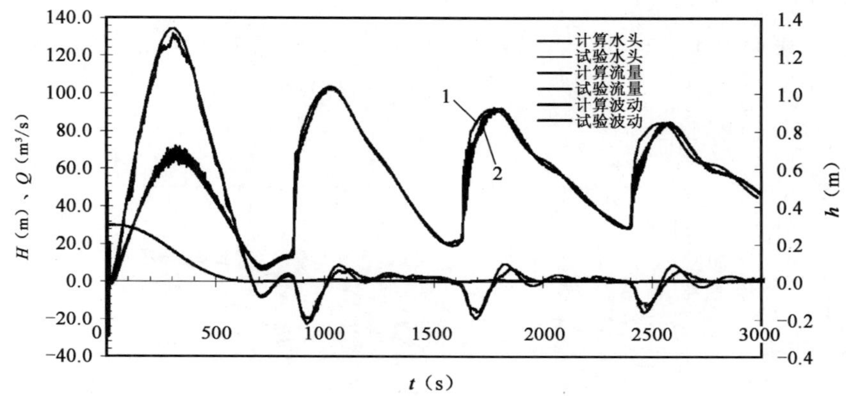

图 3-2 数学模型与物理模型试验成果对比

3.1.5 上级船闸泄水中间渠道水流条件与波动特性

分别改变中间渠道的尺度,长度(700m、1000m、1200m、1400m、2000m)、水深(2.5m、3.0m、3.5m、4.0m、5.0m、6.0m)、宽度(矩形 40m、60m)、断面形状(矩形和梯形),研究与波动特性的关系。船闸输水阀门开启时间均采用 6min,通过改变水头(15m、20m、25m、30m、35m、40m)来改变流量,输水时间控制在 10min 左右,与通常船闸运转相同。在这些试验前题条件下,研究船闸输水时中间渠道的波动特性和水力要素;分析波动特性相互关系、泄水流量与水力要素的关系、中间渠道尺度与水力要素的关系分别阐述如下。

1)船闸及中间渠道水力特性

上级船闸泄水,以矩形渠道长 2000m,宽 40m,水深 3.0m,船闸初始水头 30m,阀门开启时间 6min 的试验条件为例,简述中间渠道水力特性。

(1)上级船闸泄水水力特性

上级船闸泄水进入中间渠道,调平闸室与渠道水位,使船闸水位下降,渠道水位上升。该情况类似于 2 级船闸的灌泄水过程,只不过下级船闸是中间渠道,其水域面积比上级船闸大很多。试验观测的船闸水力特性曲线 $H=f(t)$、$Q=f(t)$见图 3-3。

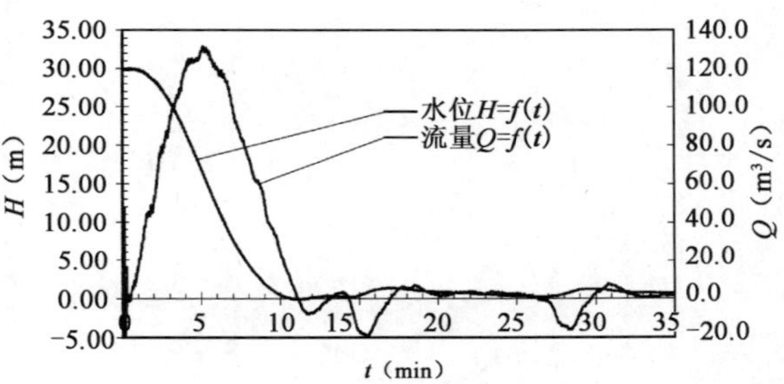

图 3-3 上级船闸泄水水力特性曲线

从图可看出泄水过程的物理现象及水

力特征值。船闸输水时间约10min，最大流量约133m³/s。输水后约11min，水流受惯性影响，流量越过零点，出现负值，即中间渠道水体反过来流入闸室。此时反射波尚未返回，是惯性超降使闸室水位低于渠道水位。等流速为零后，由于反向水头的作用，渠道水体又流入闸室。输水过程线呈起伏状是因中间渠道水位波动造成的。

上级船闸泄水，调平闸室与渠道水位，渠道内水位是上升的，涨水波（或称推进波）来回反射的原水面以上，而形成的振荡波则在调平以后的水面上下振荡。上船闸泄水一般不会引起渠道内局部水深不足。

（2）波动形态

图3-4为上级船闸泄水时，中间渠道0～19min的瞬时水面线。相邻两个曲线时间间隔1min。中间渠道长2000m，0m处为上游端部，2000m处为下游端部。图3-5为渠道两端及中部定点水位时间过程线。

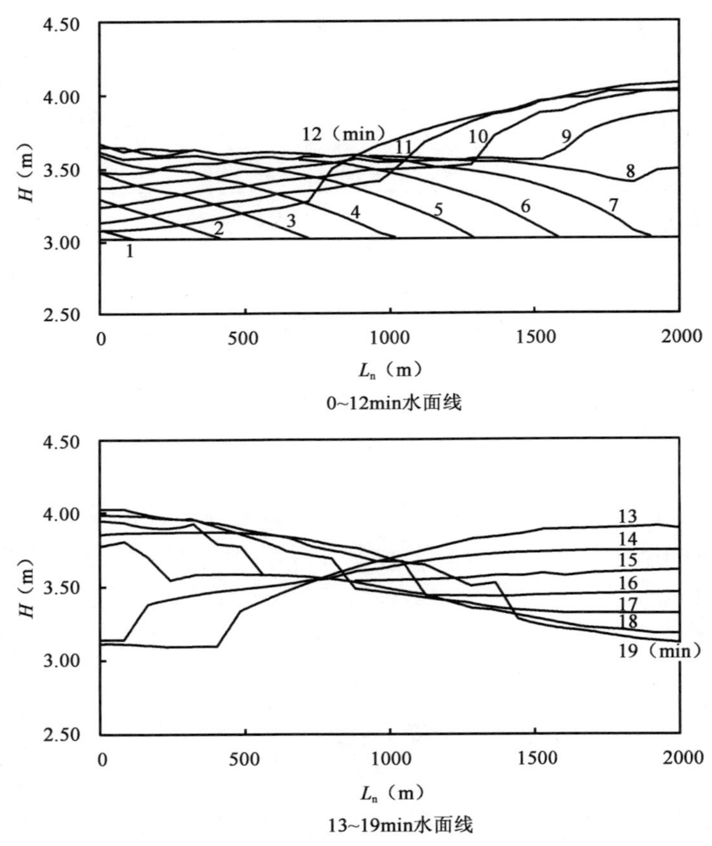

图3-4　上级船闸泄水中间渠道的瞬时水面线

波动是属空间的分布，通常以定点水位过程进行分析。定点水位的波动定义为：上级船闸泄水进入中间渠道，形成一个高于原水面的长波即推进波 h_p。推进波沿渠道向下游运动，在前进过程中波高减小、波前端部变陡。由于渠道长度有限，渠道内形成不了完整波形。约7min，推进波传递到渠道下游端部，并开始反射、叠加，形成反射波 h_r。波动向上游传播，在前进过程中波高减小、波前变陡，到上游端部又发生反射、叠加，此后的波动称为振荡波 h_z。如此往复运动，最后在渠道内形成以中部为节点的驻波，直至消失。试验测得最大振荡波波高约1.0m，船闸泄水1h以后，中间渠道内仍然有波幅约0.3m的振荡。

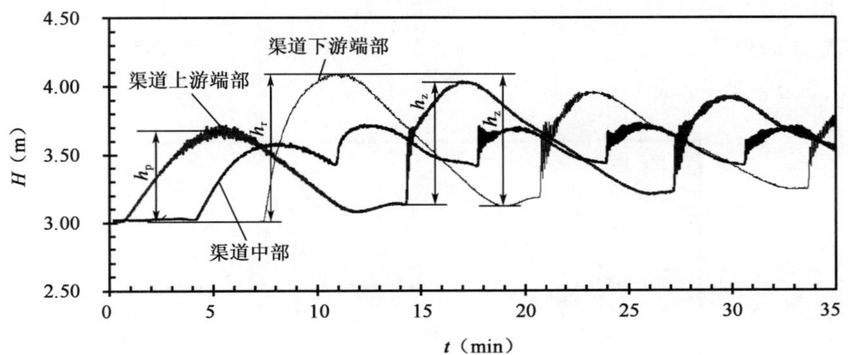

图 3-5 定点水位变化

当中间渠道长度、宽度、水深以及船闸水力特性改变时，中间渠道波动水力参数会跟着变化，但是波动的主要特性不会改变。

对于中间渠道的长波，船闸人字门处于开启状态时，渠道水位与闸室水位基本一起升降。当人字门处于关闭状态，而输水廊道阀门呈开启状态，由于闸室水位与渠道水位的连通作用，不会出现太大的反向水头。只有当人字门和输水阀门同时关闭时，振荡波才能产生反向水头，影响人字门正常运转。

根据推进波、反射波及振荡波定义，可知只有振荡波能够产生人字门反向水头，因此推进波、反射波波高并不直接影响船闸运转。而长周期波动的波高对船舶的影响也主要表现在水位升降。

(3)中间渠道的流速

中间渠道两端及中部流速过程线见图3-6。上级船闸泄水，渠道上游端部流速过程与船闸流量过程近似，从零到最大又变小，衰减很快。

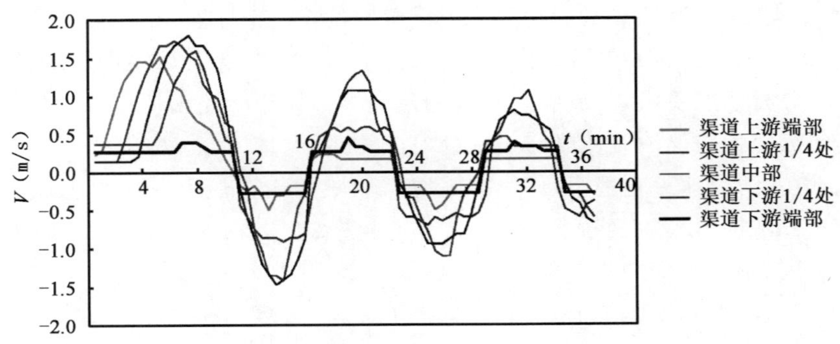

图 3-6 流速过程

中间渠道中部的流速比下游端部流速略大，且衰减较慢。原因是，泄水流量传递到中部时，水位降低，过水面积减小。衰减慢是由于波动特性决定的。振荡波能量在渠道两端表现为势能即水位的变化，而在中部则以动能的形式表现，即流速的变化。在下游端部流速甚小，原因同上。

(4)中间渠道的比降和系缆力

渠道的上游及下游端部靠船墩，该处的水面比降与船舶系缆力见图 3-7、图 3-8。上下游靠船墩的位置分别距离上下级船闸闸首 380m 处，各自向船闸一侧占据一倍船长距离。水面倾向下游，比降为正值，水面倾向上游，比降为负值。纵向力向下游为正，向上游为负。

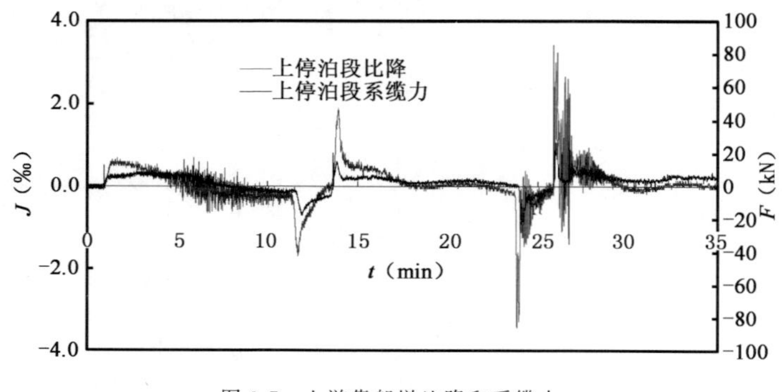

图 3-7 上游靠船墩比降和系缆力

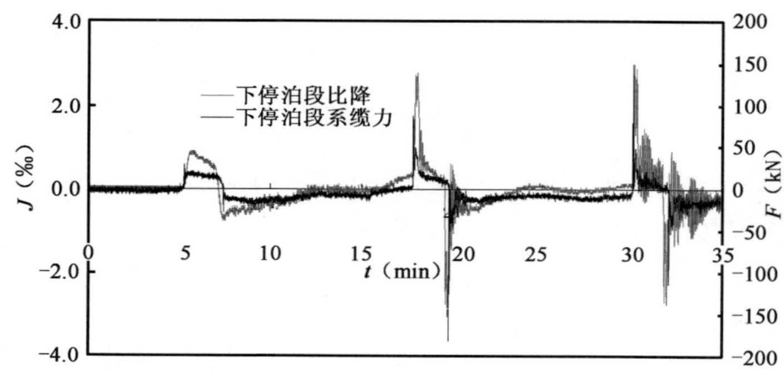

图 3-8 下游靠船墩比降和系缆力

船闸泄水结束前，上游靠船墩船舶受最大纵向力约 10kN，不超标。12min 以后，最大纵向力约 20kN，仍不超标。25min 以后，最大纵向力大于 25kN，超标。再往后，最大纵向力逐渐减小，不再超标。分析船舶受力，可见船队受到的最大纵向作用力受水面比降控制。从图 3-7 看出，船队受到的纵向力与停泊段比降有极好的对应关系。

下游靠船墩处的流速一直很小，停靠在下游靠船墩的船队最大纵向力受比降控制。下游靠船墩船队在 5min 时，受最大纵向力约 20kN，不超标；在 17min 时，最大纵向力大于 25kN，超标；在 30min 时，最大纵向力仍超标。

下游靠船墩纵向力明显大于上游，原因是推进波前进过程中波前端部变陡，下游靠船墩处的比降比上游大。由图 3-8 可见，最大比降均发生在正波波前经过的时间段。由于渠道顺直，横流与横比降都很小，波动沿纵向传播，船舶受到的纵向力是停泊控制条件，横向力甚小，可忽略。

船闸泄水进入中间渠道，在调平船闸与中间渠道水位过程中，比降较小，则船队的受力也小，它不是控制条件。船闸与渠道水位调平后，渠道内水体振荡过程中产生较大比降，使受力增大，成为控制条件。比降与船队受力相对应，一致性很好。渠道中比降、船队受力都具有周期性。上游靠船墩的比降和系缆力明显比下游靠船墩小。

(5)中间渠道的短波

上级船闸泄水，中间渠道振荡波的周期约10min。波动开始2～3个周期时，在波体头部位置出现明显的短周期波。从上级船闸泄水中间渠道内水位变化(图3-5)中，取20～28min的一段波形，见图3-9。可见短波波高约0.3m，周期约5s，波长约25m。

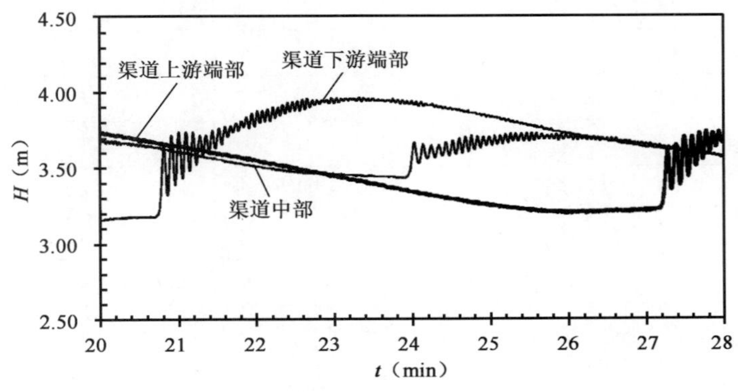

图3-9 上级船闸泄水中间渠道内的短波

短波在涨水波前进的过程中发生于波前，然后发展、衰减直至消失。由于表面波速大于底部波速，涨水波在前进中波前逐渐变陡。当波前比降达到某个限值时，波前水体形状不再稳定，就会出现短波。而当涨水波本身波高逐渐变小，短波也跟着衰减并消失。

根据试验，渠道中，当涨水波波前水面比降大于1.7‰开始出现短波，当比降大于2.3‰一定出现短波。此时比降已经超过通航标准要求，因此严格讲，中间渠道内不允许出现这种短波。当短波波高超过某限值时，必然给通航水流条件、船舶航行和船闸运转带来不利影响。由于短波周期短，输水廊道的水位调平作用小，短波易使船闸人字门产生反向作用水头。

对于中间渠道的短波，当人字门处于开启状态，短波从渠道进入闸室，由于横断面缩窄，波高加大，影响加剧。当人字门处于关闭状态，无论输水廊道阀门处于何种状态，短周期波都可能使人字门产生反向水头，影响人字门正常运转。

综上所述，中间渠道内通航水流条件的优劣，可用渠道内最小水深D_{nmin}、最大比降J_{max}以及渠道内最大振荡波波高h_z和断面最大流速V_{max}等水力参数进行衡量，其中比降和振荡波均包含短波作用。如果某种运转情况有一项指标超过标准，则认为该运转会影响通航。

2)上级船闸泄水渠道波动特性的规律

根据设定的研究条件，进行试验研究，获得了渠道内的波动特性和水力要素，见表3-1，由表中数据分析波动特性相互间关系。鉴于研究对象渠道是规则断面，可以用公式对一些参数进行估算，并对试验实测值与计算值进行了比较分析。

(1)推进波波高实测值$h_{p实}$与计算值$h_{p计}$的关系

船闸中间渠道设定为不同断面形式(矩形、梯形)和尺度的规则渠道，研究当上级船闸泄水，泄水水体在渠道中推进时的最大波高。

上级船闸泄水渠道中的波动特性与水力要素 表 3-1

(1)	渠道矩形断面 $B_n=40m, t_v=6min$												
渠道长度 L_n (m)	渠道起始水深 D_n (m)	初始水头 H_0 (m)	输水时间 T (min)	最大流量 Q_{max} (m^3/s)	推进波波高 h_p (m)	推进波波高计算值 $h_{计}$ (m)	反射波波高 h_r (m)	振荡波波高 h_z (m)	振荡波周期 T_B (min)	最大水深 H_{max} (m)	最小水深 H_{min} (m)	最大比降 J_{max} (‰)	最大流速 V_{max} (m/s)
2000	2.5	15	7.58	82.80	0.43	0.42	0.72	0.68	13.28	3.19	2.50	1.71	0.80
	2.5	20	8.46	98.92	0.51	0.5	0.86	0.78	13.28	3.34	2.50	2.50	0.98
	2.5	25	9.16	117.25	0.61	0.59	1.01	0.90	12.98	3.46	2.50	3.63	1.09
	2.5	30	9.60	132.46	0.72	0.67	1.12	0.97	12.75	3.56	2.48	4.45	1.32
	3.0	15	7.53	82.96	0.40	0.38	0.68	0.65	12.30	3.66	2.98	0.99	0.69
	3.0	25	8.99	117.53	0.52	0.54	0.94	0.86	11.78	3.94	3.03	1.93	0.97
	3.0	30	9.69	133.09	0.61	0.61	1.06	1.01	11.70	4.11	3.04	3.58	1.07
	3.0	35	10.22	148.07	0.70	0.68	1.18	1.08	11.90	4.19	3.04	2.50	1.23
	3.5	15	7.78	82.74	0.36	0.35	0.64	0.62	11.98	4.13	3.49	0.73	0.60
	3.5	30	9.87	135.61	0.58	0.58	1.04	0.99	11.03	4.50	3.48	1.26	0.97
	3.5	35	10.45	148.96	0.67	0.64	1.16	1.06	11.10	4.63	3.49	3.88	1.04
	3.5	40	10.66	162.88	0.72	0.69	1.26	1.13	10.78	4.73	3.50	3.93	1.16
	5.0	30	9.11	138.25	0.50	0.49	0.92	0.81	9.30	5.89	4.98	1.10	0.69
	6.0	30	9.30	136.00	0.46	0.44	0.85	0.65	8.70	6.81	5.97	1.03	0.57
1400	2.5	15	7.6	83.39	0.42	0.42	0.75	0.72	8.73	3.25	2.52	6.10	0.78
	2.5	20	8.815	102.15	0.52	0.52	0.91	0.85	9.13	3.41	2.52	5.50	1.02
	2.5	25	9.115	118.92	0.62	0.6	1.07	0.91	9.20	3.56	2.52	7.38	1.26
	2.5	30	9.33	134.18	0.72	0.68	1.19	0.91	8.78	3.69	2.53	6.08	1.34
	3.0	15	7.44	82.55	0.40	0.39	0.71	0.69	8.08	3.70	3.01	3.15	0.68
	3.0	25	8.665	118.95	0.55	0.54	1.00	0.77	8.30	4.03	3.05	1.53	0.99
	3.0	30	9.225	134.36	0.64	0.63	1.14	0.79	8.43	4.13	3.02	2.33	1.12
	3.0	35	9.64	150.54	0.72	0.69	1.24	0.79	8.00	4.25	3.03	3.83	1.25
	3.5	15	7.35	81.64	0.36	0.35	0.67	0.62	8.03	4.15	3.52	0.85	0.53
	3.5	30	9.145	135.17	0.59	0.58	1.07	0.65	7.75	4.57	3.52	1.70	0.97
	3.5	35	9.72	149.83	0.68	0.64	1.13	0.66	7.60	4.68	3.53	2.11	1.07
	3.5	40	10.135	163.67	0.73	0.7	1.29	0.66	7.40	4.80	3.54	2.54	1.17
	5.0	30	9.39	135.17	0.47	0.48	0.92	0.16	6.20	5.90	5.00	1.50	0.69
	6.0	30	9.36	135.63	0.43	0.44	0.87	0.12	4.75	6.84	5.98	1.10	0.57
1200	2.5	30	9.40	132.35	0.66	0.67	1.16	0.50	7.23	3.67	2.45	4.93	1.15
	2.5	25	8.76	124.08	0.62	0.63	1.04	0.56	7.55	3.54	2.495	2.775	1.08

续上表

(1)	渠道矩形断面 $B_n=40m, t_v=6min$												
渠道长度 L_n (m)	渠道起始水深 D_n (m)	初始水头 H_0 (m)	输水时间 T (min)	最大流量 Q_{max} (m^3/s)	推进波波高 h_p (m)	推进波波高计算值 $h_{计}$ (m)	反射波波高 h_r (m)	振荡波波高 h_z (m)	振荡波周期 T_B (min)	最大水深 H_{max} (m)	最小水深 H_{min} (m)	最大比降 J_{max} (‰)	最大流速 V_{max} (m/s)
1000	2.5	15	7.66	78.81	0.41	0.4	0.73	0.34	6.45	3.15	2.43	1.25	0.81
	2.5	20	8.18	97.33	0.51	0.49	0.89	0.33	6.05	3.38	2.50	1.58	0.96
	2.5	25	8.84	115.56	0.60	0.58	1.04	0.27	5.95	3.53	2.48	1.98	1.08
	2.5	30	10.58	120.31	0.62	0.61	1.06	0.39	5.83	3.73	2.48	2.14	1.10
	3.0	15	9.49	66.25	0.31	0.31	0.57	0.14	6.25	3.62	3.00	0.65	0.58
	3.0	20	7.81	98.66	0.49	0.45	0.85	0.20	5.65	3.80	3.00	1.33	0.81
	3.0	25	8.92	116.78	0.56	0.54	0.98	0.17	5.45	3.98	3.00	1.70	0.92
	3.0	30	9.54	132.05	0.64	0.61	1.10	0.20	5.30	4.15	2.99	2.13	1.00
700	2.5	15	7.30	81.72	0.43	0.41	0.78	0.22	4.45	3.44	2.55	0.88	0.76
	2.5	20	8.02	100.77	0.54	0.51	0.94	0.28	4.18	3.71	2.55	1.25	0.92
	2.5	25	8.79	115.48	0.62	0.58	1.10	0.26	4.20	3.99	2.56	1.64	1.09
	2.5	30	9.28	133.02	0.69	0.67	1.23	0.24	3.70	4.26	2.60	1.90	1.17
	3.0	15	7.28	81.64	0.40	0.38	0.72	0.23	3.95	3.94	3.05	0.68	0.91
	3.0	25	8.59	116.54	0.55	0.54	1.01	0.19	3.00	4.45	3.06	1.24	0.70
	3.0	30	9.16	132.43	0.61	0.61	1.13	0.23	3.03	4.76	3.08	1.55	0.90
	3.0	35	9.88	147.54	0.66	0.68	1.24	0.33	2.80	5.07	3.12	2.06	1.00
	3.5	15	7.28	81.46	0.36	0.35	0.67	0.19	4.23	4.43	3.55	0.61	0.48
	3.5	30	9.28	132.74	0.55	0.57	1.03	0.27	2.85	5.26	3.58	1.26	0.74
	3.5	35	9.82	149.23	0.60	0.57	1.11	0.36	2.95	5.56	3.60	1.58	0.96
	3.5	40	10.47	160.78	0.64	0.69	1.22	0.41	3.13	5.84	3.61	1.86	0.84
	4.0	15	7.36	81.29	0.32	0.32	0.60	0.16	4.05	4.89	4.03	0.53	0.88
	4.5	15	7.19	81.67	0.30	0.31	0.60	0.14	3.30	5.38	4.53	0.53	0.43
	5.0	30	9.21	134.0	0.43	0.48	0.86	0.31	3.00	6.42	5.07	0.93	0.46
	5.5	30	9.24	134.01	0.46	0.46	0.78	0.30	2.65	7.19	5.56	0.93	0.53
(2)	渠道矩形断面 $B_n=60m, t_v=6min$												
渠道长度 L_n (m)	渠道起始水深 D_n (m)	初始水头 H_0 (m)	输水时间 T (min)	最大流量 Q_{max} (m^3/s)	推进波波高 h_p (m)	推进波波高计算值 $h_{计}$ (m)	反射波波高 h_r (m)	振荡波波高 h_z (m)	振荡波周期 T_B (min)	最大水深 H_{max} (m)	最小水深 H_{min} (m)	最大比降 J_{max} (‰)	最大流速 V_{max} (m/s)
2000	2.5	15	7.65	84.98	0.29	0.29	0.49	0.50	13.60	2.96	2.46	1.20	0.61
	2.5	20	8.40	102.97	0.32	0.35	0.60	0.59	13.05	3.08	2.47	2.20	0.74
	2.5	25	9.08	118.47	0.37	0.4	0.71	0.64	13.00	3.16	2.47	2.18	0.85

续上表

(2)	渠道矩形断面 $B_n=60\text{m}, t_v=6\text{min}$												
渠道长度 L_n (m)	渠道起始水深 D_n (m)	初始水头 H_0 (m)	输水时间 T (min)	最大流量 Q_{max} (m^3/s)	推进波波高 h_p (m)	推进波波高计算值 $h_{计}$ (m)	反射波波高 h_r (m)	振荡波波高 h_z (m)	振荡波周期 T_B (min)	最大水深 H_{max} (m)	最小水深 H_{min} (m)	最大比降 J_{max} (‰)	最大流速 V_{max} (m/s)
2000	2.5	30	9.66	138.04	0.44	0.46	0.77	0.71	12.70	3.24	2.48	2.73	0.90
	2.5	35	10.14	151.24	0.48	0.51	0.86	0.78	12.75	3.33	2.48	3.80	0.99
	2.5	40	10.61	170.69	0.52	0.57	0.94	0.83	12.40	3.39	2.47	4.53	1.05
	2.5	45	11.20	182.04	0.58	0.61	1.00	0.91	12.55	3.47	2.49	5.83	1.13
	3.0	15	7.57	83.94	0.26	0.26	0.45	0.47	12.53	3.42	2.95	0.68	0.51
	3.0	20	8.30	107.13	0.33	0.33	0.57	0.59	12.15	3.56	2.96	1.08	0.69
	3.0	25	8.86	121.07	0.41	0.37	0.66	0.67	12.00	3.65	2.94	1.68	0.75
	3.0	30	9.65	136.64	0.43	0.42	0.76	0.73	11.95	3.72	2.97	2.10	0.79
	3.0	35	10.15	153.73	0.45	0.47	0.83	0.80	11.55	3.81	2.98	3.03	0.81
	3.0	40	10.56	167.02	0.51	0.51	0.90	0.84	11.55	3.88	3.00	4.25	0.90
	3.0	45	11.09	183.83	0.53	0.56	0.98	0.91	11.68	3.95	2.98	4.95	0.96
	4.0	30	9.59	138.19	0.36	0.37	0.68	0.69	10.63	4.66	3.97	0.80	0.60
	5.0	30	9.34	138.79	0.31	0.33	0.62	0.56	9.48	5.59	4.97	0.70	0.48
	6.0	30	9.50	138.51	0.26	0.3	0.58	0.46	8.75	6.55	5.98	0.58	0.48
700	2.5	20	8.42	104.15	0.33	0.35	0.65	0.18	4.50	3.32	2.52	0.80	0.66
	2.5	30	9.59	134.94	0.41	0.45	0.85	0.12	4.90	3.68	2.54	0.90	0.73
(3)	渠道梯形断面 $B_n=40\text{m}$，边坡 1∶1，$t_v=6\text{min}$												
渠道长度 L_n (m)	渠道起始水深 D_n (m)	初始水头 H_0 (m)	输水时间 T (min)	最大流量 Q_{max} (m^3/s)	推进波波高 h_p (m)	推进波波高计算值 $h_{计}$ (m)	反射波波高 h_r (m)	振荡波波高 h_z (m)	振荡波周期 T_B (min)	最大水深 H_{max} (m)	最小水深 H_{min} (m)	最大比降 J_{max} (‰)	最大流速 V_{max} (m/s)
2000	2.5	30	9.79	137.25	0.57	0.615	0.98	0.87	12.88	3.47	2.52	4.12	1.15
	2.5	30	9.82	136.35	0.59	0.61	0.97	0.87	12.73	3.46	2.52	6.34	1.19
	3	30	9.85	137.94	0.51	0.6	0.94	0.86	12.18	3.94	3.02	2.87	1.00
	3	30	9.81	138.53	0.53	0.61	0.93	0.85	11.83	3.92	3.02	4.81	1.00
	2.5	15	7.86	88.62	0.35	0.4	0.65	0.60	13.80	3.14	2.53	1.50	0.76
	2.5	20	8.7	108.42	0.42	0.49	0.77	0.70	13.40	3.25	2.51	2.48	0.88
	2.5	25	9.32	117.94	0.52	0.53	0.87	0.79	13.25	3.36	2.52	3.15	1.03
	2.5	35	10.52	149.31	0.64	0.67	1.07	0.92	12.80	3.56	2.52	5.23	1.27

续上表

(3)	渠道梯形断面 $B_n=40m$，边坡 1∶1，$t_v=6min$												
渠道长度 L_n (m)	渠道起始水深 D_n (m)	初始水头 H_0 (m)	输水时间 T (min)	最大流量 Q_{max} (m^3/s)	推进波波高 h_p (m)	推进波波高计算值 $h_{计}$ (m)	反射波波高 h_r (m)	振荡波波高 h_z (m)	振荡波周期 T_B (min)	最大水深 H_{max} (m)	最小水深 H_{min} (m)	最大比降 J_{max} (‰)	最大流速 V_{max} (m/s)
2000	2.5	40	10.84	164.56	0.66	0.74	1.16	0.98	12.75	3.65	2.53	6.68	1.35
	2.5	45	11.45	171.89	0.73	0.77	1.25	1.06	12.50	3.74	2.53	7.75	1.39
	3.0	40	11.03	164.10	0.60	0.66	1.12	0.96	11.95	4.12	3.02	4.93	1.19
	3.0	45	11.39	178.18	0.64	0.71	1.21	1.08	11.80	4.21	3.03	5.78	1.27
	4.0	30	9.74	138.17	0.42	0.46	0.85	0.83	10.95	4.84	4.01	1.53	0.76
	5.0	30	9.73	137.39	0.34	0.39	0.75	0.68	10.20	5.75	5.01	0.75	0.56
	6.0	30	9.65	136.98	0.32	0.34	0.67	0.56	9.45	6.68	6.01	0.70	0.48
1400	2.5	30	9.91	159.49	0.66	0.71	1.03	0.82	9.10	3.52	2.50	3.86	1.07
	4.0	30	9.74	158.76	0.42	0.53	0.85	0.49	7.75	4.85	4.01	1.18	0.74
700	2.5	30	9.66	159.80	0.56	0.72	1.07	0.21	4.15	4.03	2.60	1.29	1.03
	4	30	9.63	157.48	0.38	0.52	0.83	0.10	3.35	5.40	4.04	0.74	0.63
	2.5	20	8.41	104.81	0.44	0.47	0.82	0.26	4.60	3.57	2.55	0.85	0.83

①矩形断面推进波波高实测值与计算值的关系

为寻求推进波波高实测值与计算值的关系，作了计算对比，其值按 $h_{p计}=Q_{max}/(CB_n)=Q_{max}/(B_n\sqrt{gD_n})$计算。需要说明的是，进行推进波波高计算时，忽略了波浪断面上下水深不同而引起的波浪变形、因水面升降而使过水断面积变化及摩阻力的影响。计算结果见表 3-1，并以 $h_{p计}$ 为横坐标，$h_{p实}$ 为纵坐标，点绘 $h_{p计}$ 与 $h_{p实}$ 的关系，见图 3-10。从图、表看出：$h_{p计}=h_{p实}$，说明矩形断面为规则渠道的推进波波高可按公式计算。

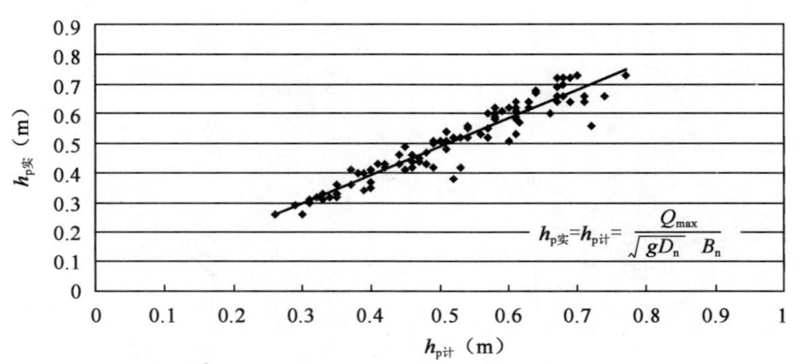

图 3-10　推进波波高实测值与计算值的关系

②梯形断面推进波波高实测值与计算值的关系

中间渠道为梯形断面时，计算推进波波高的公式与矩形断面时相同，但实际上矩形和梯形是有区别的，前者推进波在推进过程中，水面宽度是不变的，而后者是变化的，而且与边坡坡度

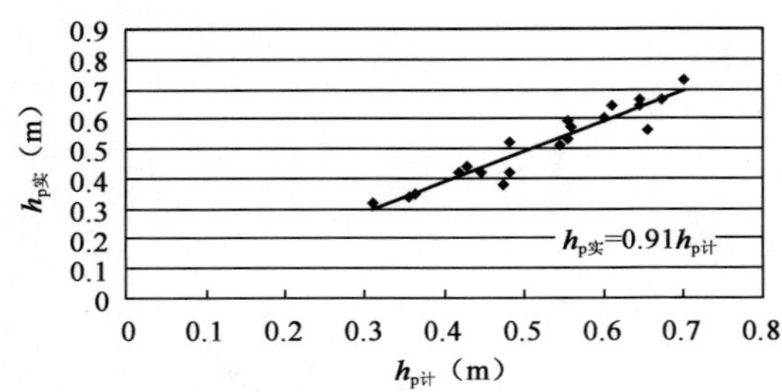

图 3-11　渠道为梯形断面(边坡 1∶1)推进波波高实测值与计算值的关系

有关,表中推进波波高是按边坡 1∶1 情况下得到的。计算时 B_n 是按边坡 1∶1 时的水面宽度,实际推进波在行进过程中水面宽度在变化,比计算的 B_n 大,从而导致计算值大,实测值小。同样以计算值为横坐标,以实测值为纵坐标,点绘 $h_{p实}$ 与 $h_{p计}$ 的关系,见图 3-11。从图可以看出:$h_{p实}$ 与 $h_{p计}$ 的绘点比较离散,但还是有一定规律性的,它们的关系是:

$$h_{p实}=0.91h_{p计}=0.91\frac{Q_{max}}{\sqrt{gD_n}B_n} \tag{3-1}$$

由此可按上式计算渠道为梯形时推进波的最大波高。

(2)反射波波高 h_r 与推进波波高 $h_{p计}$ 的关系

推进波行至渠道末端,撞至边壁,推进波开始反射并叠加,演变成反射波,该波与推进波是何种关系,根据表 3-1 中观测的最大反射波波高 h_r,并以此为横坐标,以推进波波高的计算值为纵坐标,建立 $h_r=f(h_{p计})$ 的关系,见图 3-12。从图看出:h_r 与 $h_{p计}$ 的规律性是比较好的,它们的关系是:

$$h_r=1.75h_{p计}=1.75\frac{Q_{max}}{\sqrt{gD_n}B_n} \tag{3-2}$$

由此可按上式计算反射波的最大波高。

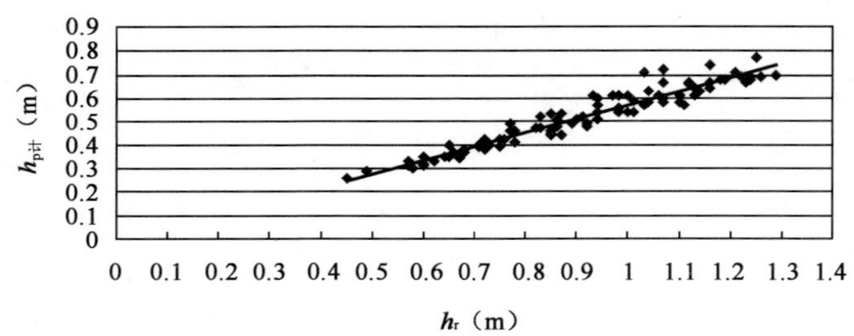

图 3-12　反射波波高 h_r 与推进波波高 $h_{p计}$ 的关系

(3)振荡波中有关问题的分析

振荡波波高 h_z 与推进波波高 $h_{p计}$ 的关系如下:

渠道中的推进波、反射波完成后,波在两端封闭的渠道中往返波动,定义为振荡波。振荡波受渠道长度、水深和断面型尺度的变化,会影响波的传播速度、周期和波长,是十分复杂的水力现象。这里进行初步分析,根据表 3-1 的观测资料,分别点绘渠道长度 L_n=2000m、1400m、1000m 和 700m 时的 $h_z=f(h_{p计})$ 的关系,如图 3-13～图 3-16 所示。其中,图 3-13 为 L_n=2000m 时,h_z 与 $h_{p计}$ 的关系图。由该图可知,尽管数据点较离散,但还是有一定规律的,即:

$$h_z=0.63h_{p计}=0.63\frac{Q_{max}}{\sqrt{gD_n}B_n} \tag{3-3}$$

上式可供设计人员参考。

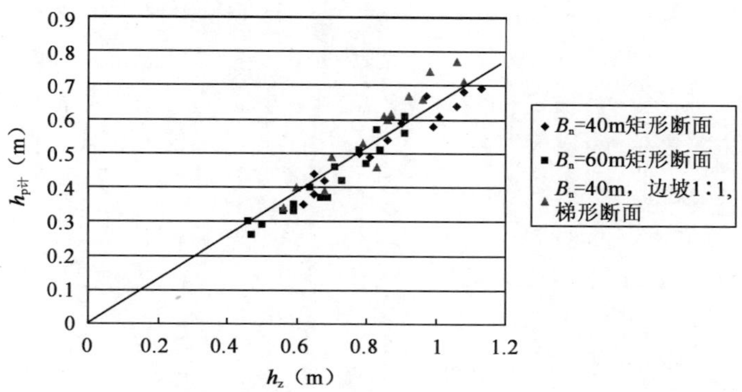

图 3-13 上级船闸泄水，$L_n=2000m$ 时 h_z 与 $h_{p计}$ 的关系

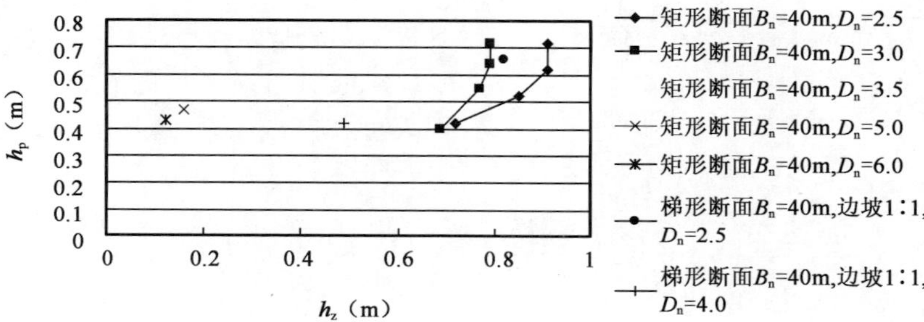

图 3-14 上级船闸泄水，$L_n=1400m$ 时 h_z 与 $h_{p计}$ 的关系

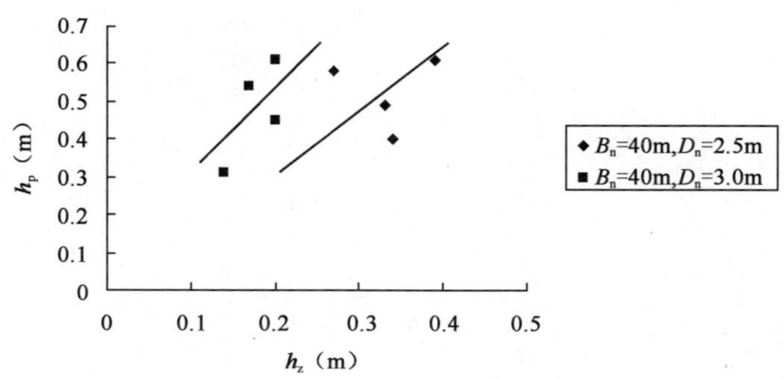

图 3-15 上级船闸泄水，$L_n=1000m$ 时 h_z 与 $h_{p计}$ 的关系

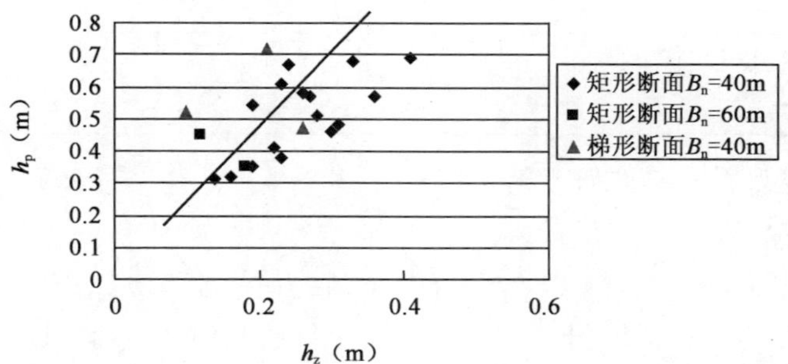

图 3-16 上级船闸泄水，$L_n=700m$ 时 h_z 与 $h_{p计}$ 的关系

从渠道长度 $L_n=1400\sim700$(m)时 h_z 与 $h_{p计}$ 的关系(图 3-14～图 3-16)可知,该关系图中数据点分散,规律性差。图 3-14 及图 3-15 的趋势是 h_z 与渠道起始水深有关,随渠道起始水深增加,振荡波波高减小;振荡波波高除与水深有关外,与渠道长度的关系是很明显的,随长度增加而增加,对于 $L_n\leqslant1000$m 的渠道,振荡波波高 $h_z\leqslant0.4$m,实际工程中可不予考虑。

(4)振荡波周期、波速与波长

表 3-1 给出了渠道矩形断面 $B_n=40$m、$t_v=6$min、上级船闸泄水时,渠道内的水力要素和波动特性值,这里根据振荡波周期 T(s)、波速 $c=\sqrt{gD_n}$,求得波长 $L=cT$,由于中间渠道长度在 700～2000m,渠道宽度 $B_n=40\sim60$m,断面有矩形和梯形,渠道水深在 2.5～6m 范围内变化。则波长是随条件不同而变化的,见表 3-2。这里以渠道长度为横坐标,平均波长为纵坐标,点绘了波长与渠道长度的关系,见图 3-17。从图表可看出:中间渠道长度近似为波长的 1/2。

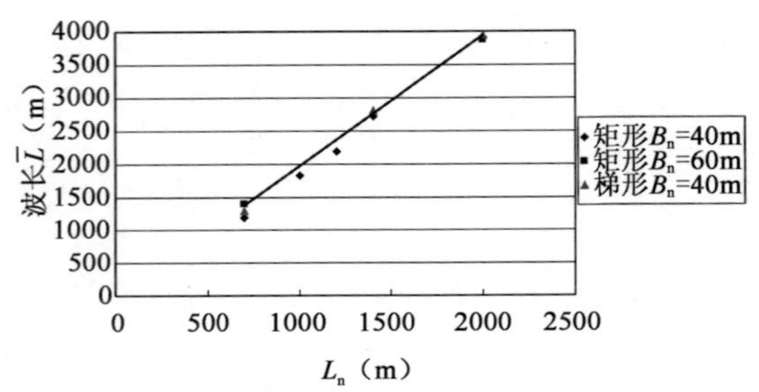

图 3-17　渠道长度与平均波长的关系

$$L=K\cdot2L_n \tag{3-4}$$

$$T=\frac{L}{c}=K\cdot2L_n/\sqrt{gD_n} \tag{3-5}$$

上式中,$K\approx0.98\approx1.0$。

渠道长度与波长的关系　　表 3-2

渠道长度 L_n(m)		2000	1400	1200	1000	700
矩形 $B_n=400$mm	波长 L 变化范围(m)	3787～4212	2593～2823	2147～2242	1723～2033	911～1521
	平均波长 $\overline{L}$(m)	3910	2727	2195	1823	1186
矩形 $B_n=600$mm	波长 L 变化范围(m)	3683～4076	—	—	—	1337～1455
	平均波长 $\overline{L}$(m)	3875	—	—	—	1396
梯形 $B_n=40$m 边坡 1∶1	波长 L 变化范围(m)	3713～4366	2703～2911	—	—	1233～1366
	平均波长 $\overline{L}$(m)	3948	2807	—	—	1286

(5)渠道中水深与有关因素的关系

①渠道最小水深与起始水深的关系

根据表 3-1 中渠道起始水深 D_n,与渠道中实测的最小水深 H_{nmin} 作对比,D_n 与 H_{nmin} 基本相等,两者的误差在 1%左右,见图 3-18。可认为上级船闸泄水,水体在渠道中运动,最小水深即是渠道的起始水深。

②渠道最大水深与起始水深和反射波波高的关系

在表 3-1 中，实测了渠道中最大水深，在实测的 93 组资料中，有 91% 组次的最大水深 H_{nmax} 基本上是与渠道起始水深＋反射波波高之和相等，约有 9% 组次实测值稍大，只可能是测量误差所致，该关系见图 3-19。可认为上级船闸泄水，水体在渠道中运动，最大水深可按下式计算确定：

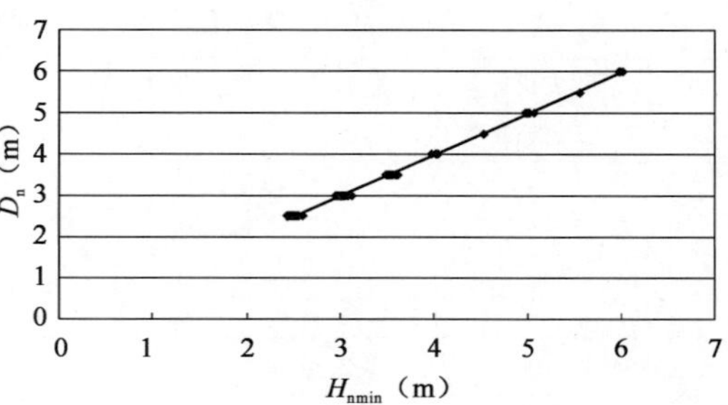

图 3-18 渠道最小水深与起始水深的关系

$$H_{nmax} = D_n + h_{rmax} \tag{3-6}$$

或

$$H_{nmax} = D_n + 1.75 \frac{Q_{max}}{\sqrt{gD_n}B_n} \tag{3-7}$$

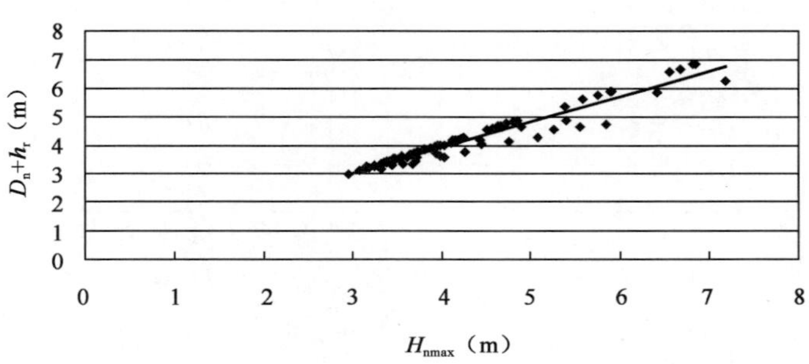

图 3-19 渠道最大水深 $H_{nmax}=f(D_n+h_r)$的关系

3)船闸泄水流量与波动特性及水力要素的关系

根据中间渠道尺度及船闸泄水流量，观测各试验条件下的波高(推进波、反射波、振荡波)、比降和流速等，并以最大单宽流量 $q_{max}=f(h_p、h_r、h_z、V、J)$建立关系，见图 3-20、图 3-21。从图和表看出：最大比降为幂函数，其余为线性关系(表 3-3)。表中列有船闸泄水渠道最大单宽流量 q 分别与推进波波高 h_p、反射波波高 h_r、振荡波波高 h_z、流速 v、比降 J 的关系。例如渠道宽度 40m，长度 2000m，水深 2.5m 条件下，推进波波高可用式 $h_p=0.211q$ 计算。

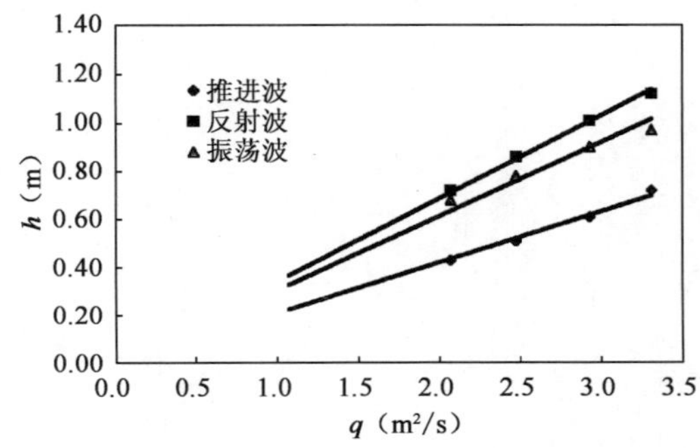

图 3-20 水深 2.5m 时波高与单宽流量的关系

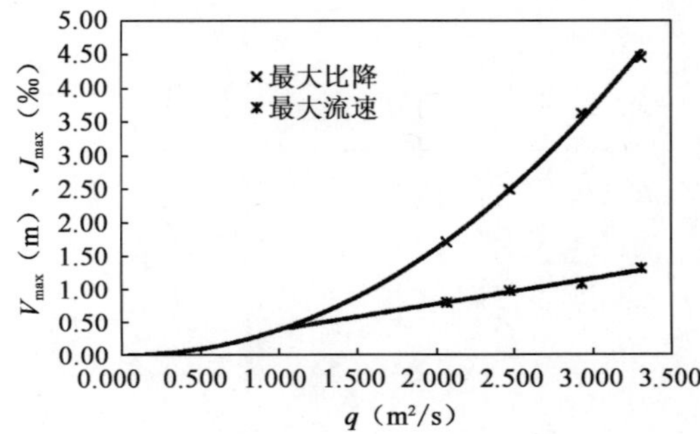

图 3-21 水深 2.5m 时比降、流速与单宽流量的关系

中间渠道各水力参数与船闸泄水单宽流量 q 的关系 表 3-3

断面形式	渠道长度 L_n(m)	渠道起始水深 D_n(m)	推进波波高 h_p(m)	反射波波高 h_r(m)	振荡波波高 h_z(m)	最大流速 V_{max}(m/s)	最大比降 J_{max}(‰)
矩形 40m	2000	2.5	$0.211q$	$0.343q$	$0.307q$	$0.389q$	$0.385q^{2.06}$
	2000	3.0	$0.193q$	$0.320q$	$0.298q$	$0.329q$	$0.251q^{1.94}$
	2000	3.5	$0.176q$	$0.309q$	$0.285q$	$0.284q$	$0.109q^{2.46}$
	1400	2.5	$0.209q$	$0.357q$	$0.304q$	$0.404q$	—
	1400	3.0	$0.190q$	$0.336q$	$0.242q$	$0.332q$	—
	1400	3.5	$0.178q$	$0.313q$	$0.186q$	$0.284q$	$0.280q^{1.53}$
	1000	2.5	$0.208q$	$0.360q$	$0.126q$	$0.381q$	$0.529q^{1.25}$
	1000	3.0	$0.194q$	$0.338q$	$0.067q$	$0.317q$	$0.276q^{1.71}$
	700	2.5	$0.211q$	$0.375q$	$0.090q$	$0.365q$	$0.280q^{1.62}$
	700	3.0	$0.185q$	$0.342q$	$0.081q$	$0.284q$	$0.182q^{1.82}$
	700	3.5	$0.163q$	$0.306q$	$0.094q$	$0.230q$	$0.192q^{1.60}$
矩形 60m	2000	2.5	$0.189q$	$0.338q$	$0.310q$	$0.391q$	$0.655q^{1.88}$
	2000	3.0	$0.182q$	$0.324q$	$0.313q$	$0.335q$	$0.259q^{2.64}$
梯形 40m	2000	2.5	$0.166q$	$0.288q$	$0.250q$	$0.333q$	$0.222q^{2.42}$
	2000	3.0	$0.149q$	$0.272q$	$0.249q$	$0.282q$	$0.124q^{2.60}$

根据表中的经验公式，可用船闸泄水渠道单宽流量估算水力参数的值。按给定通航标准，可以计算允许的最大泄水单宽流量和总流量。试验条件下各方案对应的最大允许泄水流量见表 3-4。表中 V_n 为允许单宽流量与渠道单宽断面积的比值，物理意义是断面平均流速，试验值在0.60～1.13m/s变化。当船闸水力特性已定，可以根据允许的平均流速估算渠道断面尺度。

上级船闸允许最大泄水流量 表 3-4

试验条件			允许最大流量(m^3/s)				最大单宽流量 q_{max}(m^2/s)	断面平均流速 V_n(m/s)
断面形式	渠道长度 L_n(m)	渠道起始水深 D_n(m)	Q_h	Q_V	Q_J	Q_{max}(m^3/s)		
矩形 40m	2000	2.5	78	103	82	78	2.0	0.80
	2000	3.0	81	122	107	81	2.0	0.67
	2000	3.5	84	141	122	84	2.1	0.60
	1400	2.5	79	99	—	79	2.0	0.80
	1400	3.0	99	120	—	99	2.5	0.83
	1400	3.5	129	141	130	129	3.2	0.91
	1000	2.5	190	105	102	102	2.5	1.00
	1000	3.0	359	126	116	116	2.9	0.97
	700	2.5	265	110	122	110	2.7	1.08
	700	3.0	297	141	137	137	3.4	1.13
	700	3.5	254	174	156	156	3.9	1.11

续上表

试验条件			允许最大流量(m^3/s)				最大单宽流量 q_{max} (m^2/s)	断面平均流速 V_n (m/s)
断面形式	渠道长度 L_n(m)	渠道起始水深 D_n(m)	Q_h	Q_V	Q_J	Q_{max}(m^3/s)		
矩形 60m	2000	2.5	116	153	100	100	1.7	0.68
	2000	3.0	115	179	122	115	1.9	0.63
梯形 40m	2000	2.5	96	120	93	93	2.3	0.92
	2000	3.0	96	85	109	85	2.1	0.70

注:①Q_h、Q_v、Q_J 分别表示满足水深、流速、比降要求的最大流量。

②V_n 是允许单宽流量与渠道单宽断面积的比值,即断面平均流速。

中间渠道长度、水深、宽度不同,对应的船闸最大泄水流量也不同,试验情况,允许最大流量在 78～156m^3/s 之间变化。

从试验成果看,当渠道长度 2000m 时,振荡波波高与水面比降是中间渠道通航最主要的控制条件。为改善水流条件,需从振荡波波高与比降这两点入手。当渠道长度 700m 时,流速成为控制条件。允许的泄水流量随渠道长度缩短而增加。

4)中间渠道尺度与水力要素的关系

(1)渠道长度与水力要素的关系

推进波是渠道上游端部定点观测的最大值。反射波是在渠道下游端部定点观测的最大值。从试验结果可以看出:推进波与渠道长度没有关系,只与船闸泄水最大流量和渠道断面尺度有关。反射波波高随渠道长度增加逐渐减小。原因是:推进波前进过程中,波高逐渐降低,渠道越长,形成的反射波会越小。最大流速随渠道长度缩短而减小。原因是:最大流速出现在泄水最大流量出现那一时刻,位置在渠道上游端部,当波动反射叠加引起水深增加,流速会相应减小。

以中间渠道 $B_n=40$m,$D_n=3.0$m,船闸 $H_0=30$m,$t_v=6$min 条件下的成果为例,列表 3-5。不同渠道长度时船闸泄水流量 $Q_{max}=132.05$～$134.36m^3/s$ 基本一致。因此,各渠道长度水流条件(波动特性)的差别,可认为是渠道长度影响的结果。可见,渠道长度从 700m 变化到 2000m,推进波基本一致,反射波变化约 7%,流速变化约 15%。

中间渠道不同长度的通航水流条件($D_n=3.0$m) 表 3-5

渠道长度 L_n(m)	泄水时间 T(min)	最大流量 Q_{max}(m^3/s)	推进波波高 h_p(m)	反射波波高 h_r(m)	振荡波波高 h_z(m)	振荡波周期 T_B(min)	最大水位变幅 ΔH(m)	最大比降 J_{max}(‰)	最大流速 V_{max}(m/s)
700	9.16	132.43	0.61	1.13	0.23	3.03	1.64	1.55	0.90
1000	9.54	132.05	0.64	1.10	0.20	5.30	1.16	2.13	1.00
1400	9.23	134.36	0.64	1.14	0.79	8.43	1.11	2.33	1.12
2000	9.69	133.09	0.63	1.06	1.01	11.70	1.07	3.58	1.07

最大水位变幅 ΔH 随渠道长度增加有所减小。原因是:闸室水体体积是固定的,渠道短,水域面积小,船闸泄水引起的中间渠道水位变化大;渠道长度加大,水域面积加大,水位变化自然减小。

在该试验范围内，振荡波波高随长度增加明显增大。振荡波大小与出现最大反射波时刻中间渠道内最大水位差有关，反映中间渠道内水体不平静程度。当泄水结束瞬间，如推进波波峰正好到达下游端部，此时由于反射作用，渠道下游端部会出现较高水位，从而渠道内会形成较大的水位差或波高。当中间渠道长度较长，由于推进波坦化，渠道下游端部波动反射后的水位会有所降低，中间渠道内的水位差会变小。而当中间渠道较短，由于波峰在下游端部反射叠加，渠道上游端水位已经受到反射波影响而升高，中间渠道内的水位差也不是最大。因此，存在使振荡波波高最大的不利长度，当中间渠道长度恰好是这个长度时，会出现最大振荡波波高。当中间渠道长度远小于或大于不利长度，都不会出现最大振荡波波高。由于波动传播速度的主要影响因素是水深，所以当水深加大，出现最大振荡波的渠道长度会相应增加。根据以上分析，渠道最不利长度可以根据波速和船闸泄水出现最大流量的时间乘积进行估算，即 $L_n = t_{max} \cdot c$，这个长度约等于推进波长度的一半。水深 2.5m，波速约 4.95m/s，最大流量到泄水结束的时间约 5.5min，计算最不利长度约 1634m。图 3-22a)是水深 2.5m 时振荡波波高与中间渠道长度的关系。图中粗线为试验值，细线为数学模型计算成果。图 3-22b)是水深 3.0m 时振荡波波高与中间渠道长度的关系。由图可见中间渠道长度在 1700m 附近时，振荡波波高最大，与估算值接近。为了减小振荡波波高，设计中间渠道时，应该避开出现最大波高的长度。具体做法是：调整输水时间 T 以改变出现最大流量的时间，调整水深以改变波速，或者直接改变渠道长度。

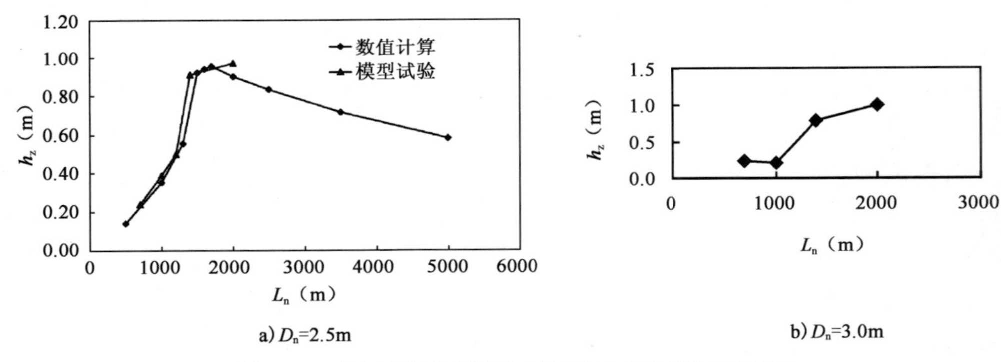

图 3-22　不同水深条件下振荡波波高与中间渠道长度的关系

图 3-23 是振荡波周期与中间渠道长度的关系。振荡波周期随长度明显增加。因水深基本不变，所以波速也基本不变。渠道长度增加，波动传播距离长，必然使波动周期加长。

图 3-24 是水面比降与中间渠道长度的关系。最大比降随中间渠道长度增加而增加。需要指出，此处的比降是长波、短波综合的结果。如果只考虑长波，没有短波现象，中间渠道内最

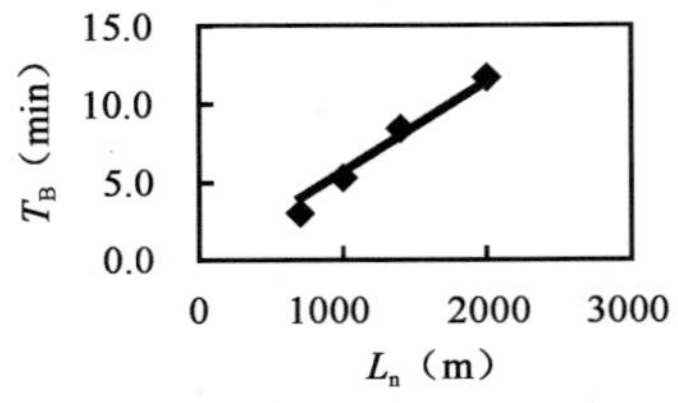

图 3-23　(D_n=3.0m)振荡波周期与中间渠道长度的关系

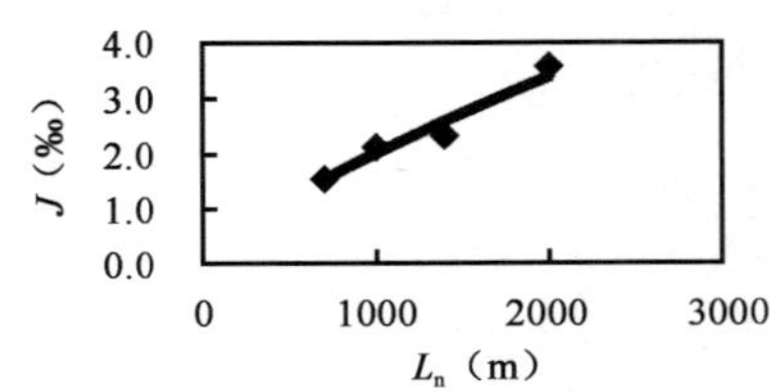

图 3-24　(D_n=3.0m)最大水面比降与中间渠道长度的关系

大比降与长度的关系应该与震荡波曲线类似，随着渠道长度增加，有一个从小到大又变小的过程。一旦长波波前变形不可忽略，则是另外一种情景。上级船闸泄水形成推进波。初始推进波波前任一点的水面比降与流量增率成正比，最大比降在船闸泄水流量增率最大的时刻发生。推进波前进过程中，由于正波上部波速比下部大，致使波前比降逐渐加大。同时正波前进中受重力作用波高会不断坦化变小。从反射波随渠道长度减小的趋势可以证明这一点。因此当波前长度大于水位测点间距，试验观测到的现象是比降逐渐加大；反之，试验观测到的现象是比降逐渐减小。也就是说比降不会无限增加，当波高消失，比降随之消失。推进波反射以后规律相同。

在船闸泄水过程一定的前提下，为了满足中间渠道内比降标准，渠道长度应该小于某个限制值。初始流量增率越小，可能采用的渠道长度越大。根据试验资料，当比降为 1.7‰～2.3‰时会发生短波现象。从试验成果看出，大部分短波波高小于 0.6m。渠道长度 2000m，短波现象明显，当渠道长度缩短，短波减小。

上级船闸泄水，中间渠道内水位是上升的。涨水波来回反射均在原水面以上，形成的振荡波也在调平水位的基础上。渠道长 2000m 和 1400m，通航控制条件是振荡波和比降。渠道长 1000m 以内，通航控制条件是比降和流速。

(2)渠道水深与水力要素的关系

在泄水流量相同的前提下，渠道水深增加，推进波、反射波、振荡波、渠道内的最大流速逐渐减小。由于水深加大，波速加快，相同船闸泄水最大流量在渠道断面宽度不变时，必然产生较小的波高；最大水位变幅、比降有所减小，短波现象逐渐减弱。

中间渠道长 2000m，宽 40m，船闸水头 30m，阀门开启时间 6min、水深 2.5m、3.0m、3.5m、5.0m、6.0m 的试验成果见表 3-6。不同渠道水深时船闸泄水流量 Q_{max} 在 132.46～138.25m^3/s 之间变化。由于最大流量随着水深有少许增加，趋势是使水流条件变差，所以渠道水流条件的改善可以认为是渠道水深增加的作用。

中间渠道不同水深的通航水流条件 表 3-6

渠道起始水深 D_n(m)	泄水时间 T(min)	最大流量 Q_{max}(m^3/s)	推进波波高 h_p(m)	反射波波高 h_r(m)	振荡波波高 h_z(m)	振荡波周期 T_B(min)	最大水位变幅 ΔH(m)	最大比降 J_{max}(‰)	最大流速 V_{max}(m/s)
2.5	9.60	132.46	0.72	1.12	0.97	12.75	1.08	4.45	1.32
3.0	9.69	133.09	0.70	1.06	1.01	11.70	1.07	3.58	1.07
3.5	9.87	135.61	0.58	1.04	0.99	11.03	1.02	1.26	0.97
5.0	9.11	138.25	0.50	0.92	0.81	9.30	0.91	1.10	0.69
6.0	9.30	136.00	0.46	0.85	0.65	8.70	0.84	1.03	0.57

振荡波波高与中间渠道水深的关系见图 3-25，水面比降与中间渠道水深的关系见图 3-26，最大流速与中间渠道水深的关系见图 3-27。

(3)渠道宽度与水力要素的关系

在渠道宽度 60m 时，振荡波高度、水面比降、短波波高、最大流速以及水位变幅比宽度 40m 的小。原因是：渠道宽度加大，减小了单宽流量。从公式 $h_p=\frac{Q}{cB_n}$ 可知，式中 B_n 加大，使推进波高度成比例减小，相应反射波、振荡波、水面比降、短波、水位变化幅度均减小。因此从改善中间渠道通航条件角度看，增加宽度是有效的改善措施。

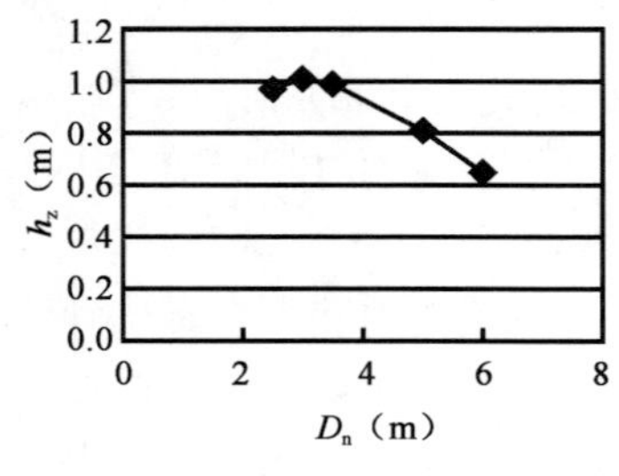

图 3-25 振荡波波高与水深的关系

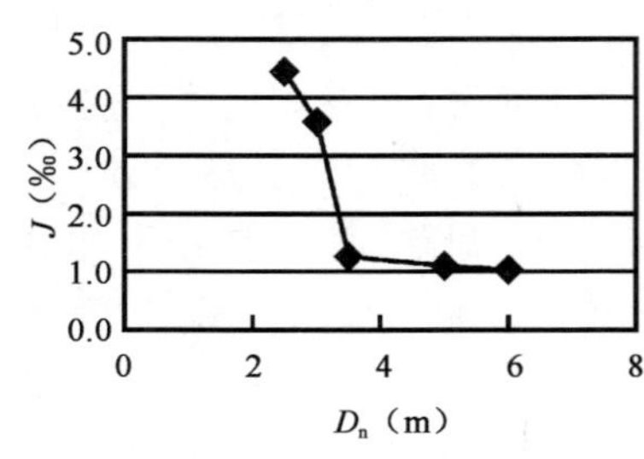

图 3-26 水面比降与水深的关系

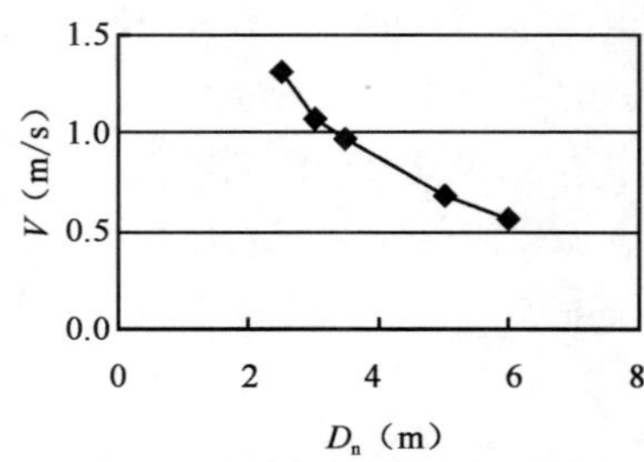

图 3-27 最大流速与中间渠道水深的关系

将宽度 40m 与 60m 的中间渠道内水流条件列表 3-7。该表是船闸 $H_0=30$m，$t_v=6$min。渠道：$L_n=2000$m 时，$D_n=3.0$m；$L_n=700$m 时，$D_n=2.5$m 的试验结果。

中间渠道不同宽度的通航水流条件 表 3-7

渠道长度 L_n(m)	渠道宽度 B_n(m)	泄水时间 T(min)	最大流量 Q_{max}(m^3/s)	振荡波波高 h_z(m)	振荡波周期 T_B(min)	最大水位变幅 ΔH(m)	最大比降 J_{max}(‰)	最大流速 V_{max}(m/s)
2000	40	9.69	133.09	1.01	11.70	1.07	3.58	1.07
2000	60	9.65	136.64	0.73	11.95	0.75	2.10	0.79
700	40	9.28	133.02	0.24	4.70	1.66	1.90	1.17
700	60	9.59	134.94	0.12	4.90	1.14	0.90	0.73

(4)梯形断面对水力要素的影响

由试验表明：梯形断面，边坡 1∶1，水深 2.5m，水面宽度加大 5m，随宽度增加，推进波、反射波、振荡波、流速、比降均明显减小；水位变幅也减小。原因与中间渠道宽度增加的情况相同。

综上所述得到初步认识：

①根据波动特性规律研究，矩形断面推进波实测值与理论计算值基本一致，梯形断面（边坡 1∶1）实测值是计算值的 0.91 倍；反射波是计算值的 1.75 倍；振荡波波高 h_z 与渠道长度、水深有关，对 $L_n=2000$m，h_z 是计算值的 0.63 倍；$L_n \leqslant 1000$m，h_z 与水深成反比，其规律性较差。

②上级船闸泄水，渠道的最小水深等于起始水深；渠道的最大水深等于起始水深与反射波波高之和。

③上级船闸泄水，渠道长度 $L_n=2000$m、1400m，通航控制条件振荡波波高和水面比降；$L_n \leqslant 1000$m，通航控制条件是比降和流速。

④在规则断面的中间渠道船闸灌泄水过程中，观测到推进波、反射波、振荡波和短波现象。短波是涨水波波前比降增加到一定程度时出现的波动现象。

⑤中间渠道长度影响波动传递距离及周期，间接影响波高。当渠道长度接近 $L_n=t_{max}c$ 时，振荡波最大。

⑥船闸与渠道水位调平后，渠道内水体振荡过程中产生较大的比降，使受力增大，成为控制条件。

⑦当中间渠道宽度加大，渠道过水断面加大，波高，流速、比降均减小，加宽渠道可以有效改善水流条件。

⑧当中间渠道水深增加，波速增加，周期减小，从而使波高比降减小。

⑨梯形断面渠道，由于水面宽度加大，能改善水流条件。

⑩渠道断面平均流速是影响水流条件的指标，可用于指导中间渠道的设计。

⑪当实际渠道尺度与试验值接近，可用内插或外延的方法分析。当实际渠道尺度与试验值差距较大时，应采用数学模型或物理模型研究。

3.1.6　下级船闸灌水中间渠道水流条件与波动特性

下级船闸灌水中间渠道的尺度，其中考虑到要从渠道中取水，故水深为 3～7m。至于观测内容，需寻求的各种关系等与 3.1.5 节相同，观测得到渠道内的波动特性与水力要素，见表 3-8。现将试验成果阐述于下。

下级船闸灌水渠道中的波动特性与水力要素　　表 3-8

(1)	渠道矩形断面 $B_n=40m, t_v=6min$												
渠道长度 L_n (m)	渠道起始水深 D_n (m)	初始水头 H_0 (m)	输水时间 T (min)	最大流量 Q_{max} (m^3/s)	落水波波高 h_p (m)	落水波波高计算值 $h_{计}$ (m)	反射波波高 h_r (m)	振荡波波高 h_z (m)	振荡波周期 T_B (min)	最大水深 H_{max} (m)	最小水深 H_{min} (m)	最大比降 J_{max} (‰)	最大流速 V_{max} (m/s)
2000	3.0	15.0	7.35	81.25	0.42	0.37	0.73	0.68	14.65	2.95	2.26	1.69	0.95
	3.0	20.0	8.78	98.31	0.60	0.45	0.91	0.81	15.28	2.96	2.09	2.93	1.23
	3.0	25.0	9.33	112.12	0.71	0.52	1.04	0.89	15.88	2.95	1.97	3.11	1.57
	3.0	30.0	10.15	123.25	0.83	0.57	1.17	0.97	15.83	2.93	1.84	3.63	1.75
	3.6	15.0	7.63	76.25	0.37	0.32	0.69	0.64	13.05	3.54	2.88	0.99	0.74
	3.6	25.0	9.24	116.26	0.58	0.49	0.98	0.85	12.80	3.56	2.60	1.40	1.17
	3.6	30.0	10.23	127.19	0.71	0.54	1.13	0.99	13.45	3.54	2.46	2.15	1.37
	3.6	35.0	10.76	143.05	0.78	0.60	1.24	1.01	13.88	3.53	2.34	2.41	1.59
	4.2	15.0	7.86	82.78	0.36	0.32	0.64	0.63	11.90	4.20	3.56	1.05	0.64
	4.2	30.0	8.57	126.55	0.61	0.49	1.06	0.90	12.10	4.16	3.12	1.06	1.05
	4.2	35.0	10.46	137.72	0.69	0.54	1.20	0.90	12.43	4.09	2.93	1.09	1.23
	4.2	40.0	11.23	152.49	0.78	0.59	1.30	0.92	13.28	4.11	2.84	1.22	1.45
	7.0	30.0	9.48	130.85	0.45	0.40	0.82	0.50	9.30	6.96	6.13	1.30	0.59
1400	3.00	30	10.04	124.30	0.87	0.57	1.20	0.69	11.63	2.93	1.75	1.59	1.50
	3.20	15	7.61	77.87	0.44	0.35	0.75	0.66	9.90	3.19	2.46	1.58	0.88
	3.20	20	8.35	92.91	0.56	0.41	0.95	0.72	10.43	3.13	2.21	1.85	1.13
	3.20	25	9.23	108.89	0.67	0.49	1.10	0.74	11.28	3.10	2.02	2.09	1.35
	3.20	30	9.79	126.91	0.80	0.57	1.30	0.77	11.55	3.13	1.92	2.15	1.82
	3.90	15	7.25	81.10	0.36	0.33	0.69	0.54	8.75	3.84	3.17	0.70	0.74

续上表

(1)	渠道矩形断面 $B_n=40m, t_v=6min$												
渠道长度 L_n (m)	渠道起始水深 D_n (m)	初始水头 H_0 (m)	输水时间 T (min)	最大流量 Q_{max} (m^3/s)	落水波波高 h_p (m)	落水波波高计算值 $h_{计}$ (m)	反射波波高 h_r (m)	振荡波波高 h_z (m)	振荡波周期 T_B (min)	最大水深 H_{max} (m)	最小水深 H_{min} (m)	最大比降 J_{max} (‰)	最大流速 V_{max} (m/s)
1400	3.9	20	7.93	95.98	0.48	0.39	0.85	0.61	9.20	3.77	2.93	0.83	0.92
	3.90	25	9.22	117.62	0.56	0.48	1.02	0.60	9.70	3.83	2.83	0.93	1.13
	3.90	30	9.82	130.25	0.65	0.53	1.15	0.63	9.75	3.80	2.66	1.23	1.24
	3.90	35	10.39	141.45	0.76	0.57	1.29	0.66	10.20	3.76	2.49	1.23	1.42
	4.20	15	7.29	80.35	0.35	0.31	0.66	0.50	8.28	4.42	3.77	0.70	0.66
	4.20	30	9.75	128.39	0.60	0.50	1.08	0.52	8.98	4.45	3.38	0.85	1.10
	4.20	35	10.39	141.49	0.67	0.55	1.22	0.53	9.13	4.32	3.12	1.09	1.22
	4.20	40	10.94	157.11	0.76	0.61	1.33	0.53	9.38	4.40	3.08	1.10	1.35
	7.0	30	9.91	130.37	0.46	0.39	0.84	0.32	6.05	7.00	6.08	0.68	0.63
1200	3.0	25	9.07	119.85	0.75	0.55	1.14	0.57	9.2	2.98	1.85	1.93	1.36
	3.0	30	9.73	127.89	0.85	0.59	1.30	0.52	9.13	3.07	1.62	1.64	1.52
1000	3.0	30	9.96	129.69	0.86	0.60	1.33	0.36	8.70	2.97	1.66	1.34	1.88
700	4.0	15.0	7.60	79.89	0.38	0.32	0.92	0.19	4.37	3.99	3.07	0.48	0.66
	4.0	20.0	8.28	98.48	0.44	0.39	1.21	0.19	4.56	3.97	2.77	0.58	0.77
	4.0	25.0	8.96	114.95	0.53	0.46	1.48	0.19	4.61	3.92	2.45	0.68	0.98
	4.0	30.0	8.89	130.10	0.89	0.40	1.33	0.21	4.16	4.03	2.28	0.70	0.95
	4.7	15.0	7.68	80.15	0.31	0.30	0.91	0.12	4.94	4.73	3.49	0.45	0.56
	4.7	25	8.92	113.61	0.48	0.42	1.43	0.11	4.49	4.58	3.15	0.58	0.77
	4.7	30.0	9.43	128.23	0.44	0.47	1.34	0.13	4.56	5.11	2.93	0.66	0.80
	4.7	35.0	10.27	138.41	0.58	0.51	1.93	0.17	4.77	4.43	2.46	0.69	1.15
	5.5	15.0	7.58	80.78	0.30	0.27	0.88	0.09	4.60	5.52	4.63	0.43	0.45
	5.5	30.0	9.57	127.35	0.45	0.43	1.60	0.18	4.58	5.28	3.57	0.60	0.68
	5.5	35.0	10.41	142.33	0.49	0.48	1.79	0.18	4.95	5.45	3.50	0.55	0.88
	5.5	40.0	10.92	155.07	0.51	0.53	2.00	0.17	4.88	5.40	3.14	0.61	1.00
	7.0	30.0	9.65	129.97	0.36	0.39	1.46	0.11	4.91	6.97	5.28	0.45	0.53
(2)	渠道矩形断面 $B_n=60m, t_v=6min$												
渠道长度 L_n (m)	渠道起始水深 D_n (m)	初始水头 H_0 (m)	输水时间 T (min)	最大流量 Q_{max} (m^3/s)	落水波波高 h_p (m)	落水波波高计算值 $h_{计}$ (m)	反射波波高 h_r (m)	振荡波波高 h_z (m)	振荡波周期 T_B (min)	最大水深 H_{max} (m)	最小水深 H_{min} (m)	最大比降 J_{max} (‰)	最大流速 V_{max} (m/s)
2000	3.0	15	7.53	84.52	0.28	0.26	0.50	0.48	11.57	2.98	2.49	0.68	0.61

续上表

(2)	渠道矩形断面 $B_n=60m, t_v=6min$												
渠道长度 L_n (m)	渠道起始水深 D_n (m)	初始水头 H_0 (m)	输水时间 T (min)	最大流量 Q_{max} (m^3/s)	落水波波高 h_p (m)	落水波波高计算值 $h_{计}$ (m)	反射波波高 h_r (m)	振荡波波高 h_z (m)	振荡波周期 T_B (min)	最大水深 H_{max} (m)	最小水深 H_{min} (m)	最大比降 J_{max} (‰)	最大流速 V_{max} (m/s)
2000	3.0	20	8.55	100.96	0.36	0.31	0.62	0.60	13.75	2.96	2.36	0.80	0.75
	3.0	25	9.16	117.56	0.47	0.36	0.73	0.70	14.00	3.00	2.28	1.30	0.90
	3.0	30	9.84	133.67	0.51	0.41	0.80	0.72	13.95	2.97	2.22	1.05	1.06
	3.0	35	10.18	144.00	0.52	0.44	0.83	0.70	14.25	2.95	2.15	1.10	1.19
	3.0	40	10.96	157.53	0.63	0.48	0.94	0.78	14.35	3.02	2.12	1.23	1.30
	3.0	45	11.54	171.62	0.69	0.53	1.00	0.77	14.70	3.04	2.08	1.40	1.39
	3.6	15	7.93	81.63	0.25	0.23	0.49	0.47	12.10	3.66	3.14	0.55	0.51
	3.6	20	8.54	99.51	0.27	0.28	0.55	0.54	12.15	3.58	3.04	0.60	0.57
	3.6	25	9.28	115.90	0.38	0.33	0.67	0.66	12.20	3.62	2.96	0.60	0.71
	3.6	30	9.95	130.59	0.45	0.37	0.76	0.65	12.23	3.59	2.84	0.73	0.79
	3.6	35	10.56	145.81	0.48	0.41	0.83	0.71	13.00	3.58	2.77	0.70	0.91
	3.6	40	10.96	160.75	0.53	0.45	0.90	0.74	13.70	3.58	2.70	0.70	1.01
	3.6	45	11.45	173.00	0.56	0.49	0.97	0.72	13.45	3.66	2.72	0.73	1.08
	4.2	30	9.78	134.44	0.37	0.35	0.71	0.61	11.65	4.22	3.53	0.68	0.69
	5.0	30	9.70	134.77	0.36	0.32	0.65	0.51	10.70	5.03	4.35	0.58	0.60
	7.0	30	9.55	134.31	0.31	0.29	0.55	0.28	9.10	6.98	7.74	0.50	0.45
700	3.0	20	8.60	100.63	0.37	0.31	0.82	0.16	5.20	2.50	1.68	0.93	0.86
	3.0	30	10.01	130.62	0.49	0.40	1.20	0.20	5.65	2.51	1.30	0.70	1.08

(3)	渠道梯形断面 $B_n=40m, t_v=6min$												
渠道长度 L_n (m)	渠道起始水深 D_n(m)	初始水头 H_0 (m)	输水时间 T (min)	最大流量 Q_{max} (m^3/s)	落水波波高 h_p (m)	落水波波高计算值 $h_{计}$ (m)	反射波波高 h_r (m)	振荡波波高 h_z (m)	振荡波周期 T_B (min)	最大水深 H_{max} (m)	最小水深 H_{min} (m)	最大比降 J_{max} (‰)	最大流速 V_{max} (m/s)
2000	3	30	9.79	134.32	0.76	0.54	1.03	0.86	15.08	2.96	1.98	3.13	1.45
	3	30	9.63	135.32	0.78	0.54	1.02	0.88	14.88	2.98	2.00	4.57	1.43
	4	30	9.53	133.65	0.56	0.44	0.94	0.86	12.85	3.96	3.04	0.96	0.98
	4	30	9.57	135.20	0.55	0.45	0.95	0.86	12.45	3.96	3.04	1.09	1.00
	3.0	15	7.86	86.39	0.4	0.35	0.65	0.63	14.65	2.99	2.36	1.25	0.83
	3.0	20	8.59	98.33	0.51	0.39	0.79	0.72	14.85	2.98	2.23	1.88	0.99
	3.0	25	9.13	112.82	0.62	0.45	0.92	0.80	15.15	2.96	2.09	2.30	1.15
	3.0	30	9.83	126.82	0.74	0.51	1.02	0.86	14.90	2.98	2.02	2.70	1.34

续上表

(3)	渠道梯形断面 $B_n=40m, t_v=6min$												
渠道长度 L_n (m)	渠道起始水深 D_n(m)	初始水头 H_0 (m)	输水时间 T (min)	最大流量 Q_{max} (m^3/s)	落水波波高 h_p (m)	落水波波高计算值 $h_{计}$ (m)	反射波波高 h_r (m)	振荡波波高 h_z (m)	振荡波周期 T_B (min)	最大水深 H_{max} (m)	最小水深 H_{min} (m)	最大比降 J_{max} (‰)	最大流速 V_{max} (m/s)
2000	3.0	35	10.65	141.47	0.89	0.57	1.10	0.90	15.25	2.96	1.92	4.20	1.43
	3.0	40	11.08	158.21	1.03	0.63	1.21	0.90	15.45	2.96	1.83	4.75	1.59
	3.0	45	11.82	168.31	1.10	0.68	1.32	0.89	15.65	2.94	1.63	4.60	1.72
	3.6	15	7.65	80.12	0.33	0.29	0.59	0.60	12.70	3.59	3.00	0.85	0.67
	3.6	20	8.39	101.37	0.43	0.36	0.74	0.71	13.15	3.57	2.85	0.90	0.83
	3.6	25	9.18	115.17	0.51	0.41	0.85	0.79	13.10	3.58	2.75	1.05	0.96
	3.6	30	9.66	128.25	0.6	0.46	0.96	0.86	13.45	3.59	2.66	1.30	1.08
	3.6	35	10.48	140.8	0.68	0.50	1.04	0.88	13.80	3.58	2.56	1.65	1.26
	3.6	40	11.14	158.3	0.74	0.56	1.14	0.90	14.25	3.58	2.48	1.78	1.36
	3.6	45	11.55	173.91	0.84	0.62	1.26	0.92	14.60	3.56	2.36	1.90	1.53
	4.2	30	9.71	128.89	0.51	0.41	0.90	0.79	12.60	4.19	3.31	0.83	0.92
	5.0	30	9.92	133.09	0.47	0.38	0.81	0.67	11.55	4.97	4.16	0.88	0.74
	7.0	30	9.81	130.05	0.33	0.29	0.66	0.43	9.80	6.99	6.34	0.65	0.54
1400	4	30	10.54	128.94	0.52	0.43	0.93	0.28	9.70	3.97	3.05	0.77	0.94
	5	30	10.38	127.66	0.42	0.36	0.80	0.15	8.29	4.97	4.19	0.57	0.72
700	4	30	9.66	131.03	0.53	0.44	1.50	0.17	5.83	3.96	2.46	0.93	1.07
	5	30	9.65	129.42	0.42	0.37	1.36	0.16	4.53	4.98	3.56	0.62	0.80
	3.0	20	8.49	98.55	0.52	0.40	1.10	0.25	6.35	3.00	1.91	1.03	1.12

1)船闸中间渠道水力特性

下级船闸灌水从中间渠道取水，渠道水位降低；中间渠道下游端部流速变化过程与灌水流量过程相似；中部是往复流，衰减迅速；当上级船闸输水阀门处于开启状态，由于水位波动上游端部出现微小流速。与上级船闸泄水主要区别是渠道水位降低，流速值稍大。最大系缆力仍受比降控制，比降比上级船闸泄水要小。

以渠道长 2000m，宽 40m，水深 3.0m，初始水头 30m，阀门开启时间 6min，下级船闸灌水试验为例，简述中间渠道内的波动形态与水力要素。

(1)波动形态

下级船闸灌水后 12min 内的渠道瞬时水面线见图 3-28。渠道两端及中部定点水位时间过程线见图 3-29。图中渠道长度 2000m 处为下级船闸，0m 处为上级船闸。每条水面线时间间隔 1min。船闸灌水初期在中间渠道内形成泄水波(或为落水波)。到达上游端部发生反射，形成反射波。船闸灌水后期，由于流量减小，波动形态为正波，并开始振荡。此后的波动特性与上级船闸泄水类似。与上级船闸泄水的主要区别在于，波动过程中渠道水深是减小的。从

而在波速、波周期以及波高方面都会有所不同。

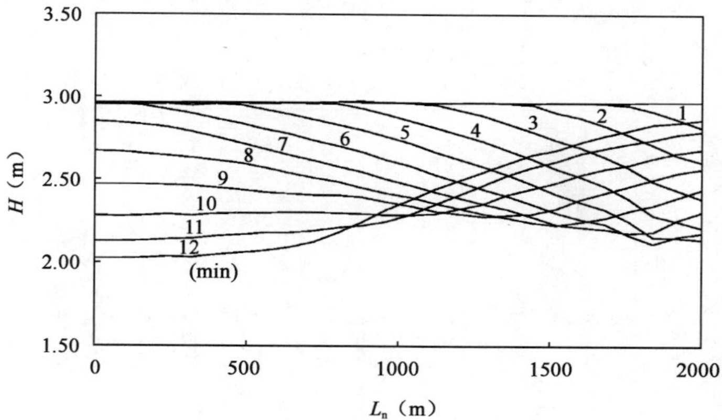

图 3-28　下级船闸灌水瞬时水面线

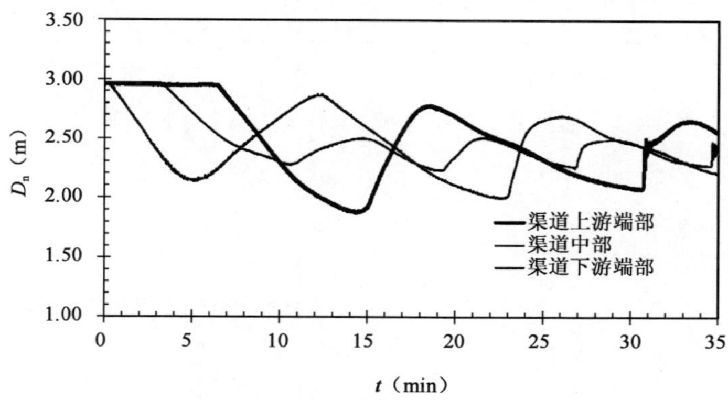

图 3-29　下级船闸灌水定点水位变化

(2)中间渠道的短波

下级船闸灌水开始形成泄水波，灌水结束后，波动会以涨水波的形态出现。在涨水波波前比降增加后，在中间渠道内也可能出现短波。将图 3-29 局部放大，如图 3-30 所示。图中短波明显比上级船闸泄水要小。

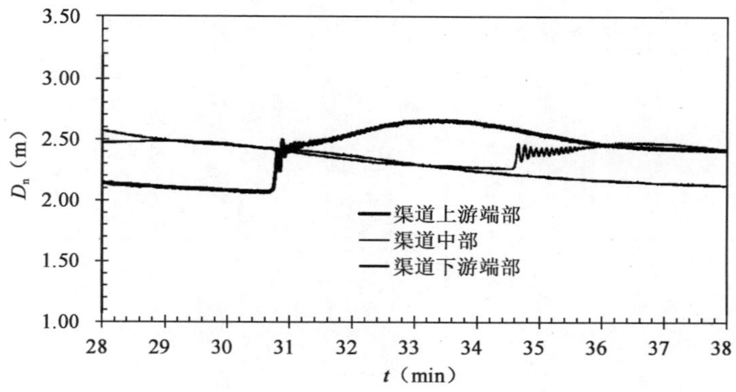

图 3-30　下级船闸灌水中间渠道内短波

(3)中间渠道的比降

下级船闸灌水中间渠道内停泊段比降见图 3-31。可见最大比降出现在灌水完成以后,主要原因是涨水波波前比降在前进过程中不断增加。

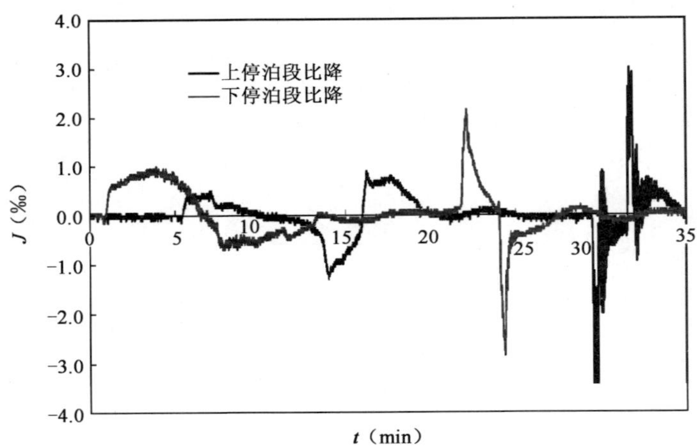

图 3-31 下级船闸灌水中间渠道内比降

综上所述:下级船闸灌水,中间渠道内水位下降。波动来回反射均在原水面以下,由图 3-28、图 3-29 可知,振荡波是在灌水末期中间渠道与闸室调平以后的渠道水面上下振荡。下级船闸灌水易引起中间渠道局部水深不足。

中间渠道的长波、短波特性、通航水流条件的衡量指标也与上级船闸泄水相同。

2)下级船闸灌水渠道波动特性的规律

根据设定的研究条件,进行了下级船闸灌水试验,获得了渠道内波动特性和水力要素,见表 3-8,由表中数据分析波动特性相互间的关系。同理研究的渠道是规则断面,可以用公式对一些参数进行估算,并对实测值与计算值进行比较分析。

(1)落水波波高实测值 $h_{p实}$ 与计算值 $h_{p计}$ 的关系

船闸中间渠道一般的断面形式有矩形和梯形,当下级船闸灌水时,在渠道中取水,形成落水波。为寻求落水波波高与计算值的关系,根据渠道的边界条件、水深及闸室灌水流量,按 $h_{p计}=\frac{Q_{max}}{CB_n}=\frac{Q_{max}}{\sqrt{gD_n}B_n}$ 计算,结果见表 3-8,并以此为横坐标,$h_{p实}$ 为纵坐标,点绘 $h_{p计}$ 与 $h_{p实}$ 的关系曲线,见图 3-32。从图看出:①由于 $h_{p实}$ 受多种因素的影响,受渠道长度、宽度、断面形状,以及水深等因素,绘点相对分散,但还是有一定规律性的。②在 $h_{p实}\approx0.2\sim0.95$m 范围内,$h_{p实}$ 比 $h_{p计}$ 大,可能是因为 $h_{p计}$ 的计算公式中,分母 D_n 是用渠道的起始水深,而实际船闸灌水在渠道中取水,水体在运动过程中,渠道水深是变化的,水深趋于减小,它导致波速减小,所以造成落水波波高计算值比实测小,对此需作进一步论证。③根据图 3-32 关系曲线,建立 $h_{p实}$ 与 $h_{p计}$ 的关系,即:

$$h_{p实}=1.64h_{p计}-0.148 \tag{3-8}$$

或

$$h_{p实} = 1.64\frac{Q_{max}}{\sqrt{gD_n}B_n} - 0.148 \tag{3-9}$$

对于规则渠道，在船闸灌水时，可按上式计算落水波的波高。

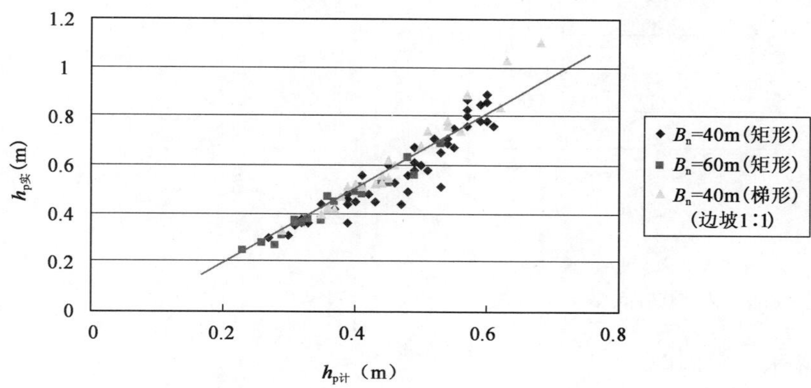

图 3-32　落水波波高实测值与计算值的关系

(2)反射波波高 h_r 与落水波波高计算值 $h_{p计}$ 的关系

落水波传播到渠道末端，撞至边壁，落水波开始反射并叠加，演变成反射波。为了研究实测落水波波高和计算落水波波高的关系，以表中观测到的落水波最大反射波波高为横坐标，以落水波波高计算值为纵坐标，点绘 $h_{rmax}=f(h_{p计})$ 的关系曲线，见图 3-33。从图可以看出：最大反射波波高与渠道长度有关，对于矩形 $B_n=40m$、$60m$，梯形 $B_n=40m$，边坡 1∶1，由于长度不同，落水波在船闸灌水流量一定的前提下，波动传递速度与周期是有差异的，导致不同长度时的 $h_{rmax}=f(h_{p计})$ 的关系不同，见表 3-9。

根据表 3-9 的数据，以 L_n 为横坐标，以 h_{rmax} 为纵坐标，点绘 $h_{rmax}=f(L_n)$ 关系曲线，见图 3-34，由图得到：

$$h_{rmax} = 100.6L_n^{-0.51}h_{p计} \tag{3-10}$$

$$h_{p计} = \frac{Q_{max}}{\sqrt{gD_n}B_n}$$

渠道长度与最大反射波波高的关系　　表 3-9

渠道长度 L_n(m)	反射波波高 $h_{rmax}=f(h_{p计})$	渠道长度 L_n(m)	反射波波高 $h_{rmax}=f(h_{p计})$
2000	$2.04h_{p计}$	700	$3.50h_{p计}$
1400	$2.20h_{p计}$		

注：对于 L_n=1200m、1000m 的试验组次太少，未列。

可按上式计算下级船闸灌水时，落水波反射时的最大波高。

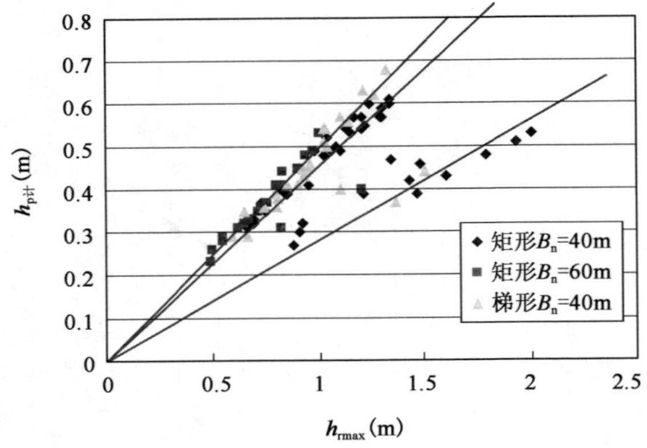

图 3-33 下级船闸灌水落水波的反射波波高与落水波波高计算值关系

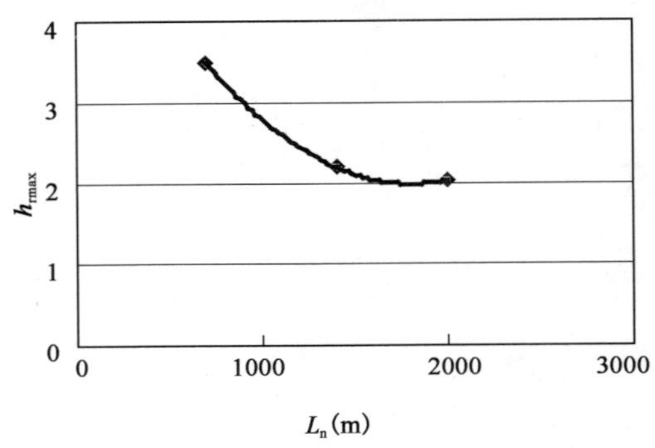

图 3-34 反射波波高与渠道长度的关系

(3)振荡波中有关问题

①振荡波波高 h_z 与落水波波高计算值 $h_{p计}$ 的关系

渠道中的落水波、反射波完成后，波在两端密封的渠道中往返运动，形成振荡波。振荡波受渠道长度、水深、断面尺度与形状等因素的变化，会影响波的传播速度、周期和波长，是十分复杂的水力现象。根据表 3-8 的观测资料，点绘了渠道长度 $L_n=2000m$、1400m、700m 时最大振荡波波高 $h_{zmax}=f(h_{p计})$ 的关系，见图 3-35。由图可知，尽管绘点分散，但还是有一定规律的，对于 $L_n=2000m$ 的矩形和梯形渠道，有：

$$h_{zmax} = 0.58h_{p计} = \frac{Q_{max}}{\sqrt{gD_n}B_n} \tag{3-11}$$

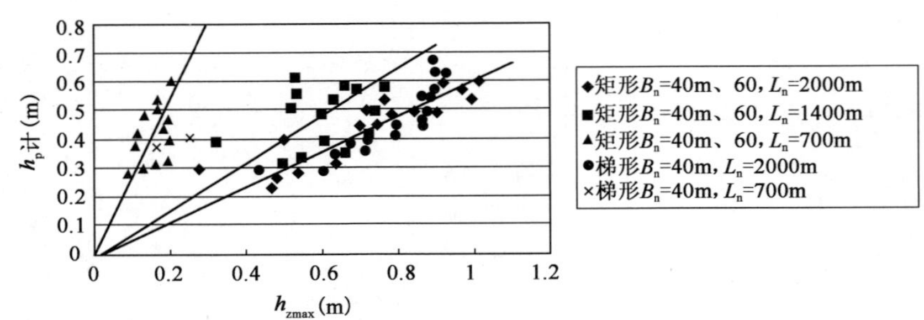

图 3-35 下级船闸灌水，渠道不同长度时 $h_{zmax}=f(h_{p计})$ 的关系

上式可供设计人员参考。

对于渠道长度 $L_n=1400m$，绘点分散，没有规律；对于 $L_n=700m$，最大振荡波波高 $h_{zmax}<0.3m$，波高较小，可不予考虑。

②振荡波周期、波速与波长

表 3-8 给出了渠道矩形断面 $B_n=40m$、60m，梯形断面 $B_n=40m$，边坡 1:1 条件下，下级船闸灌水时渠道内的水力要素和波动特征值。这里根据振荡波周期 T_B、渠道起始水深的波速，求得波长，即：

$$L = C \cdot T_B = \sqrt{gD_n} \cdot T_B \tag{3-12}$$

计算结果见表 3-10a。表中给出了各种条件下，波长的变化范围和平均波长，并以渠道长度 L_n 为横坐标，平均波长为纵坐标，点绘了 $\overline{L} = f(L_n)$ 的关系，见图 3-36。由图得到 $\overline{L} = 2.5L_n$，这个结果是不合理的，原因是计算波长时，其中波速公式中用的是渠道起始水深，实际在船闸在灌水过程中，渠道水深应为 $D_n - h_{rmax}$，按 h_{rmax} 计算波速，求得的 L 值才是正确的，计算结果见表 3-10b，此时 $\overline{L} \doteq 2L_n$。

渠道不同长度、断面形式时的波长 表 3-10a

渠道长度 L_n(m)		2000	1400	1200	700
矩形 B_n=40m	波长 L 变化范围(m)	4661～5164	3008～3888	2969～2992	1562～2441
	平均波长 $\overline{L}$(m)	4829	3476	2981	1932
矩形 B_n=60m	波长 L 变化范围(m)	3763～4883	—	—	1691～1837
	平均波长 $\overline{L}$(m)	4504	—	—	1764
梯形 B_n=40m 边坡 1∶1	波长 L 变化范围(m)	4526～5203	3193～3643	—	1745～2190
	平均波长 $\overline{L}$(m)	4864	3418	—	2000

注：波长 L 按渠道起始水深计算。

渠道不同长度、断面形式时的波长 表 3-10b

渠道长度 L_n(m)		2000	1400	1200	1000	700
矩形 B_n=40m	波长 L 变化范围(m)	3879～4327	2803～3103	2184～2352	2106	1180～2120
	平均波长 $\overline{L}$(m)	4098	2984	2268	2106	1569
矩形 B_n=60m	波长 L 变化范围(m)	3431～4758	—	—	—	1211～1267
	平均波长 $\overline{L}$(m)	4029	—	—	—	1239
梯形 B_n=40m 边坡 1∶1	波长 L 变化范围(m)	3755～4637	3184～3189	—	—	1614～1718
	平均波长 $\overline{L}$(m)	4135	3187	—	—	1660

注：波长 L 按渠道最小水深计算。

(4)渠道中水深与有关因素的关系

①渠道中最大水深与起始水深的关系

根据表3-8,把渠道起始水深 D_n 与渠道中实测的最大水深 H_{nmax} 作对比,见图3-37。从图可看出:$D_n \approx H_{nmax}$ 两者近似相等,误差在2%左右。可认为对于下级船闸灌水,在渠道中取水,水体在渠道中运动,形成落水波,它是从起始水深开始,后经波的反射、叠加,形成了最大水深,它与起始水深基本一致。

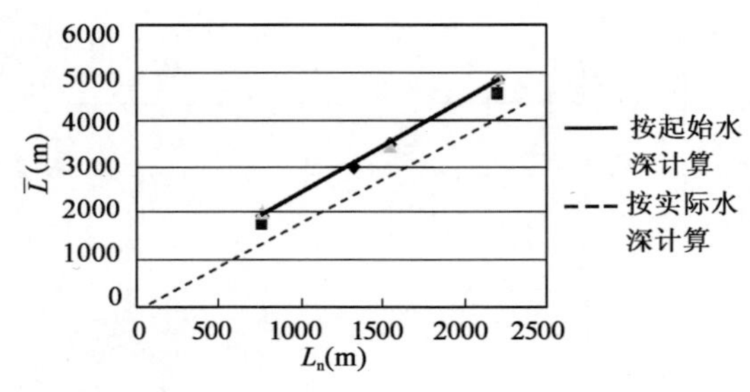

图3-36 渠道长度与平均波长的关系

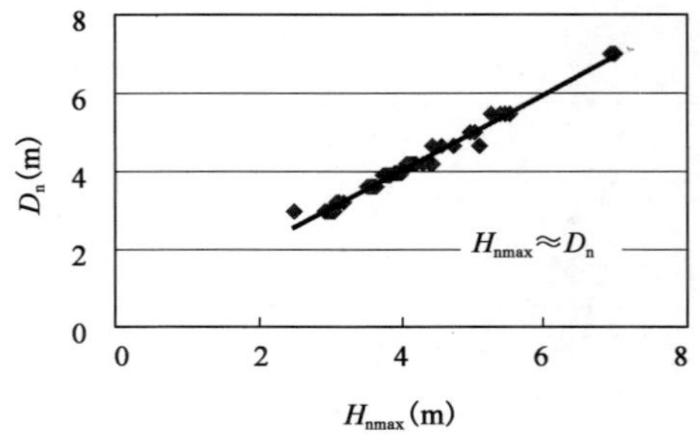

图3-37 渠道最大水深与起始水深的关系

②渠道最小水深与起始水深和反射波波高的关系

根据表3-8中实测了渠道中最小水深的89组资料,并以 H_{nmin} 为横坐标,以渠道起始水深减去反射波波高之差为纵坐标,点绘 $H_{nmin} \sim (D_n - h_{rmax})$ 关系曲线,见图3-38。从图看出,对于中间渠道下级船闸灌水,渠道最小水深,就是起始水深减去反射波波高之差,即:

$$H_{nmin} = D_n - h_{rmax} \tag{3-13}$$

$$h_{rmax} = 100.6(h_{p计}) \cdot L_n^{-0.51}$$

$$h_{p计} = \frac{Q_{max}}{\sqrt{gD_n} \cdot B_n}$$

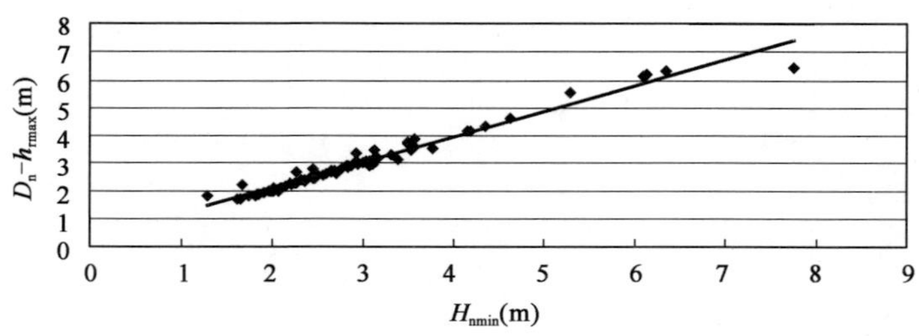

图3-38 渠道最小水深与起始水深和反射波波高之差的关系

根据上式可计算出下级船闸灌水时,渠道的最小水深,这样可与《内河通航标准》(GB 50139—2004)[10]中的限制性航道不同航道等级、船型尺度所要求的渠道水深进行对比,为确定渠道的水深提供了依据。

3)船闸灌水流量与波动及水力要素的关系

与上级船闸泄水流量和水力要素的关系相同，以最大单宽流量 $q_{max}=f(h_c、h_p、h_z、V、J)$ 建立函数关系，最大比降为幂函数，其余为线性关系，见表3-11。试验条件下各方案对应的最大允许灌水流量见表3-12。振荡波波高、渠道内流速和水面比降仍然是通航水流条件的控制因素。另外，渠道水位下降以后，必须考虑渠道内的最小水深，若水位过低，会导致船舶触底事故。Ⅳ级限制性航道，500t驳船，若水深等于2.5m，则认为不满足通航水流条件要求。由表可见，断面平均流速在0.55～0.80m/s之间变化，与船闸泄水比较，可见上级船闸泄水可以允许更大的流量(对于下级船闸灌水渠道中水深的确定见本书第3.5节)。

中间渠道水力参数与船闸灌水单宽流量的关系　　表3-11

断面形式	渠道长度 L_n(m)	渠道起始水深 D_n(m)	落水波波高 h_p(m)	反射波波高 h_r(m)	振荡波波高 h_z(m)	最大流速 V_{max}(m/s)	最大比降 J_{max}(‰)
矩形 40m	2000	3.0	$0.250q$	$0.372q$	$0.322q$	$0.536q$	$0.519q^{1.767}$
	2000	3.6	$0.213q$	$0.349q$	$0.299q$	$0.425q$	$0.381q^{1.407}$
	2000	4.2	$0.197q$	$0.338q$	$0.264q$	$0.354q$	$0.904q^{0.179}$
矩形 40m	1400	3.2	$0.245q$	$0.405q$	$0.278q$	$0.517q$	$1.050q^{0.649}$
	1400	3.9	$0.200q$	$0.357q$	$0.209q$	$0.387q$	$0.328q^{1.352}$
	1400	4.2	$0.157q$	$0.339q$	$0.189q$	$0.342q$	$0.425q^{0.687}$
矩形 40m	700	4.0	$0.217q$	$0.464q$	$0.072q$	$0.316q$	$0.277q^{0.812}$
	700	4.7	$0.157q$	$0.491q$	$0.045q$	$0.287q$	$0.258q^{0.793}$
	700	5.5	$0.137q$	$0.501q$	$0.049q$	$0.241q$	$0.304q^{0.515}$
矩形 60m	2000	3.0	$0.230q$	$0.356q$	$0.237q$	$0.479q$	$0.528q^{0.920}$
	2000	3.6	$0.194q$	$0.341q$	$0.294q$	$0.370q$	$0.492q^{0.388}$
梯形 40m	2000	3.0	$0.242q$	$0.314q$	$0.249q$	$0.406q$	$0.283q^{2.021}$
	2000	3.6	$0.186q$	$0.293q$	$0.246q$	$0.334q$	$0.331q^{1.194}$

下级船闸最大允许灌水流量　　表3-12

断面形式	试验条件		允许最大流量(m^3/s)				最大单宽流量 q_{max} (m^2/s)	断面平均流速 V_n (m/s)
	渠道长度 L_n(m)	渠道起始水深 D_n(m)	Q_h	Q_V	Q_J	Q_{max}		
矩形 40m	2000	3.0	75	75	78	75	1.9	0.63
	2000	3.6	80	94	116	80	2.0	0.56
	2000	4.2	91	113	>300	91	2.3	0.55
矩形 40m	1400	3.2	86	77	84	77	1.9	0.59
	1400	3.9	115	103	135	103	2.6	0.67
	1400	4.2	127	117	300	117	2.9	0.69

续上表

断面形式	试验条件		允许最大流量(m^3/s)				最大单宽流量 q_{max} (m^2/s)	断面平均流速 V_n (m/s)
	渠道长度 L_n(m)	渠道起始水深 D_n(m)	Q_h	Q_V	Q_J	Q_{max}		
矩形 40m	700	4.0	333	127	>300	127	3.2	0.80
	700	4.7	533	139	>300	139	3.5	0.74
	700	5.5	490	166	>300	166	4.1	0.75
矩形 60m	2000	3.0	152	125	214	125	2.1	0.70
	2000	3.6	122	162	>300	122	2.0	0.56
梯形 40m	2000	3.0	96	99	97	96	2.4	0.80
	2000	3.6	98	120	157	98	2.4	0.67

注:①Q_h、Q_V、Q_J 分别表示满足水深、流速、比降要求的最大流量。

②V_n 是允许单宽流量与渠道单宽断面积的比值,即断面平均流速。

4)中间渠道尺度与水力要素的关系

(1)渠道长度与水力要素的关系

渠宽 40m,水深 3.0m,船闸水头 30m,阀门开启时间 6min 条件下不同渠道长度的试验成果见表 3-13。振荡波波高与中间渠道长度的关系见图 3-39,振荡波周期与中间渠道长度的关系见图 3-40,最大水面比降与中间渠道长度的关系见图 3-41。

不同长度中间渠道的通航水流条件 表 3-13

渠道长度 L_n(m)	灌水时间 T(min)	最大流量 Q(m^3/s)	落水波波高 h_p(m)	反射波波高 h_r(m)	振荡波波高 h_z(m)	波周期 T_B(min)	最大水位变幅 ΔH(m)	最大比降 J_{max}(‰)	最大流速 V_{max}(m/s)
2000	10.15	123.25	0.83	1.17	0.97	15.83	1.09	3.63	1.75
1400	10.04	124.30	0.87	1.20	0.69	11.63	1.18	1.59	1.50
1200	9.73	127.89	0.85	1.30	0.52	9.13	1.45	1.64	1.52
1000	10.0	129.52	0.87	1.36	0.36	8.70	1.23	1.48	1.89

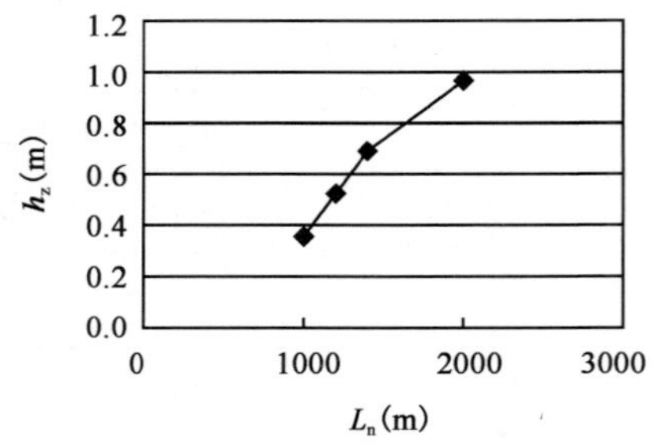

图 3-39 振荡波波高与渠道长度的关系

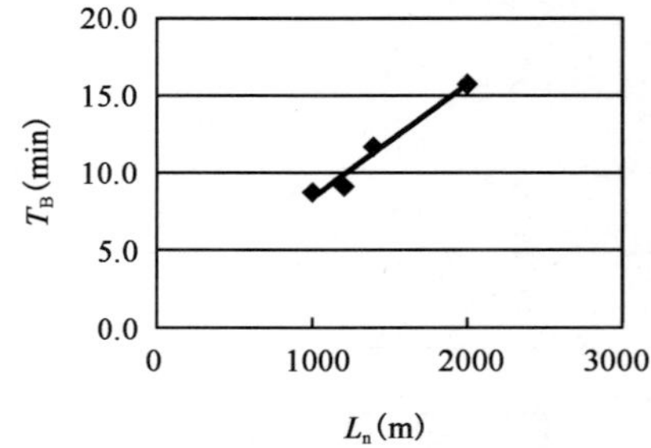

图 3-40 振荡波周期与渠道长度的关系

由图表可以看出:随着中间渠道长度增加,在下级船闸的上闸首定点观测的泄水波最大值,与渠道长度没有关系;反射波波高有减小的趋势;最大流速的变化规律不明显;最大水位变幅有所减小。随着中间渠道长度增加,振荡波波高明显加大,周期也增加了。原因与上级船闸泄水情况是一样的。下级船闸灌水也必然存在使振荡波出现极值的渠道长度。

(2)渠道水深与水力要素的关系

中间渠道长 2000m,宽 40m,船闸初始水头 30m,阀门开启时间 6min,不同水深试验成果见表 3-14。振荡波波高与中间渠道水深的关系见图 3-42，最大水面比降与中间渠道水深的关系见图 3-43，最大流速与中间渠道水深的关系见图 3-44。

不同水深中间渠道的通航水流条件　　表 3-14

渠道起始水深 D_n(m)	灌水时间 T(min)	最大流量 Q_{max}(m^3/s)	落水波波高 h_p(m)	反射波波高 h_r(m)	振荡波波高 h_z(m)	振荡波周期 T_B(min)	最大水位变幅 ΔH(m)	最大比降 J_{max}(‰)	最大流速 V_{max}(m/s)
3.0	10.15	123.25	0.83	1.17	0.97	15.83	1.09	3.63	1.75
3.6	10.23	127.19	0.71	1.13	0.99	13.45	1.08	2.15	1.37
4.2	8.57	126.55	0.61	1.06	0.90	12.10	1.04	1.06	1.05
7.0	9.48	130.85	0.45	0.82	0.50	9.30	0.83	1.30	0.59

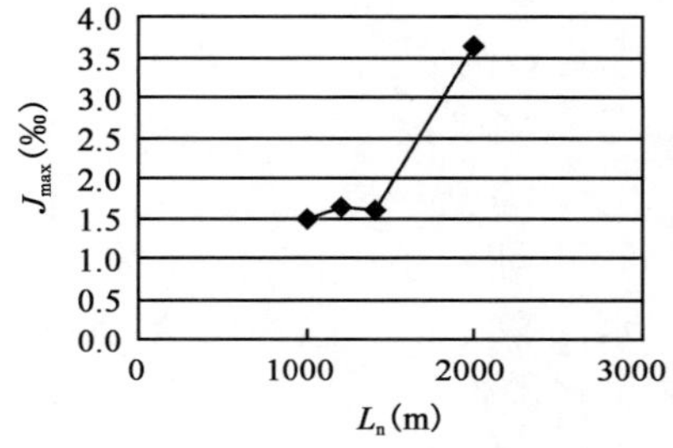

图 3-41　最大水面比降与渠道长度的关系

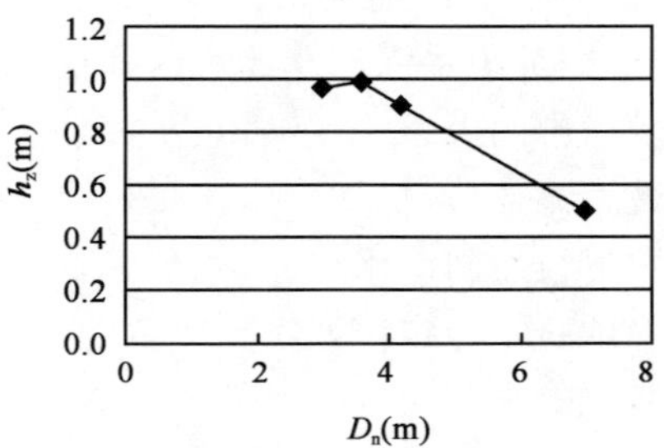

图 3-42　振荡波波高与水深的关系

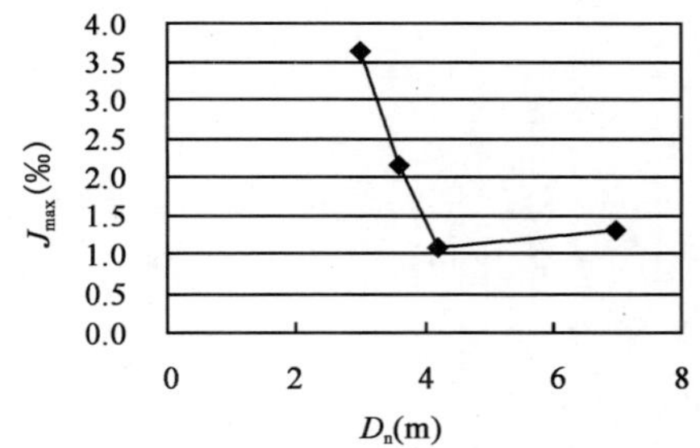

图 3-43　最大水面比降与水深的关系

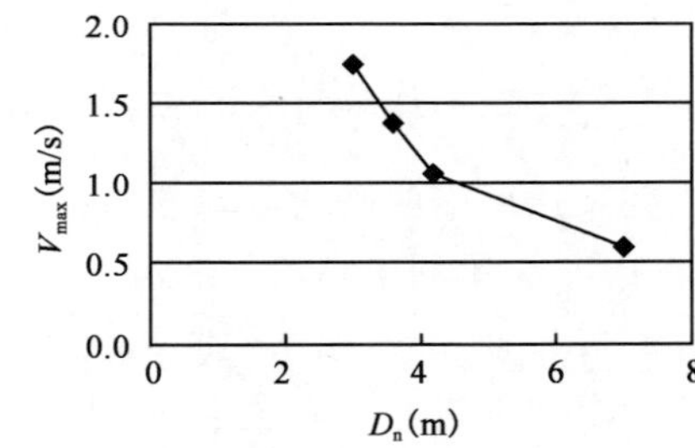

图 3-44　最大流速与水深的关系

由图表可以看出：水深变化，影响泄水波波速，从而对波高、周期均有影响。随着渠道水深增加：在渠道下游端部定点观测的推进波与上游端部的反射波、最大水位变幅、振荡波高、最大比降、最大流速均减小。原因与上级船闸泄水情况一样。

(3)渠道宽度与水力要素的关系

在灌水流量相同的前提下，渠道宽度增加，落水波、反射波、水位变幅、流速，以及振荡波和比降均明显减小。原因是，渠道宽度增加，单位宽度内的流量变化线性减小。将渠道水深 3.0m，船闸初始水头 30m，开门时间 6min，渠道宽度 40m、60m 的试验成果进行比较，见表 3-15。

不同宽度中间渠道的通航水流条件　　表 3-15

渠道长度 L_n(m)	渠道宽度 B_n(m)	灌水时间 T(min)	最大流量 Q_{max}	落水波波高 h_p(m)	反射波波高 h_r(m)	振荡波波高 h_z(m)	振荡波周期 T_B(min)	最大水位变幅 ΔH(m)	最大比降 J_{max}(‰)	最大流速 V_{max}(m/s)
2000	40	10.15	123.25	0.83	1.17	0.97	15.83	1.09	3.63	1.75
2000	60	9.84	133.67	0.51	0.80	0.72	13.95	0.75	1.05	1.06

(4)梯形断面的水力要素

从表3-11、表3-12看出:梯形断面与底部宽度相同的矩形渠道比较,推进波、反射波、振荡波、流速、比降均明显减小;水位变幅减小和流速也减小。原因与渠道宽度增加的情况相同。

综上所述:

①下级船闸灌水,中间渠道内水位是下降的。船闸灌水初期在中间渠道内形成落水波。船闸灌水后期,流量增率为负,波动形态为涨水波。波动来回反射均在原水面以下,振荡波则是在调平以后的水面上下振荡。起控制作用的通航水流条件是中间渠道内水深、流速、比降和振荡波波高。

②通过实测资料波动规律的分析,得到:$h_{p实}$与$f(h_{p计})$的关系;h_{rmax}与$f(h_{p计})$、$f(L_n)$的关系;h_{zmax}与$f(h_{p计})$的关系;振荡波周期、波长与渠道长度的关系;渠道最大水深与起始水深的关系;渠道最小水深与起始水深和反射波波高等关系可供设计参考。

③当中间渠道长度缩短、水深加大、断面加宽时,条件明显改善。试验得到了各种情况允许的最大流量值,供估算水流条件时应用。

④下级船闸灌水,渠道水位降低,渠道内更容易出现不利水流条件。

⑤试验是特定情况下得到的关系,如果长度、宽度、水深等发生变化,则应参照试验情况进行插值。如果变化过大,则应采用数学模型计算或物理模型试验研究。

⑥下级船闸灌水引起水深的降低,它不能按常规的方法确定,应按第3.5节阐述的方法确定。

3.1.7 上下级船闸联合运转方式研究

中间渠道两端船闸的运转方式有同时运转、错时(间隔一段时间)运转,鉴于上下级船闸灌泄水互相影响,中间渠道内的水流条件十分复杂。为探索渠道尺度与上下级船闸联合运转水流条件的关系,研究了船闸同时运转和错时运转的水流条件,错时运转又分为上级船闸先泄水即先泄后灌和下级船闸先灌水即先灌后泄的两种情况。

1)上下级船闸同时灌泄水试验

(1)试验条件

试验条件见表3-16。首先调好中间渠道起始水深和上下级闸室的水位以及船闸的初始水头,然后按相同的阀门开启速度同时开启上下级船闸输水阀门,使灌水与泄水同步进行。围绕渠道长度2000m和1400m,进行不同的水深和水头试验,同时对渠道内有无船舶进行了对比。

同时灌泄水试验条件　　表3-16

渠道长度 L_n(m)	渠道宽度 B_n(m)	渠道起始水深 D_n(m)	船闸初始水头 H_0(m)	工　况	备　注
2000	40	2.5	25	无船、有船	阀门开启时间为6min
		3.0	30		
		3.5	15,25,35		
1400	40	3.2	20,25,30,40	无船、有船	

(2)中间渠道波动形态

以 $L_n=2000\text{m}$，$B_n=40\text{m}$，$t_v=6\text{min}$，$H_0=30\text{m}$，$D_n=3.0\text{m}$，进出口为单廊道布置，来说明渠道内的波动形态。观测的瞬时水面过程线，0～5min 见图 3-45，6～12min 见图 3-46，中间渠道内水位变化见图 3-47。从图看出：同时灌泄水时，在 $0\text{min}<t<4\text{min}$ 时段内，推进波（或称涨水波）与落水波同时在渠道内形成，在未相遇之前，形成各自的推进波和落水波；在 $4\text{min}<t<6\text{min}$ 时段内，推进波与落水波约在渠道长度的 1/2 处相遇，两波叠加。由于涨水波速度大于落水波速度，相遇处距离下游端部近一些。此时输水仍在继续，最大瞬时流量尚未出现，所以波高继续增大，当输水阀门开启结束，最大流量出现时，输水流量增率为零，波出现最大初始峰值和谷值；在 $6\text{min}<t<11\text{min}$ 时段内，输水最大流量出现以后，此时流量增率为负，波动发生反射和叠加，并开始振荡。这样周而复始，反复振荡，振荡波的平均周期约为 13.0min。其他试验情况与此类似。

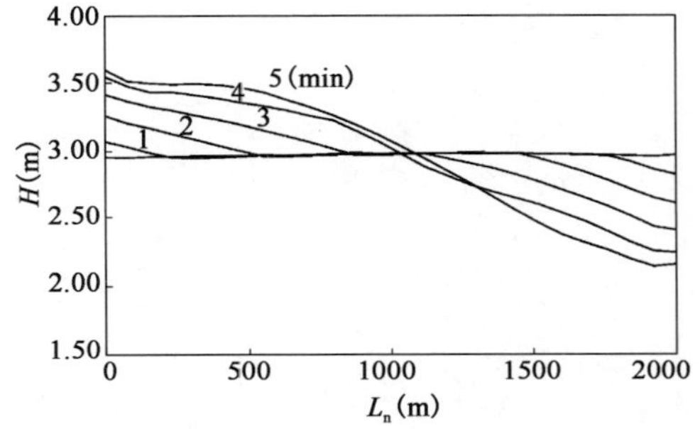

图 3-45　上下级船闸时灌泄水瞬时水面线（0～5min）

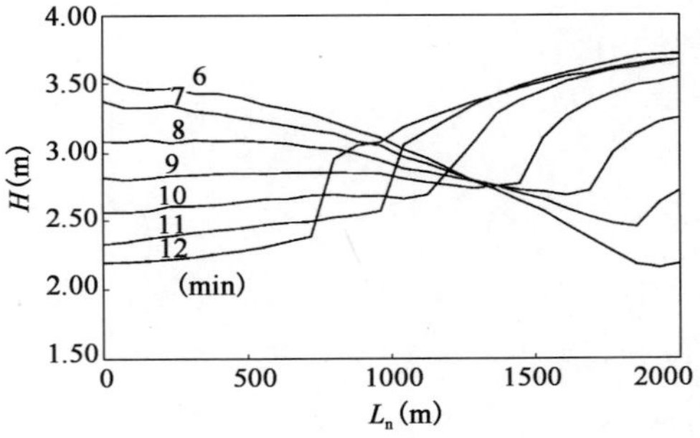

图3-46　上下级船闸同时灌泄水瞬时水面过程线（6～12min）

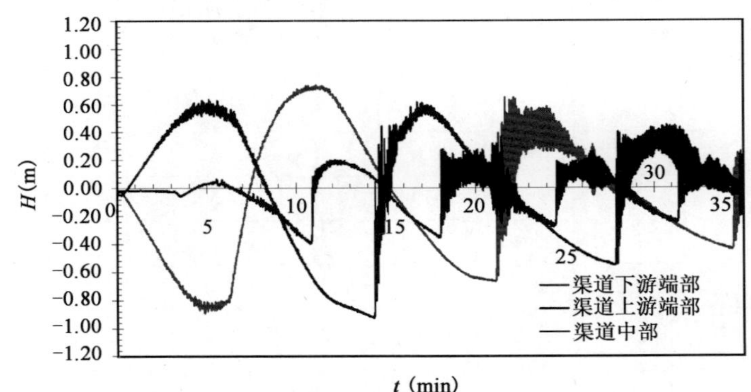

图 3-47　上下级船闸同时运行中间渠道内水位变化

(3)试验成果及分析

观测了各试验条件下的输水时间、波高、周期、比降和流速等。此处定义推进波波高为中间渠道上下游端（正）推进波与（负）落水波波高之和，仍然用 h_p 表示，反射波为下游端反射波波高 h_r，振荡波波高为上下游端部振荡波波高 h_z。

从试验成果分析得到：

同时灌泄水时会产生推进波和落（泄）水波的叠加。渠道长度较长时，在渠道内将出现两个孤立的推进波和泄水波传递，加大了振荡波波高，短波现象也较明显。振荡波以渠道长度的

1/2 处为节点，渠道始端与末端振荡波幅基本一致。

在同时灌泄水时，波浪传播是有一个过程的，上级船闸泄水传递到渠道长度约一半时，下级船闸灌水的泄水波也同时到达，此时渠道下游端水深不满足最小通航水深的要求。

同时灌泄水时，渠道上下端部均有流场变化，它所形成的水力条件：加大渠道水面比降和流速，影响船舶的安全停泊；加大船闸人字门反向作用水头；船闸在灌泄水过程中，增大了渠道内水流速度，使船舶航行困难；当流速与水面比降共同作用时，更增加了船舶航行的难度。

①渠道内的波动特性

试验成果见表 3-17，根据表中已知条件，渠道宽度、水深和最大瞬时流量，从理论上来计算推进波与落水波叠加后的波高，需要特别说明的是，本节同时灌泄水时波高取单独灌泄水计算波高的 2 倍，仍然用 $h_{p计}$ 表示。分别以实测渠道上下游端部推进波与落水波波高之和 $h_{p实}$、下游端反射波波高 h_r、上下游端部振荡波波高 h_z 为横坐标，以计算值 $h_{p计}$ 为纵坐标，点绘 $h_{p实}$、h_r、$h_z=f(h_{p计})$ 关系曲线，见图 3-48。从图看出：尽管绘点比较离散，但还是有一定规律性的，它们的关系为：

$$h_{P实} = 1.19h_{P计} \tag{3-14}$$

$$h_r = 1.022(h_{p计}) + 0.299 \tag{3-15}$$

$$h_{p计} = 2\left(\frac{Q_{max}}{\sqrt{gD_n}B_n}\right) \tag{3-16}$$

其中，图 3-48c）为上下级船闸同时灌泄水时，渠道中振荡波最大波高，由于渠道中水体振荡复杂，规律不好处理，仅供参考。

上下级船闸同时灌泄水渠道中的波动特性 表 3-17

试验条件 L_n(m) 及工况	渠道起始水深 D_n(m)	初始水头 H_0(m)	输水时间 T (min)	最大流量 Q_{max} (m^3/s)	推进波与落水波计算值之和 $h_{p计}$	推进波波高 h_p(m)	反射波波高 h_r(m)	振荡波波高 h_z(m)	振荡波周期 T_B (min)	最大水深 H_{nmax} (m)	最小水深 H_{nmin} (m)
2000 无船	2.5	25	9.32	113.88	1.15	1.45	1.54	1.22	13.81	3.12	1.68
	3	30	9.75	129.93	1.198	1.48	1.59	1.46	12.97	3.68	2.12
	3.5	15	7.77	79.91	0.682	0.73	0.98	1.13	12.6	4.03	2.9
	3.5	25	9.13	115.86	0.988	1.08	1.29	1.42	12.41	4.17	2.74
	3.5	35	10.23	144.79	1.236	1.5	1.59	1.59	12.33	4.19	2.56
2000 有船	2.5	25	9.43	112.66	1.138	1.43	1.59	1.17	14.23	3.17	1.73
	3	30	9.84	128.13	1.18	1.51	1.63	1.41	13.02	3.69	2.13
	3.5	15	7.91	81.88	0.698	0.74	1	1.13	12.83	4.05	2.92
	3.5	25	9.1	115.88	0.988	1.13	1.33	1.43	12.6	4.16	2.73
	3.5	35	10.19	145.35	1.24	1.52	1.62	1.53	12.33	4.25	2.63
1400 无船	3.2	20	8.65	107.06	0.956	1.1	1.19	1.1	9.08	3.77	2.62
	3.2	25	9.29	116.14	1.036	1.14	1.35	1.16	9.15	3.75	2.49
	3.2	30	9.91	131.12	1.17	1.35	1.47	1.17	9.18	3.81	2.43
	3.2	40	11.01	158.53	1.414	1.66	1.61	1.11	9.1	3.82	2.26

续上表

试验条件 L_n(m)及工况	渠道起始水深 D_n(m)	初始水头 H_0(m)	输水时间 T(min)	最大流量 Q_{max}(m^3/s)	推进波与落水波计算值之和 $h_{p计}$	推进波波高 h_p(m)	反射波波高 h_r(m)	振荡波波高 h_z(m)	振荡波周期 T_B(min)	最大水深 H_{nmax}(m)	最小水深 H_{nmin}(m)
1400 有船	3.2	20	8.71	107.1	0.87	1.1	1.27	1.1	9.45	3.69	2.52
	3.2	25	9.41	113.73	1.014	1.19	1.35	1.14	9.5	3.73	2.47
	3.2	30	9.7	129.38	1.154	1.37	1.43	1.13	10	3.77	2.42
	3.2	40	11.23	156.57	1.398	1.7	1.59	1.08	10.23	3.86	2.28

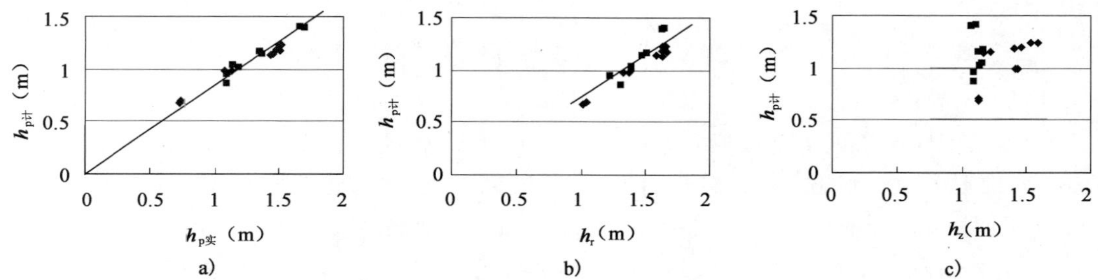

图 3-48　上下船闸同时灌泄水渠道内波动特性 $h_{p实}$、h_r、$h_z=f(h_{p计})$的关系

②渠道中水深与有关因素的关系

a. 渠道最小水深与起始水深的关系

根据表 3-17 的实测数据资料，以起始水深 D_n 为纵坐标，以渠道中实测的最小水深 H_{nmin} 为横坐标，点绘 $H_{nmin}=f(D_n)$关系，见图 3-49。从图看出：对于上下船闸同时灌泄水，渠道最小水深为 $H_{nmin}=0.75D_n$。

b. 渠道最大水深与起始水深及反射波波高的关系

根据表 3-17 的实测数据资料，以最大水深 H_{nmax} 为横坐标，以渠道起始水深 D_n 为纵坐标，点绘 $H_{nmax}=f(D_n)$的关系，见图 3-50。从图看出：$H_{nmax}=1.2D_n$。

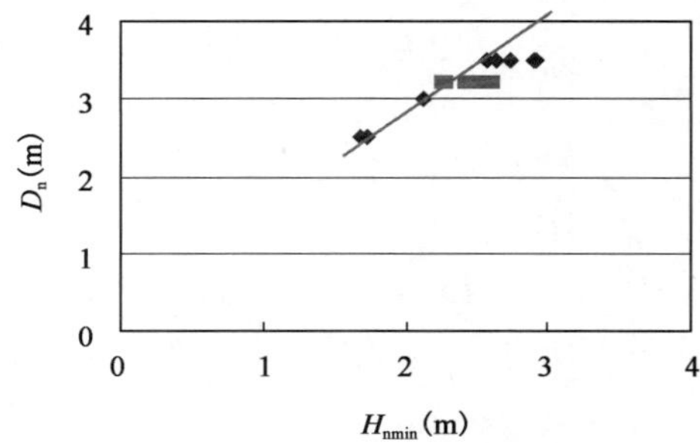

图 3-49　最小水深 H_{nmin}与起始水深 D_n 关系曲线

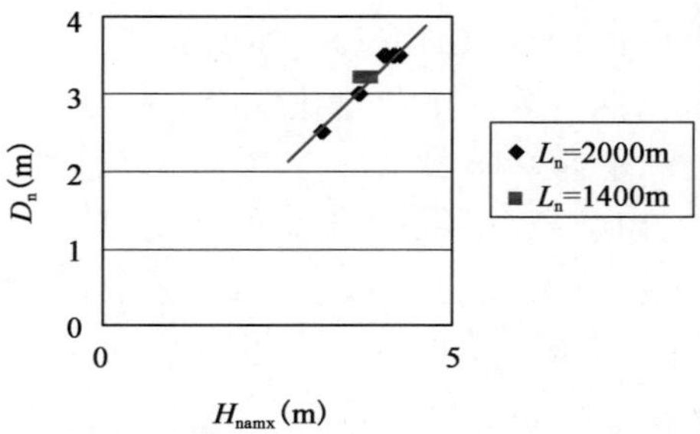

图 3-50　最大水深 H_{nmax}与起始水深 D_n 关系曲线

③初步认识

a. 同时灌泄水结束后渠道的水深不变。但是在同时灌泄水时，波浪传播是有一个过程的，

上级船闸泄水传递到渠道长度约一半时，下级船闸灌水的泄水波也同时到达，此时渠道下游端水深会不满足最小通航水深的要求。

b.同时灌泄水时会产生推进波和泄水波的叠加。渠道长度较长时，在渠道内将出现两个孤立的推进波和泄水波传递，加大了振荡波波高。振荡以渠道长度的1/2处为节点，渠道始端与末端振荡波幅基本一致。

c.同时灌泄水的流量在中间渠道内成倍增大，它所形成的水力条件：会加大渠道水面比降和流速，影响船舶的安全停泊；加大船闸人字门反向作用水头；船闸在灌泄水过程中，增大了渠道内水流速度，使船舶航行困难；当流速与水面比降共同作用时，更增加了船舶航行的难度，因此在船闸中间渠道的运转组合中，应尽可能避免上下船闸同时灌泄水。

d.本书中提出$h_{p实}$、h_{rmax}与$h_{p计}$的关系，H_{nmax}、H_{nmin}与D_n的关系及其计算方法可供设计人员参考。

2)上下级船闸错时灌泄水试验

(1)最佳错开时间的选择

①分析：中间渠道内上下级船闸同时灌泄水，水流条件比单闸运转要差，因为波动发生了叠加。如果上下级船闸错开一定的运行时间，从波动角度考虑，由于相位不同，必然会产生一定程度的抵消。错开的原则：上级船闸先泄水，在推进波到达渠道下游端部时刻，下级船闸开始灌水；下级船闸先灌水，在泄水波到达渠道上游端部时刻，上级船闸开始泄水。这样，有可能减小渠道内的水位波动。

根据计算：渠道长2000m，水深2.5m，上级船闸泄水、波从渠道一端传播到另一端的时间为6.7min；渠道长度2000m，水深3.0m，下级船闸灌水，负波从下游传播到上游的时间是6.1min。

②试验条件：渠道长度2000m、1400m，渠道宽度$B_n=40$m；船闸初始水头$H_0=30$m，渠道起始水深$D_n=2.5$m；闸门开启时间$t_v=6$min，输水时间$T=9.94$min，输水最大瞬时流量128.36～134.46m^3/s，平均流量131.11m^3/s。在这样的前提下，进行两种运转方式的优化试验，即先泄后灌错时试验，错开时间Δt为2、4、5、6、7(min)；先灌后泄错时试验，错开时间Δt为2、4、5、6、8(min)。

③试验成果与分析：先泄后灌不同错开时间渠道中的波动特性见表3-18；先灌后泄不同错开时间渠道中的波动特性见表3-19。表中列有$\Delta t=0$和$\Delta t\geqslant 12$min的波动特性，它表示上下船闸同时灌泄水和单独灌泄水的情况。同时以错开时间Δt为横坐标，以波动特性值h_p、h_r、h_z为纵坐标，点绘h_p、h_r、$h_z=f(\Delta t)$的关系，见图3-51。从图表可看出：①$\Delta t=0$min，h_p、h_r、h_z的波高值最大，是最不利的运转方式；②$\Delta t=2\sim 8$min范围内，推进波h_p基本上一致；反射波与振荡波的绝对值不稳定，时大时小，但趋势是在该时段范围内，存有波动最小值；③$\Delta t\geqslant$12min，反射波与振荡波比$\Delta t=2\sim 8$min的值大；④从图看出：$L_n=2000$m，最佳借开时间先泄后灌$\Delta t=7$min，先灌后泄$\Delta t=6.5$min；$L_n=1400$m最佳错开时间先泄后灌$\Delta t=5$min，先灌后泄$\Delta t=4.2$min。将以此错开时间进行错时灌泄水试验。

(2)上下级船闸错时灌泄水试验

①错时灌泄水试验：遵照上下级船闸错开时间的优化成果，按表3-20的运转方式进行。

先泄后灌方式不同错开时间渠道中的波动特性　　表 3-18

试验条件		错开时间 Δt (min)		推进波波高 h_p (m)	反射波波高 h_r (m)	振荡波波高 h_z (m)
$L_n=2000m$	$D_n=2.5m$ $H_0=30m$ $T_v=6min$ $T=9.94min$ $Q_{max}=128.36\sim134.46m^3/s$ $\overline{Q}=131.11m^3/s$ $B_n=40m$	0		1.5	1.6	1.41
		2		0.72	0.90	1.36
		4		0.68	0.80	1.10
		5		0.70	0.42	0.74
		6		0.74	0.69	0.60
		7		0.71	0.64	0.46
		>12min	灌水	0.83	1.17	0.97
			泄水	0.57	0.98	0.87
$L_n=1400m$		0		1.35	1.47	1.17
		2		0.72	0.74	1.19
		4		0.71	0.67	0.37
		5		0.70	0.89	1.10
		6		0.70	0.67	0.65
		7		0.70	1.07	1.36
		>12min	灌水	0.87	1.20	0.69
			泄水	0.57	1.03	0.82

注：①$L_n=2000m$，$\Delta t>12min$ 的波动特性用的 $D_n=3.0m$ 资料。
②$L_n=1400m$，$\Delta t>12min$ 的波动特性用的 $D_n=3.2m$ 资料。

先灌后泄方式不同错开时间渠道中的波动特性　　表 3-19

试验条件		错开时间 Δt (min)		推进波波高 h_p (m)	反射波波高 h_r (m)	振荡波波高 h_z (m)
$L_n=2000m$ $D_n=3m$	$H_0=30m$ $T_v=6min$ $T=10.42\sim11.05min$ $Q_{max}=129.13\sim134.09m^3/s$ $B_n=40m$	0		1.51	1.63	1.41
		2		0.84	0.61	1.48
		4		0.86	0.34	1.22
		5		0.78	0.76	1.01
		6		0.80	0.62	0.79
		8		0.84	0.45	0.50
		>12min	灌水	0.83	1.17	0.97
			泄水	0.70	1.06	1.01
$L_n=1400m$ $D_n=3.2m$		0		1.37	1.43	1.13
		2		0.78	0.86	1.11
		4		0.76	0.64	0.76
		5		0.75	0.48	0.55
		6		0.78	0.54	0.68
		>12min	灌水	0.80	1.30	0.77
			泄水	0.64	1.14	0.79

注：$L_n=1400m$，$\Delta t>12min$ 的波动特性值，用 $D_n=3.0m$ 的资料。

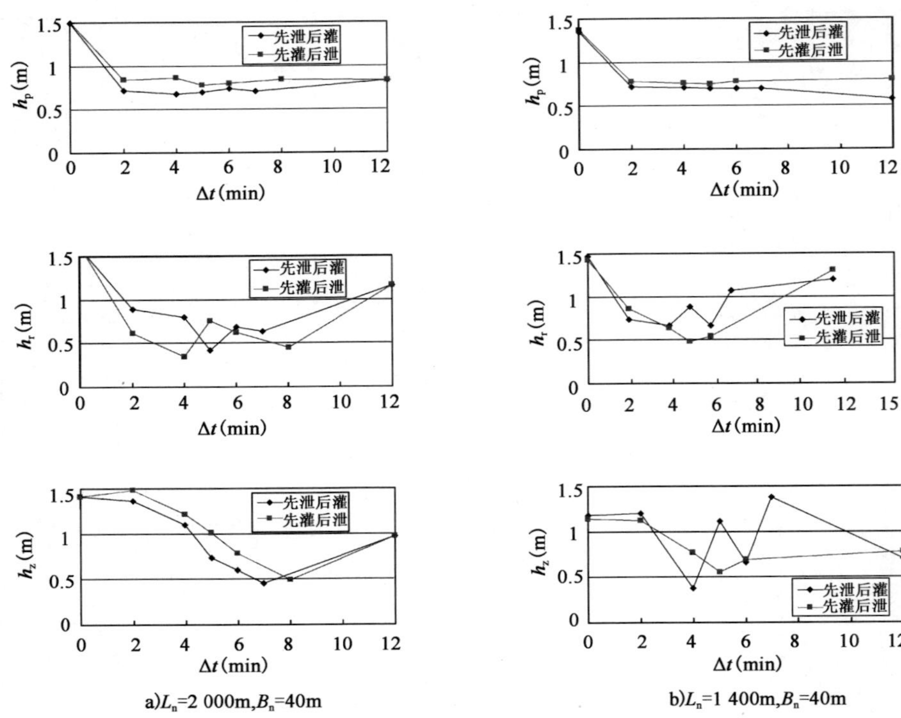

a) L_n=2 000m, B_n=40m　　b) L_n=1 400m, B_n=40m

图 3-51　上下级船闸错开时间灌泄水渠道中的波动特性

上下级船闸错时运转条件　　表 3-20

渠道宽度 B_n(m)	渠道长度 L_n(m)	运转方式	渠道起始水深 D_n(m)	初始水头 H_0(m)	错开时间 Δt(min)	工况
40	2000	先泄后灌	2.5	15,20,25,30	7	无船、有船
			3.0	15,25,30		
		先灌后泄	3.0	15,25,30,35	6.5	无船、有船
			3.2	20,25,30,40		
	1400	先泄后灌	2.5,3.2	20,25,30,40	5	无船、有船
		先灌后泄	3.2	20,25,30,40	4.2	无船、有船

先泄后灌和先灌后泄试验，成果见表 3-21 。从表中看出：

a. 错时灌泄水中的先泄后灌与先灌后泄，经对推进波、振荡波波高与比降的初步比较，前者优于后者。

b. 渠道长度 2000m 与 1400m 在相同水深、水头、闸门开启方式前提下振荡波波高差别不大，水面比降则是 1400m 的比 2000m 的小。

c. 在同样渠道水深的条件下：先灌后泄对水深的影响比先泄后灌要大，先灌后泄要求渠道起始水深比先泄后灌大；渠道中的最大流速，先灌后泄比先泄后灌大。

d. 渠道中有船与无船比较，有船时渠道中的推进波、反射波、振荡波和水面比降普遍比无船时大，水深与流速基本一致。

上下级船闸错时灌泄水渠道中的波动特性与水力要素（$B_n=40$m）　　表 3-21

运转方式	渠道长度 L_n(m)及工况	渠道起始水深 D_n(m)	初始水头 H_0(m)	输水时间 T(min)	最大流量 Q_{max}(m^3/s)	推进波波高 h_p(m)	反射波波高 h_r(m)	振荡波波高 h_z(m)	最大水深 H_{nmax}(m)	最小水深 H_{nmin}(m)	最大比降 J_{max}(‰)	最大流速 V_{max}(m/s)
先泄后灌	2000 无船	2.5	15	7.48	76.31	0.40	0.36	0.21	2.91	2.35	0.98	0.84
			20	8.47	101.32	0.52	0.51	0.43	3.02	2.23	1.24	0.98
			25	8.96	117.42	0.63	0.60	0.51	3.12	2.21	1.65	1.09
			30	9.94	134.46	0.74	0.69	0.60	3.21	2.19	2.19	1.25
		3.0	15	7.92	82.40	0.36	0.33	0.33	3.39	2.86	0.85	0.71
			25	9.15	116.60	0.57	0.57	0.49	3.53	2.69	1.49	0.99
			30	9.95	132.31	0.65	0.68	0.63	3.65	2.67	2.21	1.09
			35	10.13	164.92	0.73	0.75	0.62	3.70	2.70	2.00	1.15
	2000 有船	2.5	15	8.25	75.09	0.45	0.40	0.19	2.96	2.42	0.89	0.82
			20	9.03	100.93	0.53	0.57	0.56	3.08	2.22	1.91	1.03
			25	9.64	116.42	0.64	0.63	0.60	3.13	2.19	2.15	1.24
			30	10.19	129.76	0.71	0.81	0.84	3.25	2.11	5.11	0.65
		3.0	15	7.79	78.35	0.39	0.39	0.40	3.46	2.84	1.03	0.71
			25	9.25	113.71	0.57	0.57	0.53	3.59	2.72	1.58	0.94
			35	10.38	143.10	0.73	0.75	0.70	3.69	2.63	2.99	1.18
	1400 无船	2.5	20	7.99	99.06	0.51	0.49	0.48	3.01	2.28	1.24	1.02
			25	9.33	115.23	0.60	0.54	0.53	3.09	2.28	1.55	0.88
			30	9.94	130.27	0.70	0.67	0.65	3.19	2.16	2.26	1.25
			40	11.00	158.41	0.87	0.81	0.80	3.34	2.25	2.84	1.43
		3.2	20	8.79	97.87	0.44	0.44	0.38	3.63	3.02	0.90	0.81
			25	9.61	116.80	0.51	0.53	0.43	3.69	3.00	1.00	0.99
			30	10.24	128.00	0.57	0.58	0.48	3.69	2.93	1.18	1.04
			40	11.51	157.06	0.67	0.74	0.62	3.98	3.08	1.80	1.15
	1400 有船	2.5	20	8.09	99.43	0.54	0.53	0.55	3.05	2.25	1.59	—
			25	8.83	114.67	0.64	0.61	0.60	3.13	2.24	1.65	—
			30	9.45	131.71	0.73	0.71	0.70	3.24	2.24	2.10	—
			40	10.26	161.75	0.80	0.85	0.83	3.40	2.29	3.25	—
先灌后泄	2000 无船	3.0	15	8.21	80.27	0.48	0.42	0.31	3.05	2.53	1.25	0.93
			25	9.32	114.81	0.71	0.47	0.41	3.21	2.41	2.04	1.38
			30	9.84	140.33	0.84	0.56	0.48	3.29	2.31	2.45	1.70
			35	10.06	149.10	0.98	0.66	0.55	3.47	2.29	3.13	2.04

续上表

运转方式	渠道长度 L_n(m)及工况	渠道起始水深 D_n(m)	初始水头 H_0 (m)	输水时间 T (min)	最大流量 Q_{max} (m^3/s)	推进波波高 h_p (m)	反射波波高 h_r (m)	振荡波波高 h_z (m)	最大水深 H_{nmax} (m)	最小水深 H_{nmin} (m)	最大比降 J_{max} (‰)	最大流速 V_{max} (m/s)
先灌后泄	2000有船	3.0	15	7.58	77.92	0.44	0.29	0.25	3.07	2.60	1.01	0.90
			25	8.89	113.61	0.74	0.52	0.38	3.20	2.37	2.01	1.38
			30	9.56	130.32	0.85	0.53	0.46	3.28	2.31	2.33	1.59
			35	10.26	143.67	1.09	0.72	0.74	3.30	2.04	3.46	1.84
	2000无船	3.2	20	8.81	97.33	0.54	0.40	0.34	3.11	2.56	1.08	1.03
			25	9.42	113.07	0.65	0.47	0.38	3.16	2.47	1.55	1.16
			30	10.02	128.53	0.76	0.53	0.42	3.25	2.38	1.60	1.36
			40	11.22	158.40	1.05	0.70	0.55	3.37	2.15	2.25	1.84
	1400无船		20	8.80	99.52	0.53	0.42	0.49	3.35	2.74	1.38	1.10
			25	9.20	115.11	0.80	1.06	0.86	3.62	2.45	1.86	1.33
			30	9.90	131.93	0.75	0.60	0.71	3.45	2.54	2.44	1.53
			40	11.20	159.68	1.04	0.73	0.86	3.53	2.35	3.73	2.01
	1400有船		20	8.37	101.29	0.53	0.46	0.61	3.42	2.72	1.34	1.17
			25	9.40	115.05	0.64	0.58	0.77	3.48	2.60	2.49	1.45
			30	9.95	129.59	0.75	0.29	0.54	3.47	2.53	2.56	1.67
			40	11.21	157.72	1.07	0.37	0.61	2.62	1.68	1.81	2.09

②水力参数与渠道单宽流量的关系及最大允许灌泄水流量

对试验成果进行分析，建立渠道单宽流量与水力要素的关系，见表3-22；根据暂定的通航水流条件标准计算船闸灌水最大允许流量，见表3-23。由表可知：渠道长度不变，同一水深，波高、比降随流量增加而增大；流量相同，波高、比降随水深增加而减小。中间渠道加长，波高、比降增大。有船无船比较，有些差别，规律不明显，不影响大趋势。从试验成果看，先泄后灌条件比先灌后泄好。先泄后灌与单灌、单泄进行比较，反射波、振荡波及比降有明显减小，流速减小幅度不大，为最佳运转工况。

中间渠道宽40m水力参数与船闸泄水单宽流量的关系 表3-22

运转方式及工况	渠道长度 L_n(m)	渠道起始水深 D_n(m)	落水波波高 h_p(m)	反射波波高 h_r(m)	振荡波波高 h_z(m)	流速 V(m/s)	比降 J(‰)
先泄后灌，无船	2000	2.5	$0.204q$	$0.202q$	$0.174q$	$0.383q$	$0.375q^{1.397}$
		3.0	$0.195q$	$0.198q$	$0.174q$	$0.328q$	$0.263q^{1.645}$
先泄后灌，有船		2.5	$0.220q$	$0.230q$	$0.216q$	$0.315q$	$0.138q^{2.858}$
		3.0	$0.202q$	$0.205q$	$0.194q$	$0.335q$	$0.308q^{1.710}$
先泄后灌，有船	1400	2.5	$0.217q$	$0.213q$	$0.210q$	—	$0.362q^{1.527}$
先泄后灌，无船		3.2	$0.175q$	$0.184q$	$0.153q$	$0.317q$	$0.219q^{1.494}$
		2.5	$0.214q$	$0.200q$	$0.196q$	$0.380q$	$0.234q^{1.842}$

续上表

运转方式及工况	渠道长度 L_n(m)	渠道起始水深 D_n(m)	落水波波高 h_p(m)	反射波波高 h_r(m)	振荡波波高 h_z(m)	流速 V(m/s)	比降 J(‰)
先泄后灌,无船	2000	3.0	0.250q	0.172q	0.144q	0.504q	0.478$q^{1.371}$
先泄后灌,有船		3.0	0.273q	0.180q	0.162q	0.494q	0.282$q^{1.884}$
先泄后灌,无船		3.2	0.244q	0.170q	0.136q	0.437q	0.323$q^{1.413}$
	1400	3.2	0.241q	0.128q	0.194q	0.498q	1.145$q^{0.458}$
先泄后灌,有船		3.2	0.248q	0.183q	0.229q	0.458q	0.219$q^{2.022}$

矩形断面船闸最大允许灌泄水流量 表 3-23

运转方式及工况	试验条件		允许最大流量(m^3/s)				最大单宽流量 q_{max} (m^2/s)	断面平均流速 V_n (m/s)
	渠道长度 L_n(m)	渠道起始水深 D_n (m)	Q_h	Q_v	Q_J	Q_{max}		
先泄后灌,无船	2000	2.5	138	104	118	104	2.6	1.04
		3.0	138	122	124	122	3.0	1.00
先泄后灌,有船		2.5	111	127	96	96	2.4	0.96
		3.0	124	119	109	109	2.7	0.90
先泄后灌,有船	1400	2.5	114	114	110	110	2.8	1.12
先泄后灌,无船		3.2	157	126	158	126	3.2	1.00
		2.5	122	105	117	105	2.6	1.04
先灌后泄,无船	2000	3.0	167	79	101	79	2.0	0.67
先灌后泄,有船		3.0	148	81	104	81	2.0	0.67
先灌后泄,无船		3.2	176	92	130	92	1.5	0.47
	1400	3.2	105	87	110	87	1.5	0.47
先灌后泄,有船		3.2	124	80	95	80	2.0	0.63

注:①Q_n、Q_V、Q_J 分别表示满足水深、流速、比降要求的最大流量。
②V_n 是允许单宽流量与渠道单宽断面积的比值,即断面平均流速。

3.1.8 上下级船闸不同运转方式渠道内波动特性与水力要素的比较

上下级船闸的运转方式有五种,即上级船闸泄水;下级船闸灌水;上下级船闸同时输水;上下级船闸错时输水又分先泄后灌和先灌后泄。

(1)从资料表 3-1,表 3-8 和表 3-16 中,取出矩形渠道 $L_n=2000$m,$B_n=40$m,$D_n=3$m,$t_v=6$min 的条件下,初始水头 $H_0=15$、25、30、35(m),相应输水的最大瞬时流量分别为 83.0、118.0、133.0、148.0(m^3/s),此时渠道内波动特性(h_p、h_r、h_z)和水力要素(H_{nmax}、H_{nmin}、J_{max}、V_{max}),分别见表 3-24 和表 3-25。同时将表中数据,以流量为横坐标,以波动特性和水力要素为纵坐标,点绘 h_p、h_r、h_z、H_{nmax}、H_{nmin}、J_{max}、$V_{max}=f(Q)$关系曲线,分别见图 3-52 和图 3-53。从图可看出:

①渠道长度与水深固定的前提下,五种运转方式形成渠道内的推进波(落水波)、反射波和振动波,以及渠道内的水面比降和流速都是随流量成正比增加,所以最大瞬时流量是渠道最主

要的控制因素。但是对于渠道的最小水深则与流量成反比，随流量增加呈减小趋势。

上下级船闸五种运转方式渠道内的波动特性 表 3-24

试验条件	初始水头 H_0(m)	最大流量 Q_{max} (m^3/s)	上级船闸泄水(m)			下级船闸灌水(m)			上下级船闸同时灌泄水(m)			上下级船闸错时灌泄水(m)		
			推进波波高 h_p	反射波波高 h_r	振荡波波高 h_z	落水波波高 h_p	反射波波高 h_r	振荡波波高 h_z	推进波波高 h_p	反射波波高 h_r	振荡波波高 h_z	推进波波高 h_p	反射波波高 h_r	振荡波波高 h_z
L_n=2000m B_n=40m D_n=3m t_v=6min	15	82.96	0.4	0.68	0.65	0.42	0.73	0.68	—	—	—	0.36 (0.48)	0.33 (0.42)	0.33 (0.31)
	25	117.53	0.52	0.94	0.86	0.71	1.04	0.89	—	—	—	0.57 (0.71)	0.57 (0.47)	0.49 (0.41)
	30	133.09	0.61	1.06	1.01	0.83	1.17	0.97	1.48	1.59	1.46	0.65 (0.84)	0.68 (0.56)	0.63 (0.48)
	35	148.07	0.70	1.18	1.08	—	—	—	—	—	—	0.73 (0.98)	0.75 (0.662)	0.62 (0.55)

注：表中上下级船闸错时灌泄水，无括号为先泄后灌，有括号为先灌后泄。

上下级船闸五种运转方式渠道内的水力要素 表 3-25

试验条件(m)	初始水头 H_0(m)	最大流量 Q_{max} (m^3/s)	上级船闸泄水				下级船闸灌水				上下级船闸同时灌泄水				上下级船错时灌泄水			
			最大水深 H_{nmax}(m)	最小水深 H_{nmin}(m)	最大比降 J_{max}(‰)	最大流速 V_{max}(m/s)	最大水深 H_{nmax}(m)	最小水深 H_{nmin}(m)	最大比降 J_{max}(‰)	最大流速 V_{max}(m/s)	最大水深 H_{nmax}(m)	最小水深 H_{nmin}(m)	最大比降 J_{max}(‰)	最大流速 V_{max}(m/s)	最大水深 H_{nmax}(m)	最小水深 H_{nmin}(m)	最大比降 J_{max}(‰)	最大流速 V_{max}(m/s)
L_n=2000m B_n=40m D_n=3m t_v=6min	15	83.00	3.66	2.98	0.99	0.69	2.95	2.26	1.69	0.95	—	—	—	—	3.39 (3.05)	2.86 (2.53)	0.85 (1.25)	0.71 (0.93)
	25	117.50	3.94	3.03	1.93	0.97	2.95	1.97	3.11	1.57	—	—	—	—	3.53 (3.21)	2.69 (2.41)	1.49 (2.04)	0.99 (1.38)
	30	133.10	4.11	3.04	2.50	1.07	2.93	1.84	3.63	1.75	3.68	2.12	9.88	2.07	3.65 (3.29)	2.67 (2.31)	2.21 (2.45)	1.09 (1.70)
	35	148.10	4.19	3.04	3.58	1.23	—	—	—	—	—	—	—	—	3.70 (3.47)	2.70 (2.29)	2.00 (3.13)	1.15 (2.04)

注：表中上下级船闸错时灌泄水，无括号为先泄后灌，有括号为先灌后泄。

②同时灌泄方式使渠道内流量既有进又有出，使推进波与落水波并存，产生叠加，反射波和震荡波波高、水面比降、水流速度增大，是五种运转方式中最不利的。渠道水深减小，会影响船舶停泊和航行，影响船闸运转，因此，该运转方式不宜采用。

③船闸错开一个合理的时间灌泄水，能有效地减小渠道内反射波和震荡波波高以及流速、比降，应作为推荐的船闸运转方式。

④渠道中的推进波：上级船闸泄水与先泄后灌两种运转方式的波高值最小；而下级船闸灌水与先灌后泄波高值一致。

⑤渠道中的反射波和震荡波：上级船闸泄水和下级船闸灌水波高值较一致，介于同时与错时输水之间。

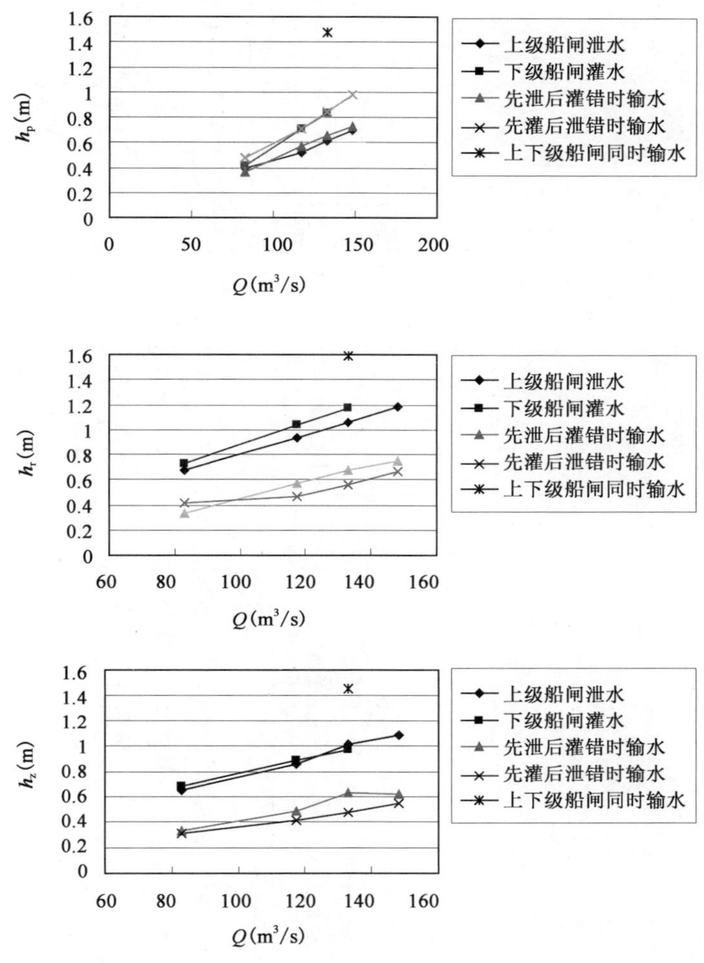

图 3-52　上下级船闸五种运转方式渠道内 h_p、h_r、h_z 与灌泄水流量 Q 的关系

⑥渠道中的最大水深，其中上级船闸泄水时为最大，下级船闸灌水时为最小，其他运转组合中最大水深介于两者之间。

⑦渠道中的最小水深：其中上级船闸泄水时为最大，它等于渠道起始水深；下级船闸灌水时为最小，它是渠道水深设计中的控制条件，只要它满足 $H_n \geqslant 1.5T_c$ 的要求，则其他运转组合均满足。

渠道中的最小水深：对上下级船闸错时输水，即先泄后灌或先灌后泄以及下级船闸灌水的运转组合，最小水深是随流量呈递减的趋势的，所以在确定渠道设计水深时，应根据船闸运转的输水流量来确定。

(2)在相同渠道长度 $L_n = 2000$m，宽度 40m，船闸初始水头 $H_0 = 25$m，阀门开启时间 $t_v = 6$min，输水最大瞬时流量 $Q_{max} = 115.0\text{m}^3/\text{s}$ 左右，仅渠道起始水深不同，在这样的条件下，比较上级船闸泄水、下级船闸灌水和上下级同时及错时灌泄水时渠道内的波动特性和水力要素，见表 3-26 和表 3-27。从表可看出：

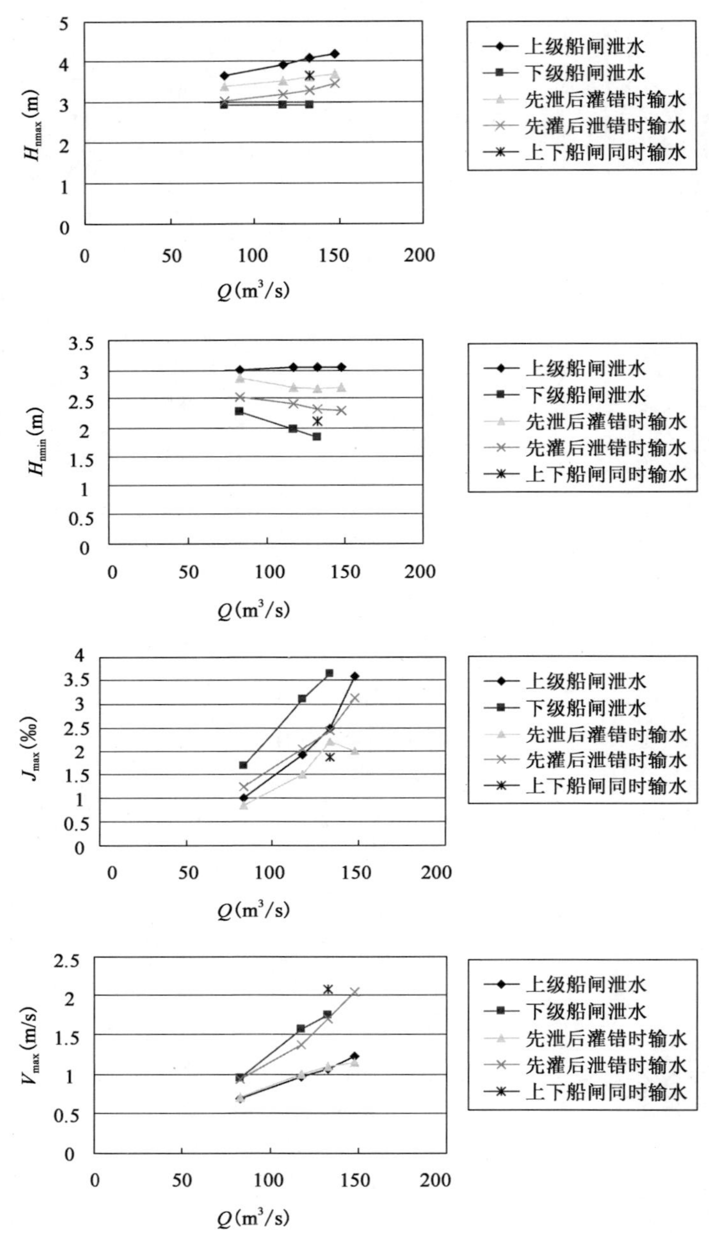

图 3-53　上下级船闸五种运转方式渠道内 H_{nmax}、H_{nmin}、J_{max}、$V_{max}=f(Q)$的关系

①上级船闸泄水时的推进波、下级船闸灌水时落水波，上下级船闸同时输水时的叠加波以及三者反射波的波高都是随水深增加而减小；而水深变化对振荡波的影响较小；上下级船闸错时输水，波动在渠道内抵消和叠加，反射波和振荡波明显减小，同时均随水深增加而减小。

②波高 h_p、h_r、h_z 绝对值：上下级船闸同时输水＞下级船闸灌水＞上级船闸泄水；上下级船闸错时输水时的 h_r、h_z 均比前者运转方式小，所以错时运转方式能改善渠道内的波动条件。

③渠道水深：五种运转方式，上级船闸泄水＞同时输水＞先泄后灌＞先灌后泄＞下级船闸

灌水；水深均随起始水深增加而增加。

④渠道水面比降与流速：同时输水＞下级船闸灌水＞上级船闸泄水＞先泄后灌＞先灌后泄；水面比降与流速均随水深增加而减小。

上下级船闸不同运转方式渠道波动特性的比较(单位：m)　　表 3-26

试验条件				上级船闸泄水			下级船闸灌水			上下级同时灌泄水			上下级错时灌泄水		
渠道长度 L_n	渠道宽度 B_n	渠道起始水深 D_n	初始水头 H_0	推进波波高 h_p	反射波波高 h_r	振荡波波高 h_z	落水波波高 h_p	反射波波高 h_r	振荡波波高 h_z	推进波波高 h_p	反射波波高 h_r	振荡波波高 h_z	推进波波高 h_p	反射波波高 h_r	振荡波波高 h_z
2000	40	2.5	25	0.61	1.01	0.9	—	—	—	1.45	1.54	1.22	0.74 (—)	0.69 (—)	0.6 (—)
		3		0.52	0.94	0.86	0.71	1.04	0.89	—	—	—	0.57 (0.71)	0.57 (0.47)	0.49 (0.41)
		3.5		—	—	—	0.58	0.98	0.85	1.08	1.29	1.42	— (—)	— (—)	— (—)

注：表中上下级船闸错时灌泄水，无括号为先泄后灌，有括号为先灌后泄。

上下级船闸不同运转方式渠道水力要素的比较　　表 3-27

试验条件				上级船闸泄水				下级船闸灌水				上下级同时灌泄水				上下级错时灌泄水			
渠道长度 L_n (m)	渠道宽度 B_n (m)	渠道起始水深 D_n (m)	初始水头 H_0 (m)	最大水深 H_{nmax} (m)	最小水深 H_{nmin} (m)	最大比降 J_{max} (‰)	最大流速 V_{max} (m/s)	最大水深 H_{nmax} (m)	最小水深 H_{nmin} (m)	最大比降 J_{max} (‰)	最大流速 V_{max} (m/s)	最大水深 H_{nmax} (m)	最小水深 H_{nmin} (m)	最大比降 J_{max} (‰)	最大流速 V_{max} (m/s)	最大水深 H_{nmax} (m)	最小水深 H_{nmin} (m)	最大比降 J_{max} (‰)	最大流速 V_{max} (m/s)
2000	40	2.5	25	3.46	2.50	3.63	1.09	—	—	—	—	3.12	1.68	10.93	1.95	3.12 (—)	2.21 (—)	1.65 (—)	1.09 (—)
		3		3.94	3.03	1.93	0.97	2.95	1.97	3.11	1.57	—	—	—	—	3.53 (3.21)	2.69 (2.41)	1.49 (2.04)	0.99 (1.38)
		3.5		—	—	—	—	3.56	2.6	1.40	1.17	4.17	2.74	9.1	1.67	— (—)	— (—)	— (—)	— (—)

注：表中上下级船闸错时灌泄水，无括号为先泄后灌，有括号为先灌后泄。

3.2　船闸灌泄水非恒定流船舶航行试验研究

3.2.1　试验条件

船闸灌泄水非恒定流在渠道中传递、叠加和抵消，有正负波流、正反比降，水流运动十分复杂，会影响船舶的航行。为此研究非恒定流对船队航行速度的影响，为船舶(队)安全航行提供参考。

利用 1 顶 2×500t 船队，在渠道中航线上进行上行和下行试验。渠道长 2000m、宽 40m，断面为梯形和矩形，渠道水深，上游船闸泄水为 2.5m，其余情况为 3.0m，船闸初始水头 30m，输水阀门开启时间 6min。上下级船闸输水时间 10min，最大流量 $133m^3/s$。船队逆流上行选择航速 2.0m/s，顺流下行选择航速 1.0m/s。船闸阀门开启与船队航行同步进行，上行时船队从距上船闸渠道末端 1840m 启动，行至 80m。下行则相反，船队从 80m 行至 1840m。

船模在中间渠道航行，进行了静水航速与螺旋桨转速关系率定，以满足船模与实船的航速相似。

3.2.2 渠道断面为梯形时的航行条件

(1)上级船闸泄水

①船队以 2.0m/s 上行

船队逆流上行，船队航行时间 t(min)与距离 L(m)的关系见图 3-54。对上级船闸泄水，观测了距渠道下游端部(80m、540m、1000m、1540m、1920m)5 个测点流速的变化，见图 3-55。同时观测了 $t=1\sim19$min 水面线的瞬时变化，见图 3-56。现根据三个图来说明船队对岸航速的沿程变化与随时间变化特点。

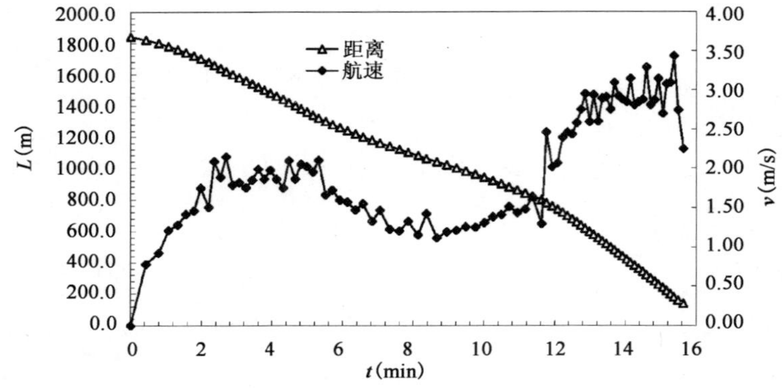

图 3-54 船队上行(对岸航速)$L=f(t)$关系

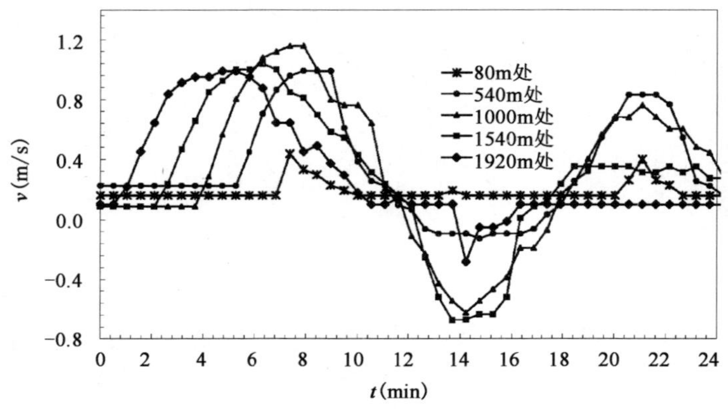

图 3-55 上级船闸泄水渠道内 5 个测点的流速变化

a.船队启动时段：位置发生在 1840～1640m，时间发生在 0～2.8min，航速从 0 增加到 2m/s。从图 3-56 水面过程曲线可看出，该时段船队上行尚未受上级船闸泄水影响。

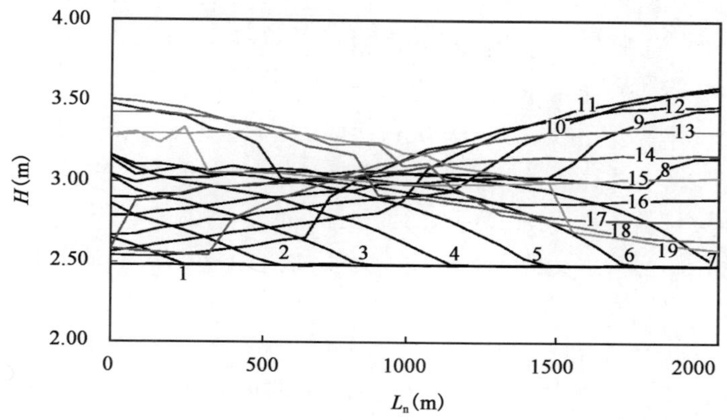

图 3-56　(三廊道)上级船闸泄水 $t=1\sim19$min 水面线的瞬时变化

b. 船队等速时段：位置发生在 1640～1340m，时间发生在 2.4～5.6min，船队以 $v=1.9\sim2.0$m/s 等速航行，从图 3-56 水面过程曲线可看出，该时段后期，船队即将受泄水的影响，但此时流速和比降均较小，对航速影响不大。

c. 船队减速时段：位置发生在 1340～1000m，时间发生在 5.6～8.6min，船队航速由 2.0m/s减小至 1.1m/s。该时段船队上行受泄水推进波的影响，波流运动方向与船舶(队)运动方向相反，此过程流速、比降值最大达到 1.2m/s 和 1.0‰。因此，阻止船舶(队)航行，使航速减小。

d. 船队恢复航速时段：位置发生在 1000～760m，时间发生在 8.6～12.0min。该时段船队上行受渠道反射回来的波流作用，船队航行与波流运动方向一致，此过程流速、比降最大值达到 1.2m/s 和 1.0‰。

e. 船队增速时段：位置发生在 760～80m，时间发生在 12.0～17.8min。此时段内航速与波流方向一致，航速由原航速与水流流速叠加，航速由 2.0m/s 增大到 3.0m/s。

②船队以 1.0m/s 下行

船队顺流下行，航速变化过程见图 3-57。与船队上行比较，不同之处在于船队下行很快受到泄水波流影响，启动时间很短就开始增速，也可分 5 个时段予以说明。

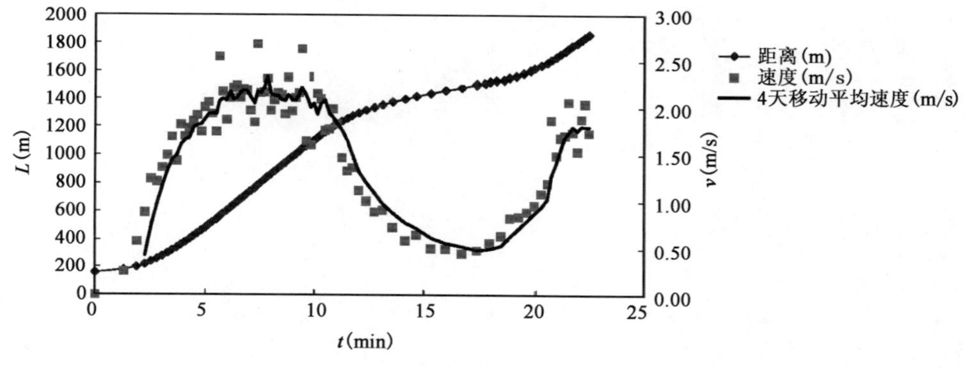

图 3-57　船队下行对岸航速变化关系

a. 船队增速时段：位置发生在 160～520m，时间发生在 0～5.2min，航速从 0 增加到 2.2m/s。该时段上级船闸泄水波流方向与航速相同，此过程流速、比降最大值达到 1.0m/s 和 0.80‰。对航速影响较大，航速由水流速加静水航速组成。

b. 船队等速时段：位置发生在 520～1200m，时间发生在 5.2～10.4min，船队以 $v=1.9\sim2.2$m/s 等速航行。波流继续往下传播，该时段持续时间的长短取决于渠道的长度。

c. 船队减速时段：位置发生在 1200～1500m，时间发生在 10.4～16.5min，船队航速由 2.0m/s 减小至 0.5m/s。该时段船队下行受泄水反射波的影响，波流方向与船舶（队）方向相反，此过程流速、比降最大值达到 1.2m/s 和 1.80‰。因此，阻止船舶（队）航行，使航速减小。

d. 船队恢复航速时段：位置发生在 1500～1640m，时间发生在 16.5～19.6min。该时段船队上行受渠道反射回来的波流作用，船队航行与波流方向一致，此过程流速、比降值最大达到 1.2m/s 和 0.88‰。因此，航速增加。

e. 船队增速时段：位置发生在 1640～1840m，时间发生在 19.6～22.5min。受再次反射波流的影响，波流与航速一致，航速增加至 1.9m/s。

（2）下级船闸灌水

试验条件：渠道水深 3.0m，船闸初始水头 30m，阀门开启时间 6min，最大流量 132m^3/s，下级船闸灌水。

①船队以 2.0m/s 上行，试验方法和水力现象与上级船闸泄水相同，航速的方向与波流相同则航速增加，反之航速减小，试验结果见图 3-58。同样有航速的启动时段、增速、减速等时段，试验结果见表 3-28。均以 2.0m/s 静水航速上行，从上级船闸泄水和下级船闸灌水初期比较而言，航行条件前者优于后者，但在灌泄水结束后，船队在渠道中受来回振荡波的影响基本一样，流速增加致使达到最大航速均为 3.0m/s 左右。

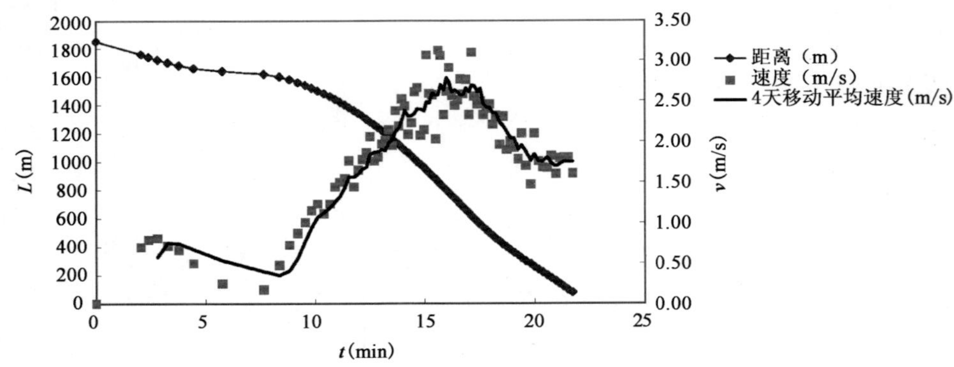

图 3-58　船队以 2.0m/s 航速上行对岸航速随时间变化关系

②船队以 1.0m/s 下行

试验方法与上级船闸泄水相同，比较单灌和单泄船队下行试验成果，前者船队有明显的启动时段，因此也可以分同样几个时段，具体试验成果见表 3-29。上级船闸泄水与下级船闸灌水初期比较，航行条件前者航速很快增加到 2.0m/s，但都能快速下行。

船队以 2.0m/s 航速上行的航行条件　　表 3-28

时　段	对应比降(‰)	发生时间(min)	发生位置(距下闸距离)(m)	对应流速(m/s)	航速的变化值
启动	0.0	0～2.8	1840～1720	0.0	从 0.0m/s 增加到 0.9m/s
减速	−0.60	2.8～7.6	1720～1620	−1.30	从 0.9m/s 减小到 0.15m/s
增速	0.80	7.6～16.0	1620～840	0.80	从 0.15m/s 增加到 2.2～3.0m/s
减速	−1.10	16.0～22.0	840～80	−0.70	从 3.0m/s 减小到 1.60m/s

注:流速和比降的负号表示其方向与船队航行方向相反。

船队以 1.0m/s 航速下行的航行条件　　表 3-29

不同时段	对应比降(‰)	发生时间(min)	发生位置(距下闸距离)(m)	对应流速(m/s)	航速的变化值
启动	0.0	0～5.5	200～400	0.0	从 0.0m/s 增加到 1.0m/s
增速	0.60	5.5～9.0	400～640	0.60	从 1.0m/s 增加到 1.7～1.9m/s
等速	0.20	9.0～11.0	640～840	0.40	1.8m/s
减速	−0.80	11.0～18.0	840～1120	−0.90	从 1.8m/s 减小到 0.2m/s
增速	1.10	18.0～24.0	1120～1520	0.80	从 0.2m/s 增加到 1.8m/s

注:流速和比降的负号表示其方向与船队航行方向相反。

3.2.3 渠道断面为矩形时的航行条件

渠道矩形断面,进行了上下级单独灌泄水、先灌后泄、先泄后灌和同时灌泄水的五种运转方式试验,由于各种运转方式对航行的影响性质基本相同,仅程度不同而已,因此仅对航行条件作简要说明。列出的船舶最大与最小航速见表 3-30。

船舶最大与最小航速　　表 3-30

断面形式	船闸运转	渠道起始水深 D_n(m)	航速(m/s)	最小航速(m/s)	最大航速(m/s)
矩形断面	上闸泄水	2.5	上行 2.0m/s	1.2	3.4
			下行 1.0m/s	0.2	2.1
	下闸灌水	3.0	上行 2.0m/s	0.0	3.0
			下行 1.0m/s	0.2	2.2
	先灌后泄	3.0	上行 2.0m/s	0.3	3.0
			下行 1.0m/s	0.4	2.9
	先泄后灌	3.0	上行 2.0m/s	1.1	2.6
			下行 1.0m/s	2.0	2.0
	同时灌泄	3.0	上行 2.0m/s	0.1	3.1
			下行 1.0m/s	1.0	6.5
梯形断面	上闸泄水	2.5	上行 2.0m/s	1.2	3.5
			下行 1.0m/s	0.5	2.3
	下闸灌水	3.0	上行 2.0m/s	0.2	2.7
			下行 1.0m/s	0.2	1.9

(1)上级船闸泄水

在相同试验条件下,梯形与矩形断面,两者航速变化的形态基本一致,仅仅是变化幅度不同。如船队下行启动时段,梯形断面航速从 0m/s 增加到 2.3m/s,而矩形断面航速则从 0m/s 增加到 2.5m/s。因此,相同的试验条件,不同的渠道断面形式,矩形断面航速变化稍大。

(2)下级船闸灌水

与单闸泄水相同试验条件比较,梯形与矩形断面航速变化形态基本一致,仅仅是变化幅度不同。如船队上行启动时段,梯形断面航速从 0m/s 增加到 0.9m/s,而矩形断面航速则小于 0.9m/s。

(3)先灌后泄

船闸先灌后泄与单灌运转比较,航速变化趋势基本相同,在灌水初期船队从 160m 以 2.0m/s的航速启动上行,时间在 10min,位置在 400m 附近时,航行困难,航速几乎减小到 0m/s,原因是渠道水深减小,航行阻力增加,航速减小。因此为保证船队的安全,应根据本实验确定渠道设计水深的方法(见本章第 3.5 节),以增加渠道水深。

(4)先泄后灌

船闸先泄后灌与单泄运转航速变化比较可知,前者航速除启动时段变化较大之外,在整个渠道航速变化幅度较小,有利船队航行。尤其以 1.0m/s 静水航速下行,航速一直保持在 2.0m/s下行。因此先泄后灌方式对渠道水深影响较小,对航行有利。

(5)同时灌泄

同时灌泄水与单灌、单泄比较,渠道中推进波与落水波并存,推进波与落水波叠加,波高、水面比降、水流流速成倍增加,水深减小,阻力增加甚多,导致航行困难,无法上行。在灌水初期船队从 160m 以 2.0m/s 的航速启动上行,时间在 10min,位置在 400m 附近航行十分困难。当船队下行航行到 1000m 位置,时间在泄水 8min 后,航速最大达到 6.0m/s,此时流速为 2.2m/s,比降为 1.3‰。因此同时灌泄水不利于航船安全航行,宜尽量避免这种运行方式。

通过船闸各种运行方式渠道中的船舶(队)的航行试验可以看出:影响航速的因素有流量的大小、水深的沿程变化、正反向流速和比降等。这些因素都是沿程和瞬时变化的,要改善渠道的航行条件,首先要控制渠道水深、波高、流速、水面比降在允许范围内。

3.2.4 小结

在试验条件的基础上,进行渠道断面为梯形和矩形的航行条件试验,得到认识如下:

(1)水流速度的大小和流向影响航速。流向与航向相同时,对岸航速大,反之则小。

(2)相同的试验条件,不同的渠道断面(矩形与梯形),船闸单闸灌泄两者在渠道内航速变化基本一致,矩形断面流速、比降略大于梯形断面,因为相同输水流量条件下,渠道断面积梯形比矩形大,因此对航速的影响程度稍大。

(3)船闸不同运转方式(除同时灌泄水外),以 2.0m/s 的航速上行基本上都能够正常航行,只是对岸航速的大小在局部有所变化。试验结果表明:单闸灌水和先灌后泄,航速变化趋势基本相同,为保证船队的安全,渠道水深必须满足中间渠道的特殊要求(见本章第 3.5 节);船闸泄水和先泄后灌渠道内航速变化幅度小,有利船队航行。

(4)船舶航行受渠道内的正反水面坡降、水位涨落及正负水流速度的影响,但各水力要素只要在允许范围内，船舶就能在渠道中正常航行。如果水流条件不满足航行要求，可以采用加大断面尺度、改变船闸运转方式等改善措施(见第 4 章)。

3.3　渠道水面波动对人字闸门正反向水头研究

人字闸门是用来承担正向作用水头的，可以承受的反向水头很小。当反向水头较大时，将危及闸门及启闭机械设备的运行安全。在闸门开启时，反向水头使水流经由闸门缝隙中冲入，会恶化闸室内船舶停泊条件;损伤启闭机械。

上级船闸人字闸门的反向水头是指渠道水位高出闸室水位的部分，下级船闸人字闸门的反向水头则是闸室水位高出渠道水位的部分。产生反向水头的原因主要有:①船闸灌泄水时产生的惯性超降(高);②渠道内的长周期波动和短周期波动与闸室存在相位差。

当船闸人字闸门处于关闭状态，输水阀门处于开启状态，尽管闸室水位和中间渠道水位由于波动存在相位差，但由于渠道和闸室是连通的，形成反向水头会逐步减小。而当输水阀门处于关闭状态，且上级船闸水位与中间渠道最低水位一致，下级船闸水位与中间渠道最高水位一致，此时中间渠道的振荡波对人字闸门会形成反向水头。

3.3.1　上级船闸泄水人字闸门反向水头

下面针对渠道长 2000m、宽 40m，水深为 2.5m、3.0m、4.0m，船闸初始水头为 20m、30m、40m(相应泄水最大流量为 100.56m^3/s、133.48m^3/s、161.36m^3/s)的试验条件，研究船闸泄水时的反向水头。

(1)固定渠道水深改变船闸初始水头

渠道水深为 3.0m，改变船闸初始水头即改变泄水流量，成果见表 3-31。在固定渠道水深的前提下，上级船闸泄水在上级船闸人字门(渠道上游端部)和下级船闸的人字门(渠道下游端部)产生正反向作用水头，表中仅列出反向水头。短波是附加在长周期正波之上的波动。正波只对上级船闸人字门产生反向水头。

上级船闸泄水不同流量时的反向水头　　表 3-31

初始水头 H_0 (m)	输水时间 T (min)	最大流量 Q_{max} (m^3/s)	波高 h_z (m)	最大反向水头(m)		惯性超降 (m)	短波反向水头(m)	下级船闸阀门状况
				渠道上游端部	渠道下游端部		上级船闸	
20	8.49	100.63	0.78	0.30	0.23	0.29	无	开
20	8.43	100.48	0.81	0.35	0.81	0.25	无	关
30	9.81	133.76	0.97	0.34	0.35	0.16	0.25	开
30	9.86	133.19	0.99	0.78	0.99	0.24	0.59	关
40	10.79	161.85	1.11	0.63	0.29	0.21	0.52	开
40	10.80	160.86	1.11	1.00	1.11	0.26	0.84	关

选取试验条件为渠道长 2000m，水深为 3.0m，船闸初始水头为 30m，下级船闸阀门呈关闭状态时的一组资料，绘出闸室与渠道始端的水位过程线及水位差见图 3-59 和图 3-60。

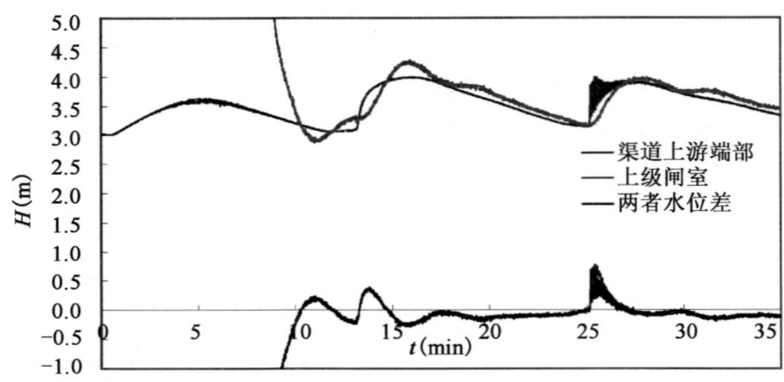

图 3-59　上闸泄水，闸室、渠首及两者水位差

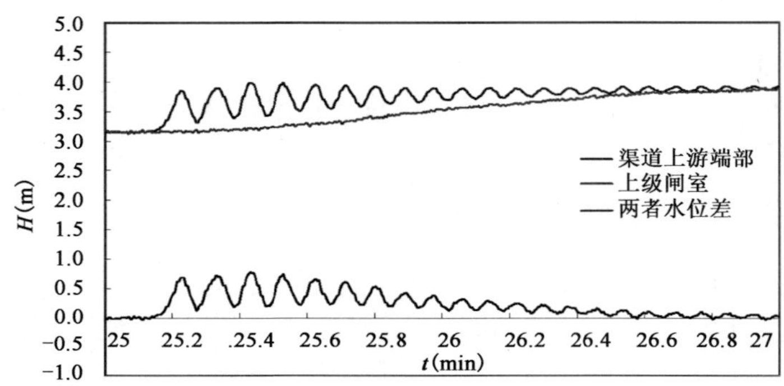

图 3-60　局部放大

由表可见：

①渠道水深不变，随着船闸水头即泄水流量加大，作用在上下级船闸人字门上的反向水头也增加。

②下级船闸输水阀门开启比关闭时的反向水头要小；从整体而言，上级船闸反向水头比下级船闸大。

③上级船闸的最大反向水头主要是由于长波及短波共同作用产生的。

④短波在下级船闸人字门不产生反向水头。短波在上级船闸人字门产生反向水头。

⑤当流量为 100.56m³/s 时，没有短波作用。当流量大于 133.48m³/s 时，短波在上级船闸人字门产生反向水头，占最大反向水头的 74%～84%。可见流量较大时短波形成的反向水头不能忽视。

⑥试验条件下，上级船闸惯性超降在 0.16～0.29m 之间。

⑦分析认为：当人字门及输水阀门全部关闭，可能出现的反向水头最大。

(2)固定船闸初始水头改变渠道水深

在船闸初始水头为 30m，阀门匀速开启时间 6min，输水时间 9.75min，最大流量为 134.0m³/s的条件下，改变渠道水深分别为 2.5m、3.0m 和 4.0m，下级船闸阀门开启与关闭状态下，上下级船闸人字门反向水头结果见表 3-32。

上级船闸泄水相同流量不同起始水深时的反向水头　　表 3-32

渠道起始水深 D_n (m)	输水时间 T (min)	最大流量 Q_{max} (m^3/s)	渠道末端波高 h_z (m)	最大反向水头 (m)		惯性超降 (m)	短波反向水头 (m)	下级船闸阀门状况
				渠道上游端部	渠道下游端部		上级船闸下闸首	
2.5	9.81	135.15	0.96	0.47	0.21	0.20	0.30	开
2.5	9.78	133.47	0.97	0.80		0.24	0.55	关
3.0	9.81	133.76	0.97	0.34	0.26	0.16	0.25	开
3.0	9.86	133.19	0.99	0.78		0.24	0.59	关
4.0	9.57	134.02	0.93	0.32	0.10	0.21	无	开
4.0	9.65	134.22	0.95	0.52		0.21	无	关

由表可见：

①在流量一致的前提下，上下级船闸人字门最大反向水头随水深增加而减小。

②在渠道水深为 2.5m 和 3.0m 时，短波在上级船闸的反向水头占最大反向水头的64%～76%，水深为 4.0m 时没有短波。

③试验条件下，上级船闸物理模型惯性超降值在 0.16～0.24m 之间。

3.3.2　下级船闸灌水人字闸门反向水头

针对渠道长 2000m、宽 40m，水深为 3.0m、3.6m、4.2m，船闸初始水头为 20m、30m、40m 的试验条件，研究船闸灌水时的反向水头。

(1)固定渠道水深改变船闸初始水头

试验条件同上级船闸泄水，成果见表 3-33。选取试验条件为渠道长 2000m，水深 3.0m，船闸初始水头 30m，上级船闸呈开启状态时的一组资料，绘出渠道末(首)端与下(上)级闸室的水位过程线及水位差，见图 3-61～图 3-63。

下级船闸灌水不同流量时的反向水头　　表 3-33

初始水头 H_0 (m)	输水时间 T (min)	最大流量 Q_{max} (m^3/s)	渠道始端波高 h_z (m)	最大反向水头 (m)		惯性超高 (m)	短波反向水头 (m)	上级船闸阀门状况
				渠道上游端部	渠道下游端部		上级船闸下闸首	
20	8.92	93.20	0.74	0.33	0.51	0.26	无	开
20	8.80	94.23	0.75		0.53	0.30	无	关
30	9.95	125.74	0.82	0.41	0.44	0.37	0.21	开
30	9.45	123.78	0.86		0.36	0.35	无	关
40	11.63	150.67	0.89	0.55	0.36	0.11	0.47	开
40	11.54	149.46	0.90		0.16	0.00	无	关

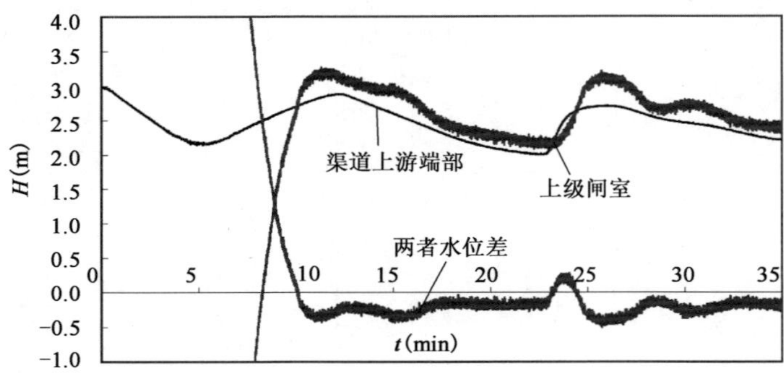

图 3-61 下闸灌水渠末、下闸室及两者水位差

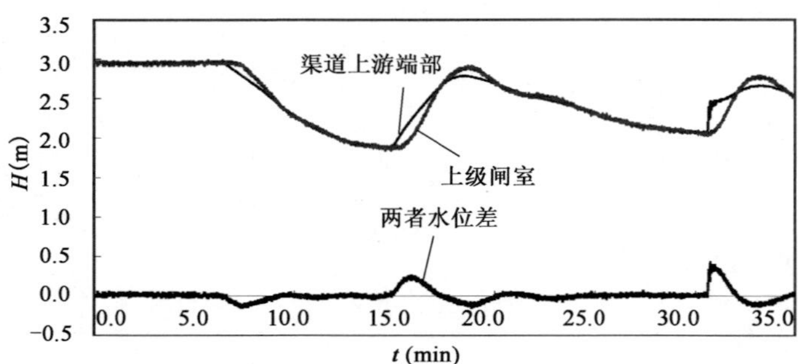

图 3-62 渠首、上级闸室及两者水位差

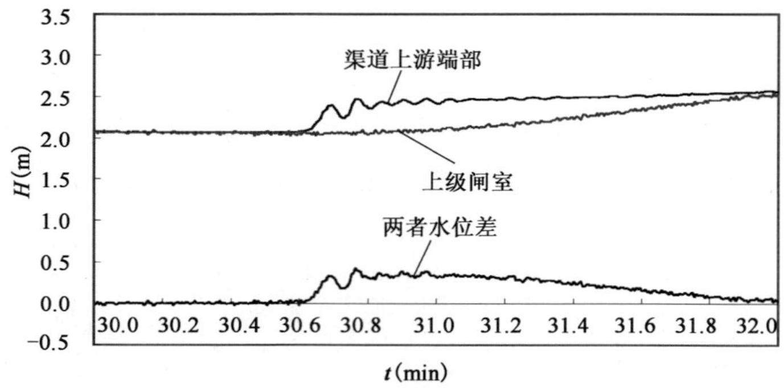

图 3-63 渠首、上闸室及两者水位差局部放大图

由表可见：

①在水深固定的前提下，上下级船闸人字门反向水头随流量增加而增大。

②短波在下级船闸人字门不产生反向水头。

③当流量为 125.74m³/s 和 150.67m³/s，上级船闸阀门开启时，短波在人字门产生的反向水头占最大反向水头的 51%和 85%，流量小时没有短波作用。

④试验条件下，下级船闸灌水惯性超高值在 0.00～0.37m 之间。

(2)固定船闸初始水头改变渠道水深

在船闸初始水头为 30m，阀门开启时间 6min，输水时间 9.89min，最大流量为 125.86m³/s

的条件下，改变渠道水深分别为 3.0m、3.6m 和 4.2m。下级船闸阀门开启与关闭状态下，上下级船闸人字门的反向水头，结果见表 3-34。

下级船闸灌水相同流量不同起始水深时的反向水头 表 3-34

渠道起始水深 D_n (m)	输水时间 T (min)	最大流量 Q_{max} (m^3/s)	渠道始端 h_z (m)	最大反向水头 (m)		惯性超高 (m)	短波反向水头 (m)	上级船闸阀门状况
				渠道上游端部	渠道下游端部		上级船闸下闸首	
3.0	9.95	125.74	0.82	0.41	0.44	0.37	0.21	开
3.0	9.45	123.78	0.86		0.36	0.35	无	关
3.6	10.01	123.83	0.90	0.34	0.35	0.20	无	开
3.6	10.06	125.20	0.92		0.51	0.45	无	关
4.2	9.98	125.86	0.81	0.16	0.38	0.18	无	开

由表可见：

①在流量基本一致，且上级船闸阀门开启的前提下，上下人字门的反向水头，随水深的增加而减小。

②当水深为 3.0m 时，短波在上级船闸人字门的反向水头占最大反向水头的 51%。水深 3.6m、4.2m 情况，最大反向水头的产生没有短波作用。

③试验条件下，下级船闸灌水惯性超高值在 0.18～0.45m 之间，仅供参考。

3.3.3 反向水头的改善措施分析

《船闸输水系统设计规范》(JTJ 306—2001)规定：当船闸闸室灌泄水时，闸室水面的最大惯性超高、超降值，不宜大于 0.25m。本概化模型对船闸输水系统作了简化，因此试验测得的惯性超高(降)值仅供参考。当惯性超高或超降产生的反向水头较大时，需要考虑采取工程措施。一般采取提前关闭输水阀门的措施来减小。

船闸输水结束后，渠道内的波动(长波)要经较长时间才能稳定，在此时间段内一直呈逐步衰减的振荡状态。当闸室与渠道通过输水阀门连通时水体振荡应是同步进行的，但由于水体经输水廊道传递，两者波动往往存在一定的相位差，仍然可能出现反向水头。以上级船闸泄水为例，当时间 t=13～14min 和 25～26min 时反向水头较大，而 t=14～25min 和 26～37min 时反向水头小于 0.25m，在此时启闭人字闸门是安全的。能够减小振荡波的工程措施或运转措施，都能减小反向水头。

短波即短周期波，它是在正波传播到一定程度或者说水面比降达到一定数值时产生的。试验结果表明：在渠道比降大于 1.7‰时会产生短波，且其随比降的增大而增大。它的存在在一定程度上可使船闸正、反向水头增大。所有能够减小或避免短波出现的措施，都有助于降低短波带来的反向水头。

3.3.4 小结

(1)反向水头影响船闸正常运行和船舶在闸室的停泊，应采取措施使反向水头在允许范围内。

(2)产生反向水头的原因,有船闸灌泄水时的惯性超高(降),还有闸室与渠道内的波动存在相位差及渠道长波在一定条件下产生的短波。

(3)上下级船闸人字门反向水头随流量的增加而增大;在固定流量的前提下,它随水深的增加而减小。

(4)短波在下级船闸人字门不产生反向水头,上级船闸人字门最大反向水头受短波的影响较大。

(5)下级船闸灌水引起的振荡波及短波比上级船闸泄水小,反向水头也小。

(6)设计中间渠道时,应使作用在船闸人字门的反向水头在允许范围内,否则应调整渠道尺度。减小振荡波、短波的工程措施或运转措施,均能减小人字门反向水头。

3.4 渠道水面波动对闸室停泊条件的影响

船闸灌泄水结束后,开启人字闸门,以使闸室船舶出闸,待闸船舶进闸,此时渠道与闸室连通,渠道内长波及短波传入闸室,会影响闸室内水流条件及停泊条件,因此进行以下试验研究:

(1)人字闸门开启时,渠道和闸室的水力特性。

(2)人字闸门开启时,闸室内有船,闸室内波动和比降。

(3)闸室与渠道不同连接形式时的水力要素。

3.4.1 试验条件

在渠道长2000m、宽40m情况下,针对不同的渠道水深和船闸初始水头,观测渠道及闸室水位波动等水力要素,试验条件见表3-35。渠道与船闸采用突变[不设导航段(见图3-1布置形式)]和渐变连接。渐变是根据船闸设计规范,设导航段为1倍船队长的范围,采用直立墙将渠道端部由船闸宽度扩大到渠道宽度。

船闸开通闸试验条件　　表3-35

工　况	闸首与渠道连接形式	人字闸门状态	闸室有无船舶	渠道起始水深 D_n (m)	船闸初始水头 H_0 (m)
上级船闸泄水	突变	下闸门关闭	无	2.5,3.0,4.0	30
		下闸门开启	无	2.5,3.0,4.0	30
		下闸门开启	2×500t船队	2.5,3.0,4.0	15,20,30
	渐变	下闸门开启	无	2.5,3.0	30
		下闸门开启	2×500t船队	2.5,3.0	30
下级船闸灌水	突变	上闸门关闭	无	3.0,3.6,4.2	30
		上闸门开启	无	3.0	20,25,30,35
		上闸门开启	2×500t船队	3.0	20,25,30,40

3.4.2 上级船闸泄水下级船闸人字闸门开启试验

对下级船闸人字闸门开启与关闭以及闸室内有船无船情况,按表3-35条件进行了试验,试验成果见表 3-36(1)。

渠道水面波动对上下船闸闸室水力与停泊的影响　　表 3-36

工　况	渠道起始水深 D_n (m)	初始水头 H_0 (m)	输水时间 T (min)	最大流量 Q_{max} (m^3/s)	渠道末端波高 h_z (m)	下(上)闸室端部波高 h_{zm} (m)	最大比降 J_{max} (‰)	最大流速 V_{max} (m/s)	渠道短波波高 h_{dm} (m)	闸室短波波高 h_d (m)	系缆力 F (kN)
(1)上级船闸泄水下级船闸人字闸门开启与关闭											
下船闸人字闸门关闭	2.5	30	9.81	135.15	0.89	0.96	4.12	1.19	0.24	—	
	3.0		9.81	133.76	0.95	0.97	3.09	1.07	0.13	—	
	4.0		9.57	134.02	0.93	0.93	1.26	0.84	0.01	—	
下船闸人字闸门开启(无船)	2.5		9.97	133.53	0.87	0.97	6.32	1.25	0.35	0.52	
	3.0		9.82	133.56	0.93	0.97	5.56	1.04	0.24	0.37	
	4.0		9.74	132.64	0.90	0.92	3.33	0.82	0.21	0.29	
下船闸人字闸门开启(闸室有船)	2.5	15	7.79	84.61	0.60	0.69	2.60	0.76	0.20	0.19	7.25
	2.5	20	8.53	102.75	0.70	0.80	4.50	0.92	0.27	0.30	13.10
	2.5	30	9.66	132.98	0.86	0.96	6.22	1.21	0.33	0.50	18.50
	3.0		9.78	133.38	0.93	0.98	5.48	1.06	0.24	0.42	7.70
	4.0		9.64	135.92	0.90	0.93	3.48	0.84	0.22	0.24	10.80
	6.0		9.67	134.34	0.69	0.59	0.74	0.76	—	—	11.40
(2)下级船闸灌水上级船闸人字闸门开启与关闭											
上船闸人字闸门开启(无船)	3.0	20	8.5	95.6	0.75	0.81	3.50	1.08	0.08	0.14	—
		25	9.13	110.29	0.83	1.00	3.55	1.29	0.16	0.26	
		30	9.87	129.19	0.89	1.12	3.95	1.53	0.22	0.32	
		35	11.61	158.05	0.93	1.32	6.98	2.15	0.26	0.26	
上船闸人字闸门开启(有船)		20	8.36	99.31	0.75	0.82	3.32	1.07	0.12	—	
		25	9.07	113.77	0.82	0.87	3.96	1.38	0.02	—	
		30	9.84	127.79	0.90	0.95	4.73	1.67	0.11	—	
		40	10.87	157.49	0.94	1.00	6.83	2.28	0.40	—	
上船闸人字闸门关闭		15	7.35	81.25	0.66	0.70	1.69	0.95	0.016	—	
		20	8.78	98.31	0.78	0.83	2.93	1.23	0.072	—	
		25	9.33	112.12	0.86	0.92	3.11	1.57	—	—	
		30	10.15	123.25	0.94	1.00	3.63	1.75	—	—	

续上表

工况	渠道起始水深 D_n (m)	初始水头 H_0 (m)	输水时间 T (min)	最大流量 Q_{max} (m^3/s)	渠道末端波高 h_z (m)	下(上)闸室端部波高 h_{zm} (m)	最大比降 J_{max} (‰)	最大流速 V_{max} (m/s)	渠道短波波高 h_{dm} (m)	闸室短波波高 h_d (m)	系缆力 F (kN)
(3)渠道与闸首不同连接形式,上级船闸泄水下级船闸人字闸门开启											
突变无船	2.5	30	9.97	133.53	0.87	0.97	6.32	1.25	0.35	0.52	—
	3.0		9.82	133.56	0.93	0.97	5.56	1.04	0.24	0.37	—
突变有船	2.5		9.66	132.98	0.86	0.96	6.22	1.21	0.33	0.50	18.50
	3.0		9.78	133.38	0.93	0.98	5.48	1.06	0.24	0.42	7.70
渐变无船	2.5		9.84	135.83	0.90	0.96	5.94	1.21	0.28	0.89	—
	3.0		9.74	136.00	0.91	0.97	4.36	1.07	0.16	0.59	—
渐变有船	2.5		9.80	133.14	0.90	0.98	6.45	1.23	0.29	0.90	15.80
	3.0		9.75	135.40	0.91	0.98	4.81	1.06	0.21	0.71	7.35

从表看出:①在相同试验条件下,下级船闸人字闸门开启或关闭船闸输水过程结束后,在渠道内形成振荡波,该波从闸首处传入闸室,或通过输水廊道传入闸室。传入闸室波高普遍比渠道始末端振荡波最大波高略大。②闸室有船与无船时,渠道长波波高、比降及流速和闸室内短波基本一致,变化均不大。③在渠道水深固定的前提下,闸室短波波高随泄水流量增加而增加,在流量固定的前提下则随水深的增加而减小。④渠道长波传到闸室波高基本一致,短波则有所增大。

选取试验条件为渠道水深 2.5m,船闸初始水头 30m 的一组资料,绘出系缆力及闸室水位与时间的变化曲线,见图 3-64。

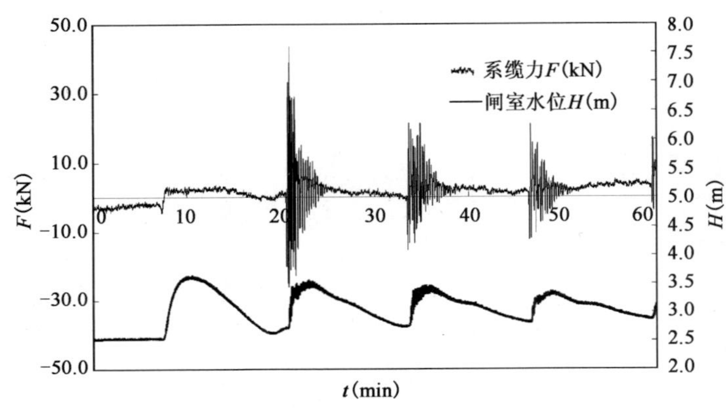

图 3-64　闸室水位及 500t 船队系缆力随时间变化曲线

由此可见,闸室水位及船队系缆力随时间上下振荡,当短波出现时,系缆力迅速增大。也就是说,长波对系缆力影响很小,短波进入了闸室,引起船舶纵向振动,从而出现较大的系缆力。工程实践中,应该避免短波的出现。

3.4.3 渠道与船闸连接形式对振荡波传递的影响试验

上级船闸泄水、下船闸人字闸门开启条件下，观测闸室与渠道两种连接形式对波动的影响，试验成果见表3-36(3)。从表看出：①连接形式是突变或渐变，在水位2.5m与3.0m，不管闸室有无船舶，渠道与闸室振荡波波高及流速基本一致。②渠道短波传递进入闸室，不管闸室有无船舶，闸室波高均大于渠道短波波高。③闸室内船舶(队)受短波的影响，对船舶(队)产生较大的动水作用力，会影响船舶(队)系缆操作，需引起注意。④闸室短波波高渐变形式大于突变形式。

3.4.4 下级船闸灌水上级船闸人字闸门开启试验

对上级船闸人字闸门开启与关闭的两种情况，按表3-35条件进行试验。试验成果见表3-36(2)。从表看出：①在相同试验条件下，船闸人字闸门开启与关闭时，渠道始末端振荡波最大波高及渠道最大流速均接近。②闸室短波波高在渠道水深固定的前提下，随流量增加而增加。③渠道长波传到闸室波高不变，短波则有所增大。④闸室有船与无船时渠道和闸室内短波变化不大，渠道长波波高、比降及流速变化也不大。

综上所述：

(1)进入闸室短波波高在渠道水深固定的前提下，随流量增加而增加。在流量固定的前提下随水深的增加而减小。

(2)渠道长波传到闸室波高不变，短波则有所增大。

(3)闸室有船与无船时，渠道长波波高、比降及流速和闸室内短波基本一致。

(4)长波对闸室船队系缆力影响较小，但短波影响较大，成为闸室停泊条件的控制因素。设计中间渠道时，应避免出现短波，并使系缆力满足安全要求。

(5)闸室与渠道两种连接形式影响不大，仅闸室短波波高，渐变形式略大于突变形式。

3.5 中间渠道水深的确定

根据《船闸总体设计规范》(JTJ 305—2001)和《内河通航标准》(GB 50139—2004)中的有关规定，船闸引航道及限制性航道的设计水深D_n，对于1～4级船闸为$D_n=1.5T_c$，对于5～7级船闸为$D_n=1.4T_c$。设中间渠道为Ⅳ级航道，通航500t级船舶(队)，船舶满载吃水2.0m，按常规设计，渠道的设计水深$D_n=1.5T_c=3.0$m，已满足要求。而对于中间渠道的水深是不能按常规方法确定的。

影响中间渠道水深确定的因素有以下三种：一是上下级船闸的运转方式，根据3.1.8节上下级船闸不同运转方式渠道内波动特性与水力要素的比较，见图3-53中$H_{nmin}=f(Q)$的关系，可知在流量固定的前提下，最小水深H_{nmin}的绝对值，上级船闸泄水＞先泄后灌错时输水＞先灌后泄错时输水＞同时输水＞下级船闸灌水，说明对于船闸中间渠道水深确定的控制条件是下级船闸的灌水。二是输水最大瞬时流量，对于上级船闸泄水，渠道水深是随流量增加而增大，尽管增加幅度很小，可近似地按起始水深确定，但对于下级船闸灌水，上下级船闸同时和错时输水，渠道水深是随流量增加而减小的，尽管减小的幅度较小，但不能忽视，以表3-25试验数据建立$H_{nmin}=f(Q_{max})$的关系，得到$H_{nmin}=2.92-0.008Q_{max}$，因此确定渠道水深时，应按船闸的尺度、水头、阀门开启时间及渠道尺度等因素，计算最大瞬时流量。三是反射波的最大波高，由于波高与渠道长度有关，应按试验成果及其相互关系计算确定。

(1)渠道计算水深

对于上级船闸泄水，渠道的水位上升，渠道中的最大、最小水深分别为：

$$D_n = H_{nmin} \tag{3-17}$$

$$H_{nmax} = D_n + h_{rmax} = D_n + 1.75h_{p计} \tag{3-18}$$

对于下级船闸灌水，渠道水位是下降的，此时渠道水深为最小水深，即 $H_{nmin}=D_n-h_{rmax}$，它是不满足规范和标准要求的。

已知渠道起始水深为 D_n，对于 1～4 级船闸 $D_n \geqslant 1.5T_c$。此时，渠道水深 H_n 应按下式计算：

$$H_n = D_n + h_{rmax} \tag{3-19}$$

或

$$H_n = 1.5T_c + h_{rmax} \tag{3-20}$$

$$h_{rmax} = 100.6h_{p计} \cdot L_n^{-0.51}$$

$$h_{p计} = \frac{Q_{max}}{\sqrt{gD_n}B_n}$$

式中：D_n——渠道的设计水深(或称起始水深)；

H_{nmin}——渠道最小水深；

h_{rmax}——反射波波高；

T_c——船舶满载时的吃水深度；

L_n——渠道长度；

$h_{p计}$——落水波波高理论计算值；

B_n——渠道宽度；

Q_{max}——最大瞬时流量；

g——重力加速度。

从上文可以看出：中间渠道水深，当仅上级船闸泄水时，渠道水深，可按常规的方法确定；当存有下级船闸时，船闸灌水使渠道水位下降，对于中间渠道水位的确定，应以下级船闸灌水为控制条件。

(2)举例说明

试计算下列条件的中间渠道水深。

已知条件：①设船闸闸室尺度(长×宽)$L_k \times B_k = 130 \times 12$(m)；水头 $H_0 = 20$m；输水时间 8.8min；阀门开启时间 $t_v = 6$min；最大瞬时流量 $Q_{max} = 98.5\text{m}^3/\text{s}$。②船舶(队)=1 顶 2×500t，船队尺度(长×宽×设计吃水)108×9.2×2.0(m)。③中间渠道宽 $B_n = 40$m，长度分别为 2000、1500、1000、700(m)，分别计算渠道水深。

计算步骤如下：

①常规情况下渠道起始水深，$D_n = 1.5T_c = 3$m；

②计算落水波波高 $h_p = \frac{Q_{max}}{\sqrt{gD_n}B_n} = \frac{98.5}{\sqrt{9.81 \times 3} \times 40} = 0.454$m；

③计算渠道长度分别为 2000、1500、1000、700(m)的反射波波高，按 $h_{rmax}=100.6h_{p计}L_n^{-0.51}$ 计算，分别得反射波波高为 0.94、1.09、1.34、1.61(m)；

④相应各长度时的渠道计算水深分别为 3.94、4.09、4.34、4.61(m)，这样的水深才满足下级船闸灌水，渠道水深减去反射波波高后，水深满足 $L_n \geqslant D_n = 1.5T_c$ 的要求。计算结果见表 3-37。

渠道水深的计算 表 3-37

渠道长度 L_n(m)	2000	1500	1000	700
设计水深(m)	3.0			
计算水深(m)	3.94	4.09	4.34	4.61
落水波波高(m)	0.394	0.387	0.375	0.364
反射波波高(m)	0.82	0.93	1.11	1.30

3.6 中间渠道尺度确定原则及参考尺度

3.6.1 中间渠道尺度确定原则

通过对试验成果和中间渠道特点的分析，并结合调研的情况，提出中间渠道尺度的确定原则，具体如下：

(1)中间渠道尺度应确保船舶的航行安全和满足通过能力的要求，同时要经济、合理。

(2)中间渠道尺度的确定应结合渠道内的水力要素(流速、比降、波高、水深等)综合考虑，应使船舶达到合理的航速和降低运行成本。

(3)中间渠道断面有矩形、梯形等，断面有规则和不规则之分，设计断面尺度时，应力求充分利用溪沟，能用梯形就不用矩形。

(4)在不影响中间渠道水深与航道宽度的前提下，对渠道沿程宽度的不规则及河床糙率与高程不必强求一致，宜顺其自然。

(5)存在使中间渠道振荡波最大的渠道长度，该长度经论证后应尽量避开。

(6)涨水波波前比降大于 1.7‰时，中间渠道内会产生短波，设计中间渠道时应避免。

(7)中间渠道的水力要素主要受船闸输水流量控制，所以在不影响通过能力的前提下，应尽可能延长输水时间以减小流量。

(8)当单宽流量超过允许值时应加大渠道宽度；当流速、比降超过允许值时应增加水深。

(9)当改变渠道尺度存在困难，可采取工程措施或运转措施改善中间渠道水流条件，对每种措施应进行经济分析，合理地论证，选择合适的措施。

(10)上下级船闸同时灌泄水运转方式中会产生不利于通航的水流条件，应予避免。

(11)较短的中间渠道长度有利于水流条件改善。

(12)中间渠道尺度的确定，应结合工程地形、地貌综合考虑并与之相适应。

(13)中间渠道的水深应以下级船闸灌水作为控制条件，并按书中提出的方法来确定。

3.6.2 中间渠道尺度确定方法

进入渠道的最大瞬时流量与船闸尺度、水头、阀门开启时间及相应的灌泄水时间有关。对于山区河流的上游，一般为Ⅳ、Ⅴ级航道，通航 2×500t 和 2×300t 级船队，船闸有效尺度为

120m×12m 或 18m(长×宽),门槛水深 2.5m。鉴于山区河流船闸的水位差较大,$H_0=20$、25、30、35、40(m)不等,船闸的输水时间当 $H_0 \leqslant 20$m 时假设为 12min,$H_0>20\sim40$m 时为 15min。根据这些条件,计算得到船闸不同宽度、水头时的最大瞬时流量,见表 3-38。

船闸不同宽度、水头时的最大瞬时流量 表 3-38

序　　号	闸室长(m)	闸室宽(m)	初始水头 H_0(m)	20	25	30	35	40
1	130	12	最大流量 Q_{max}(m^3/s)	80.1	80.1	96.1	112.1	128.2
2	130	18	最大流量 Q_{max}(m^3/s)	120.2	120.2	144.2	168.3	192.3

表 3-38 中 Q_{max}的计算公式如下:

$$Q_{max}=\frac{8k_p \cdot C \cdot H_0(1-k_v)}{T(2-k_v)^2} \tag{3-21}$$

$$k_v=\frac{t_v}{T}=0.5$$

$$C=\frac{\Omega_1\Omega_2}{\Omega_1+\Omega_2}$$

式中:t_v——阀门开启时间;

T——输水时间;

k_p——流量系数为非线性变化的校正系数;

Ω_1、Ω_2——上、下闸室水域面积;

H_0——初始水头;

k_v——阀门开启时间 t_v 与输水时间 T 的比值。

根据表中数据以及上级船闸泄水时最大允许流量表、下级船闸灌水时最大允许流量表、先泄后灌和先灌后泄最大允许流量表、改变阀门开启时船闸最大灌泄水流量表,以及其他试验研究成果,可得到Ⅳ级中间渠道参考尺度,见表 3-39。对应的最大瞬时流量,可以查表得到相应的尺度。当允许流量大于实际值,可以考虑缩窄渠道宽度,反之应加宽。当工程情况与试验情况差别较大,可以采用数模计算的方法进行分析。

Ⅳ级中间渠道参考尺度(单位:m) 表 3-39

运转方式	渠道宽度 B_n	渠道起始水深 D_n	渠道长度 L_n	允许最大流量 Q_{max}(m^3/s)	渠道起始水深 D_n	渠道长度 L_n	允许最大流量 Q_{max}(m^3/s)	渠道起始水深 D_n	渠道长度 L_n	允许最大流量 Q_{max}(m^3/s)
泄水(含先泄后灌)	≥40	≥2.5	1400<L_n≤2000	78	≥2.5	700<L_n≤1400	79	≥2.5	L_n≤700	110
		≥3.0		81	≥3.0		99	≥3.0		137
		≥3.5		84	≥3.5		129	≥3.5		156
灌水(含先灌后泄)		≥3.0		75	≥3.2		77	≥4.0		127
		≥3.6		80	≥3.9		103	≥4.7		139
		≥4.2		91	≥4.2		117	≥5.5		166

3.6.3 计算实例

根据研究成果，对某工程实例进行计算分析，从通航水流条件的角度和有关认识，按本书中暂定标准，判断其是否可行。

(1)基本情况

百色水利枢纽位于广西郁江上游的右江上，坝址在百色上游22km处，下距那吉航运枢纽61.8km。设计单位对通航建筑物形式曾进行了7个方案比选：最终确定那禄线2(300t级，两级垂直升船机方案(带中间渠道)，比选方案为那禄线三级船闸带中间渠道方案。

那禄线在枢纽泄水闸、电站左边约3.3km的那禄村山沟里，山沟底高程180～200m，线路全长约4km。第一级船闸设在分水岭处，控制水位228～203m，水头25m，第二级在开挖出来的中间渠道之间，控制水位203～158.5m，水头44.5m，第一、二级船闸之间的中间渠道长度2962m。第三级船闸设在靠河边的山坡上，控制水位158.5～114m，水头44.5m，第二、三级船闸之间的中间渠道长度720m。三级船闸尺寸均为100m×12m。根据规范，Ⅳ级限制性航道宽度40m，水深2.5m(按常规方式确定的水深，尚未顾及中间渠道运转的特殊性)。

(2)一维数学模型计算

①第一级船闸泄水

第一级船闸泄水进入中间渠道。计算条件：船闸水头25m，渠道水深2.5m，渠道长度2962m，宽度40m。船闸水位、流量与时间过程见图3-65，渠道两端和中部的水位与时间过程见图3-66，靠船墩处比降与时间过程见图3-67。泄水时间12.0min，最大泄水流量70.5m^3/s，渠道振荡波波高最大0.59m，最大比降小于0.5‰。中间渠道水流条件基本满足通航标准要求。

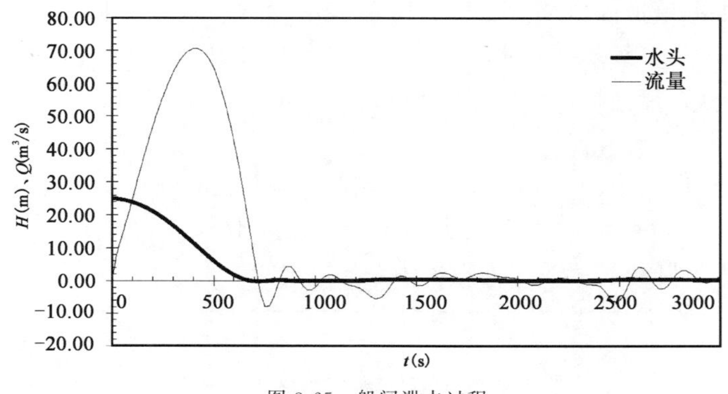

图3-65 船闸泄水过程

②第二级船闸灌水

起始水深3.0m，第二级船闸灌水，船闸水头44.5m，灌水时间15.0min，最大泄水流量94m^3/s，渠道平均水位下降0.45m，渠道内振荡波高0.70m，靠船墩最大比降1.4‰，最小水深2.16m。振荡波高和最小水深不满足通航标准。

起始水深4.0m，第二级船闸灌水，水头44.5m，灌水时间15.0min，最大流量94m^3/s，渠道内最小水深3.24m，渠道内振荡波高最大约0.71m，靠船墩最大比降0.8‰，不满足通航标准。

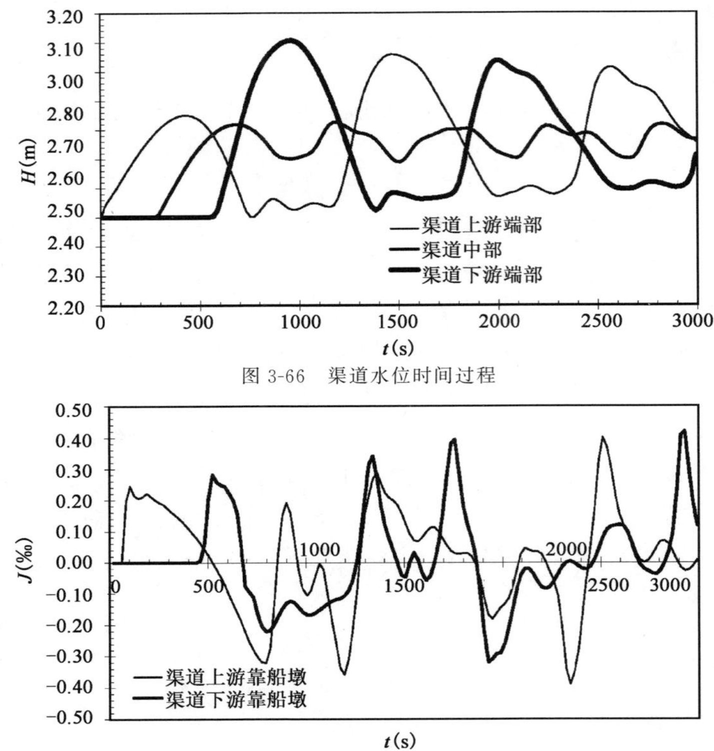

图 3-66 渠道水位时间过程

图 3-67 靠船墩比降时间过程

起始水深 5.0m，第二级船闸灌水，水头 44.5m，灌水时间 15.0min，最大流量 94m^3/s，渠道内最小水深 4.31m，渠道内振荡波高最大约 0.58m，靠船墩最大比降 0.8‰，满足通航标准。

起始水深 4.0m，第二级船闸灌水，水头 44.5m，灌水时间 18.8min，最大流量 93m^3/s，渠道内最小水深 3.4m，渠道内振荡波高最大约 0.38m，靠船墩最大比降 0.3‰，满足通航标准。

③第二级船闸泄水

第二级船闸泄水进入中间渠道。渠道两端和中部的水位过程线见图 3-68。中间渠道起始水深 2.5m，船闸水头 44.5m，泄水时间 13.3min，最大泄水流量 107m^3/s，渠道振荡波波高最大约 0.20m，最大比降小于 0.5‰满足标准要求。中间渠道水位升高 1.78m。

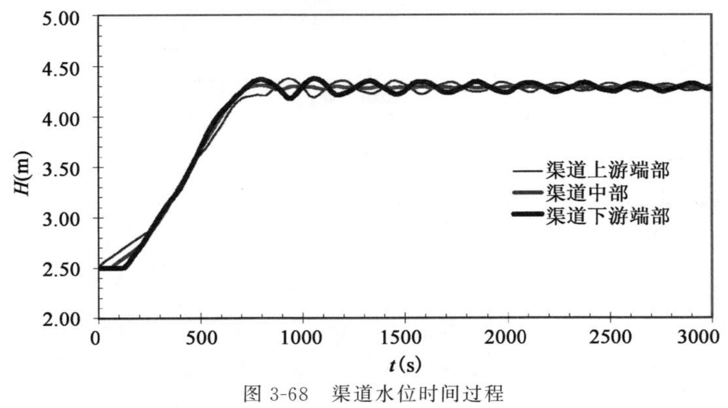

图 3-68 渠道水位时间过程

④第三级船闸灌水

第三级船闸尺度与第二级一致，灌水时上级渠道内起始水深4.28m，灌水时间13min，最大灌水流量107m³/s，渠道振荡波波高最大约0.30m，最大比降小于0.6‰，满足标准要求。

(3)方案分析

根据模型试验成果以及采用数学模型计算的船闸灌泄水最大流量，对那禄线三级船闸带中间渠道方案通航水流条件进行分析。

①第一级船闸泄水

第一级船闸泄水进入中间渠道。船闸水头25m，渠道水深2.5m，渠道长度2962m，宽度40m。数学模型计算的最大泄水流量70.5m³/s。按表3-39，Ⅳ级中间渠道参考尺度，基本上满足通航标准要求。由于渠道长度大于2000m，还应通过其他手段进行论证。

②第二级船闸灌水

中间渠道起始水深3.0m，渠道长2962m，船闸水头44.5m，灌水时间15min，数学模型计算的最大灌水流量94m³/s。计算得到最大流量大于相应的允许流量，较难满足要求，需寻求改善措施：或增加宽度；或增加水深；或延长输水时间。

③第二级船闸泄水

第二级船闸泄水进入长度约700m的中间渠道，中间渠道的起始水深应为3m，数学模型计算的最大泄水流量107m³/s。该流量与表3-4对照，小于最小允许流量137m³/s，能满足通航标准要求。

④第三级船闸灌水

船闸尺度与第三级一致，中间渠道长度约700m，中间渠道起始水深4.98m，计算得最大灌水流量107m³/s，该流量小于最大允许流量139m³/s，能满足通航标准要求。

(4)小结

①以上计算分析表明：第一级船闸泄水、第二级船闸泄水以及第三级船闸灌水，基本满足通航水流条件标准。只有第二级船闸灌水不满足通航水流条件标准。可以采取增加渠道宽度、水深以及延长输水时间的办法解决。

②计算采用的规则边界条件与原体不可能完全一致，计算结果可定性参考。当原体渠道底部、边坡不规则时有利于消波，对通航条件有利。

3.7 本章小结

(1)上级船闸泄水，在忽略波浪变形、断面积变化及摩阻力的影响下，推进波波高可按$h_p = Q_{max}/CB_n$计算，得到的规律、相互关系及初步认识可供设计和进一步研究参考。

(2)下级船闸灌水在渠道形成落水波，造成水位降低，影响通航水深；通过规律研究，得到$h_{p计}$与$h_{p实}$、h_r、h_z、L_n等关系；研究了振荡波周期、波长的特性；研究了渠道水深与各因素的关系；研究了灌水流量与波动及水力要素的关系；提出了最大允许流量等。

(3)上下级船闸同时输水，渠道流速、水面比降增大，推进波与泄水波叠加，波高加大，不利于船舶航行，该运转方式，应予避免。实验得到$h_{p实}$、h_{rmax}与$h_{p计}$的关系，H_{nmax}、H_{nmin}与D_n的关系及其计算方法，可供设计应用。

(4)上下级船闸错时输水，实验条件下，错时时间控制在6min左右；经对推进波、振荡波与水面比降的比较，先泄后灌优于先灌后泄；水力参数与渠道单宽流量的关系及最大允许灌泄水流量可供设计参考。

(5)正负水流速度以及正反水面比降影响船舶航速。流向、比降与航向相同时，对岸航速大，反之则小。

(6)不同的渠道形式(矩形与梯形)，船闸单闸灌泄水，矩形断面流速、比降略大于梯形断面，因此对航行的影响程度稍大。

(7)渠道两端船闸人字门与输水阀门处于关闭状态，人字门反向水头的最不利情况是等于最大振荡波波高，上级船闸人字门反向水头还受渠道内短波影响。当输水阀门呈开启状态，渠道长波与闸室水位基本一起升降，不会出现太大的反向水头。对于短波，无论输水阀门处于何种状态，都会使人字门产生反向水头，影响人字门正常运转。

(8)当人字门处于开启状态，中间渠道的长波与闸室水位基本一起升降。短波从渠道进入闸室，波高加大，影响加剧。闸室船队系缆力在长波作用下影响较小，但在短波的作用下影响增大，成为闸室停泊条件的控制因素。

(9)通过上级船闸泄水与下级船闸灌水的系列试验，在某些渠道尺度(长、宽、深、断面形状)建立了输水流量与水流条件的关系，根据暂定的衡量标准得到了渠道内允许的灌泄水流量。

(10)目前内河通航标准中有限制性航道尺度，船闸总体设计规范有引航道尺度规定，不同等级船闸也有相应的尺度规定。在已知渠道尺度与等级时，可根据单宽流量与水流条件的关系用内插或外延的方法确定船闸灌泄水流量，或者根据船闸输水流量计算渠道的尺度。

(11)由于物理模型研究受规模的限制，许多规律的量化还要采用数模计算的方法进行分析。在水流条件完全满足之后，还应考虑船舶航行等其他限制条件。

(12)试验得到规则中间渠道水流条件与尺度的关系，可用于指导中间渠道的尺度设计。但是物理模型试验有局限性，实际工程布置也不可能一成不变，对实际工程，还是需要结合具体情况进行研究。

(13)渠道的通航水深，应以下级船闸灌水为控制条件，按书中方法确定通航水深。

第4章　船闸引航道和中间渠道水流条件的改善措施研究

当船闸输水系统、闸室尺度、水头及船型尺度已确定的前提下，如果船闸灌泄水非恒定流在引航道产生的波幅、比降、流速和系缆力等不满足水流与停泊条件要求时，可以采取相应的改善措施。改善措施主要有：改变船闸取(泄)水方式、改变输水系统进出口布置形式、设调节池、改变船闸输水阀门开启方式及双线船闸运转方式等。针对以上措施，围绕着影响水力特性的多种因素，即$\pm(h_p、h_r、h_z)=f(Q_{max})$，$J=f(dQ/dt)$，$P=f(J、V)$，进行研究，提出改善水流条件的运转和工程措施。

4.1　改变船闸取(泄)水方式

目前船闸的发展趋势主要是：加大船闸尺度实现大型船队一次过闸，以缩短过闸时间；提高水头，减少梯级，减少过闸次数；提高灌泄水速度，以加速船舶进出闸；建双线船闸提高通过能力，以减少干扰；采用自动化设施，增加船闸通过量。所以，拟建船闸的输水流量是越来越大。

为了避免从引航道取泄大量水体，目前在船闸输水系统设计时，常根据地质地形条件改变取泄水方式。对于单级船闸，常规(一般)的方法是从引航道取泄水。对于闸室尺度大、水头大的单级船闸和双线船闸，有以下几种取泄水方式：一是分别从河侧和引航道取泄水；二是均从河侧取泄水；三是船闸灌水从上游引航道取水，而闸室泄水泄入河侧或同时泄入下游引航道等。本节收集了国内外部分船闸的取泄水方式(表4-1)和取泄水时输水系统中进出口廊道的平面布置(图4-1)，图表中的取泄水方式可供设计工作者参考和借鉴。

国内外部分船闸的取泄水方式　　表4-1

船闸名称	闸室尺度(m) $L_k\times B_k\times h_k$	初始水头H_0 (m)	取泄水方式	
			上游	下游
(美国)福特劳顿	110×18.3×—	24.38	分别从河侧和引航道取水	均泄入河侧
(美国)老邦纳维尔	152.25×23.14×7.37	24.2	均从河侧取水	分别泄入河侧和引航道
(美国)纳翰德	205.5×26.2×4.75	34.5	均从引航道取水	均泄入河侧
(中国)葛洲坝2号	280×34×5	27	均从引航道取水	分别泄入河侧和引航道

续上表

船闸名称	闸室尺度(m) $L_k \times B_k \times h_k$	初始水头 H_0 (m)	取泄水方式	
			上游	下游
(中国)葛洲坝3号	180×18×3.5	27	分别从河侧和引航道取水	分别泄入河侧和引航道
(美国)海湾泉	204.2×33.5×	25.6	均从引航道取水	分别泄入河侧和引航道
(巴西)图库鲁伊2号	210×33×—	35	均从河侧取水	均泄入水河侧
(美国)下花岗岩	205.5×26.2×—	32	分别从河侧和引航道取水	分别泄入河侧和引航道
(巴西)索佰雷丁贺	120×17×—	33	均从河侧取水	均泄入河侧
(葡萄牙)卡拉巴特洛	92×12.1×4.2	35	均从河侧取水	均泄入河侧
(中国)长沙(1~2线)	280×34×4.5	15.55	均从引航道取水	分别泄入引航道和河侧
(中国)长洲(3~4线)	330×34×6.3	16.28	分别从河水和引航道取水	分别泄入引航道和河侧
(中国)草街(双线)	180×23×3.5	26.5	分别从河侧和引航道取水	分别泄入引航道和河侧
(中国)葛洲坝1号	280×34×5.5	27.0	均从引航道取水	分别泄入引航道和河侧
(巴西)图库鲁伊1号	210×33×—	37.6	均从河侧取水	均泄入河侧
(中国)七里垅	103×15.4(15)×3	19	均从引航道取水	均泄入河侧
(中国)双牌	56×8×2(二级)	43	均从河侧取水	均泄入河侧
(中国)大藤峡(方案)	190×23×4	37.6	均从引航道取水	分别泄入引航道和河侧
(中国)三峡连续5级	280×34×5	113	均从引航道取水(全包方案)	大部分水体泄入河侧，小部分水体泄入引航道

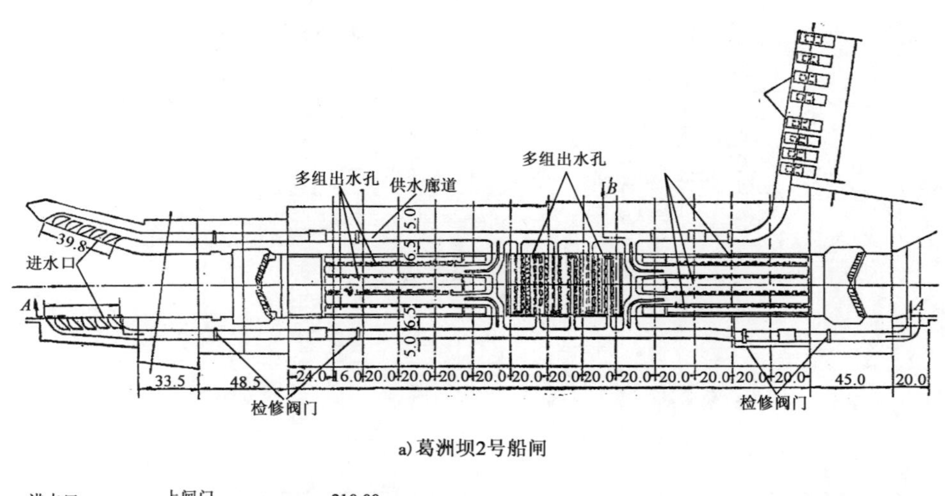

a) 葛洲坝2号船闸

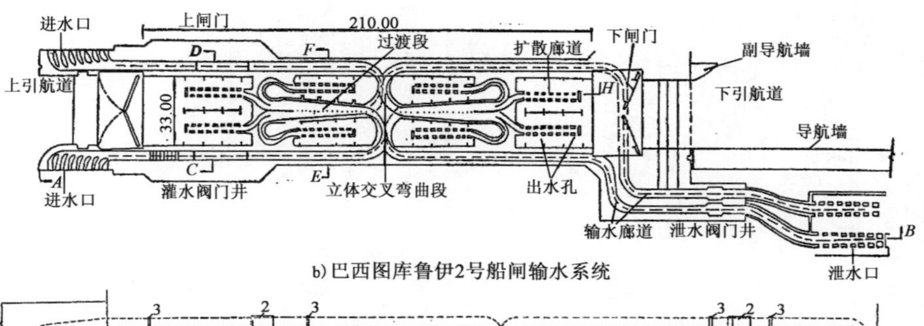

b) 巴西图库鲁伊2号船闸输水系统

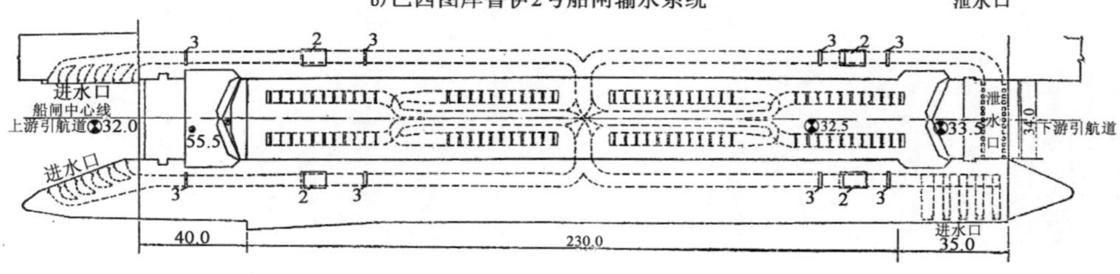

c) 葛洲坝1号船闸输水系统

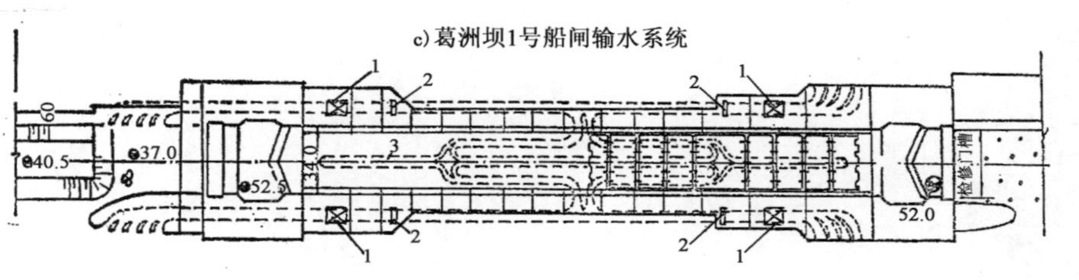

d) 巴西图库鲁伊1号船闸

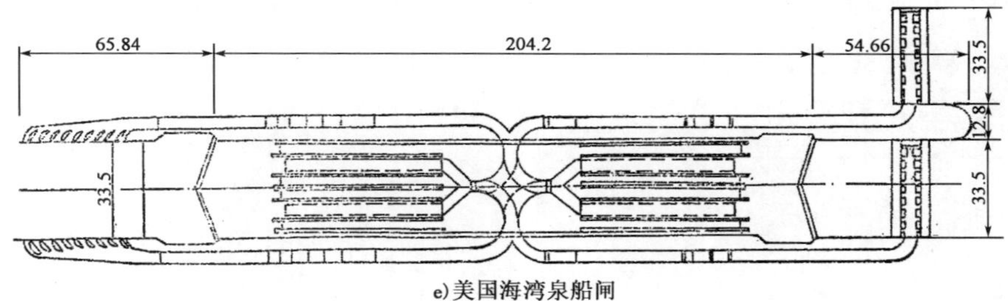

e) 美国海湾泉船闸

图　4-1

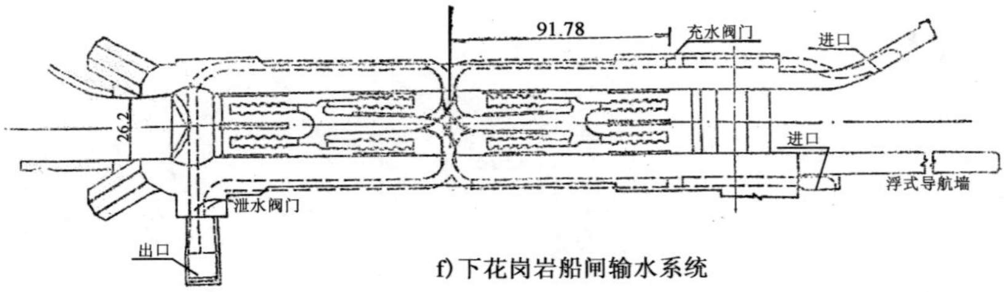

f）下花岗岩船闸输水系统

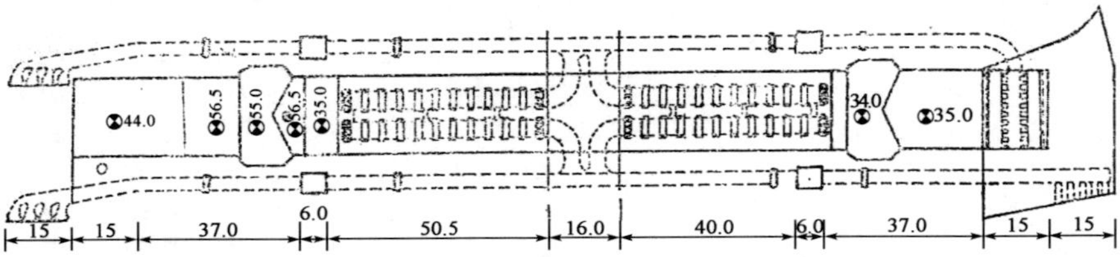

g）葛洲坝3号船闸

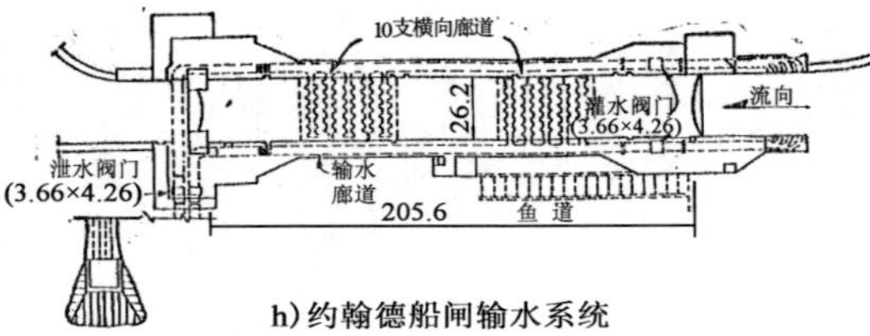

h）约翰德船闸输水系统

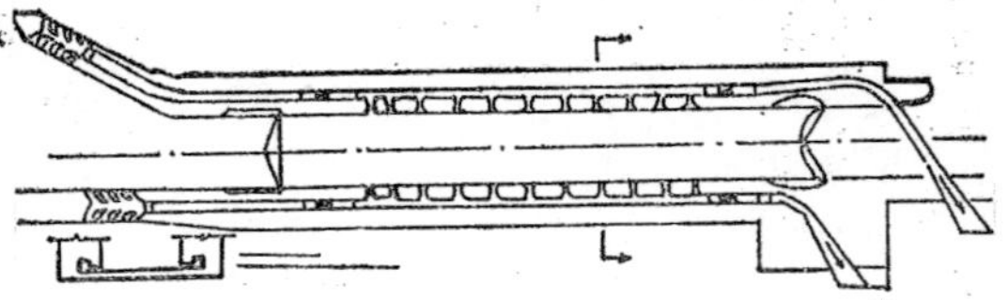

i）福特劳顿船闸输水系统

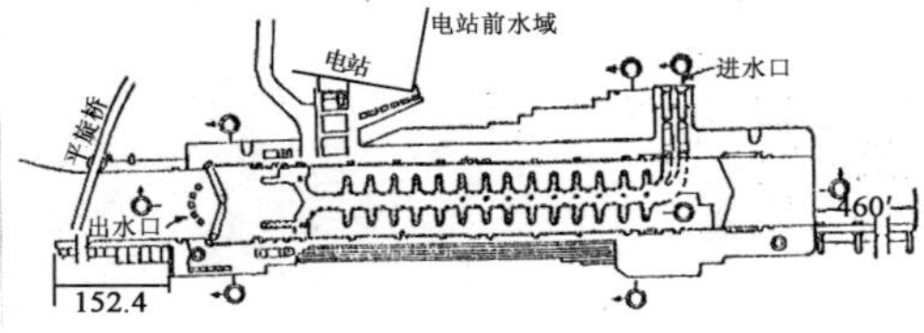

j）老邦维尔船闸输水系统

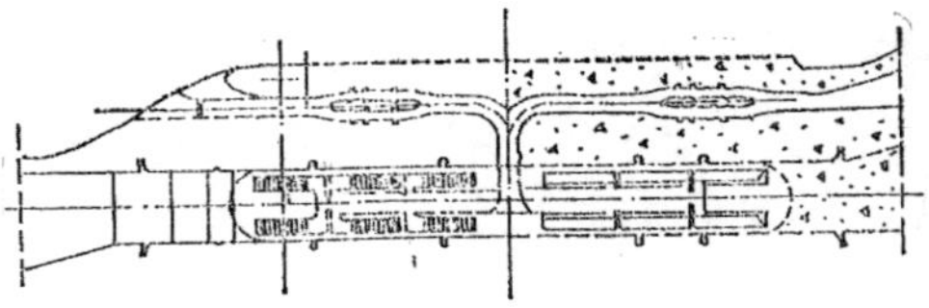

k）葡萄牙卡拉巴特船闸

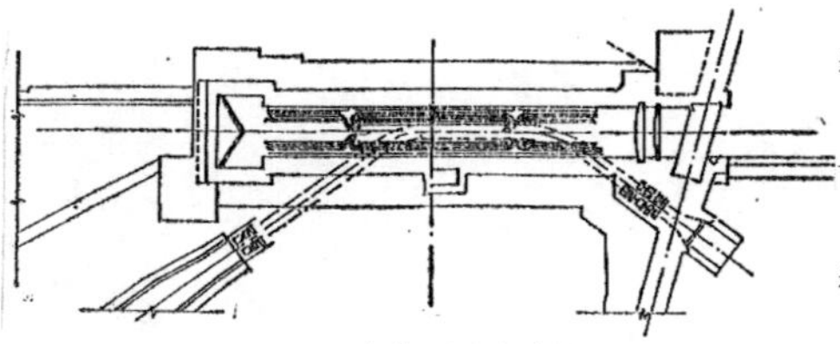

l）巴西索伯雷丁贺船闸

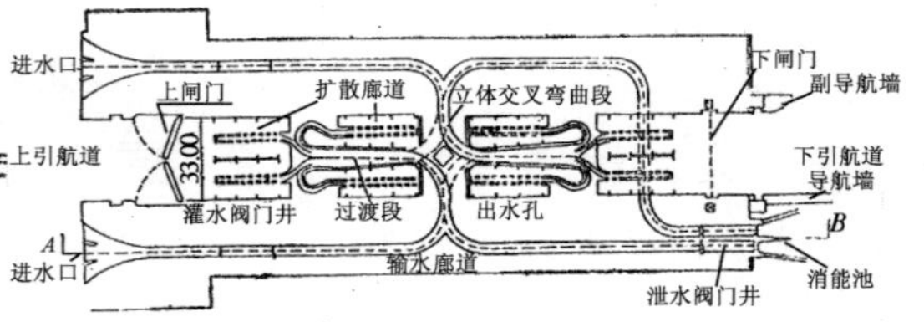

m）巴西图库鲁伊1号船闸

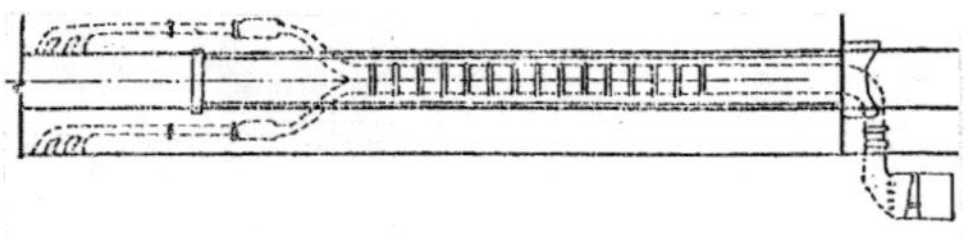

n）

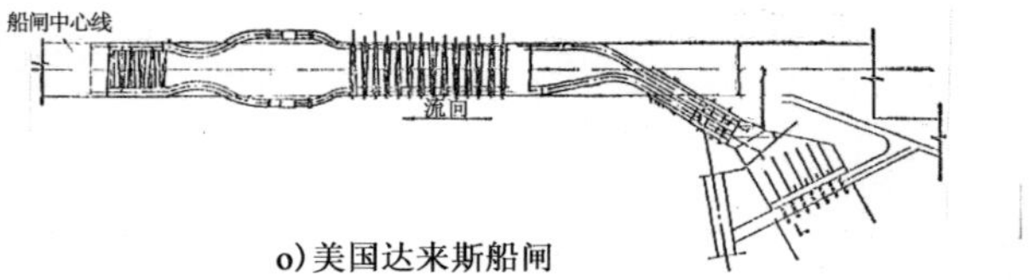

o）美国达来斯船闸

图 4-1　国内外部分船闸的取泄水方式（输水廊道进出口平面布置）（尺寸单位：m）

4.2　船闸输水系统进出口布置形式研究

船闸输水系统进出口的布置形式有集中式[图 4-2a)]、[图 4-4a)]、[图 4-6a)]；相对集中式[图 4-2b)]、[图 4-6b)]；相对分散式[图 4-6b)]、[图 4-6c)]和分散式[图 4-4b)]、[图 4-6d)]。其进出口形式的选择与多种因素有关，诸如地质地形条件、船闸闸室规模尺度与水头大小、渠道允许的通航水流条件与航行条件等。针对进出口布置形式，有关设计单位、科研院校曾进行大量的试验研究。

4.2.1　研究实例

(1)三峡双线连续五级船闸下游引航道试验研究

该船闸闸室尺度为 306m×34m×5m(长×宽×槛上水深)，双线并列，采用单侧主廊道闸底为四区段八支廊道等惯性输水系统，出口为明沟式纵横支廊道，支孔为分段变截面。船闸末级水位差 24.75m，设计最低通航水位 62m，水深 5.5m。引航道从下闸首至入江口门总长 2820m，引航道长 930m，其中导航段长 200m，宽 128m，过渡段长 730m，底宽 225m。引航道布置见图 4-2 中的方案Ⅰ。方案Ⅱ在方案Ⅰ的基础上，出口处宽度加大，增大支廊道长度及支孔分散程度，该布置试验时的最大设计船队为 1 顶 9 驳。9×1000t 的船队长 272m，宽 32m，总排水量 13000t。

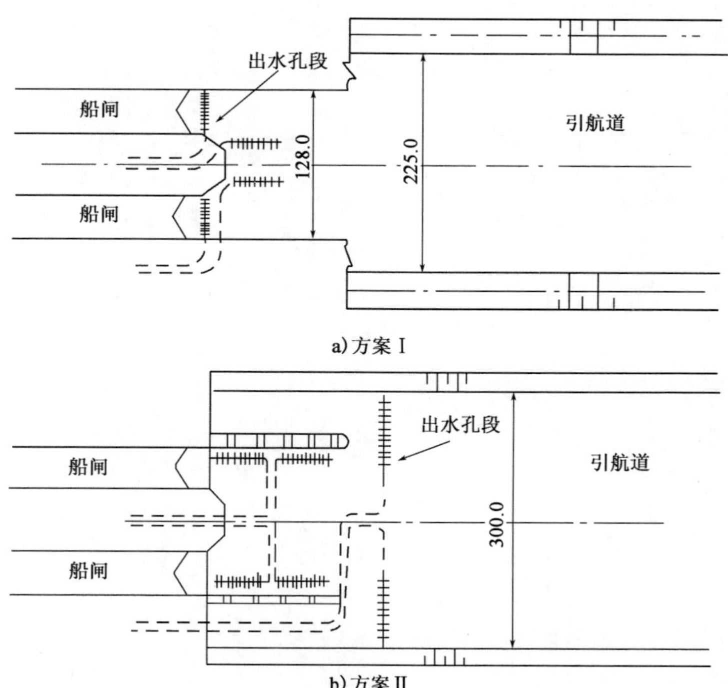

图 4-2　双线连续五级船闸下游引航道出口布置示意图(尺寸单位：m)

试验时水位差 24.75m，下游水位 62.0m，阀门开启时间 2min，分单泄和双闸联泄两种情况，试验得到的水力特性值与船队缆绳受力值，见表 4-2。

两种方案时的水力特性及船队缆绳受力情况 表 4-2

情况			泄水时间 $T_{泄}$ (min)	最大流量 Q_{max} (m^3/s)	流量增率 dQ/dt (m^3/s^2)	波幅 (m)	9×1000t 船队停泊位置及纵向缆绳受力(kN)		
下游水位 (m)	方案	泄水					导航墙处	上左泊位	上右泊位
62	Ⅰ	单	10.83	715	5.3	—	400	138	148
		双	10.83	1430	10.6	1.14	638	242	282
	Ⅱ	双	10.83	1430	10.6	0.78	57(导航墙透空) 118(导航实体)	—	135

根据船队所允许的纵向缆绳拉力值 49kN 来衡量，单双船闸泄水：船队停在上左泊位分别超过 2.8 倍和 5 倍，停在导航墙处则超过 8 倍和 13 倍。而采用较分散的布置形式(方案Ⅱ)，船队纵向受力要小得多，但仍不能安全停泊。

(2)三峡工程分散两级双线船闸中间渠道的试验研究

三峡工程分散两级双线船闸中间渠道的试验研究(图 4-3)，对双线船闸输水系统出口布置进行了多种方案的研究。一是在并列两闸室的阀门段廊道，用一条纵向主廊道连通，并在船闸的下闸首前布设一条横向廊道支孔输水，见图 4-4a)，定义为集中出口。

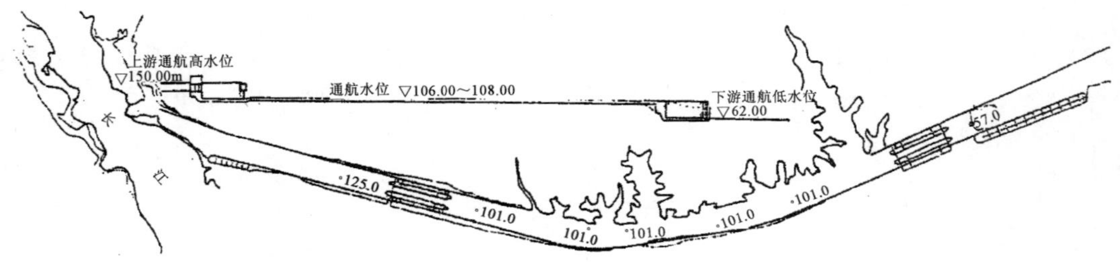

图 4-3 三峡工程两级双线船闸设中间渠道布置方案

二是在上级船闸下闸首前的引航道中心线上，布设一条纵向廊道，距下闸首 160m 后，每隔 97.5m 布置 4 根横向支廊道，见图 4-4b)，定义为分散出口。

集中出口：船闸泄流集中在一条横支廊道上，造成局部水面壅高，出流紊动、流速较大，波浪高度也大。分散出口：使船闸泄流水体分散均匀分布在比较大的水域面积上，改善了出口水流的流态和断面流速及局部水面涌高，削弱了泄水对渠道内水体的扰动，比集中出口布置波高减少 20%～27%。

(3)三峡工程分散三级双线船闸渠道的试验研究

在“三峡工程分散三级双线船闸渠道的试验研究”(图 4-5)中，两船闸中间渠道长均为 2.4km，船闸闸室长 310m，有效长 280m，宽 34.0m，水位差 41.0m，对双船闸输水系统出口的 4 种布置形式进行了研究。

一是四条输水廊道交会成一条纵向主廊道，沿主廊道两侧分散布置两排四条横支廊道，横支廊道为明沟式侧支孔，横支廊道总长 354m，布置形式见图 4-6a)，距下闸首约 130 余米。

二是四条输水廊道在方案Ⅰ的基础上，另增设四条长 28m 形式相同的横支廊道，其形式与方案Ⅰ相同，横支廊道总长 466m，距下闸首 83m，布置形式见图 4-6b)。

三是保持四条横支廊道断面形式不变，横支廊道距下闸首 143.0m，横支廊道总长 786m，布置形式见图 4-6c)。

四是在方案 3 的基础上，长度不变，仅将横支廊道的间隔加大，横支廊道的中心距为 97m，相距下闸首 530 余米，布置形式见图 4-6d)。

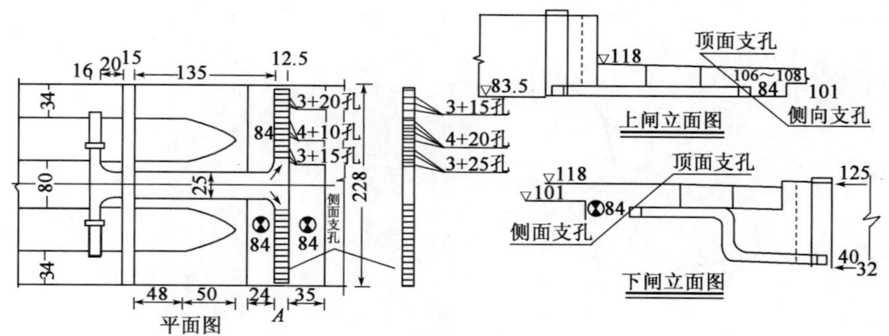

a) 出口布置方案Ⅰ（尺寸单位:m）

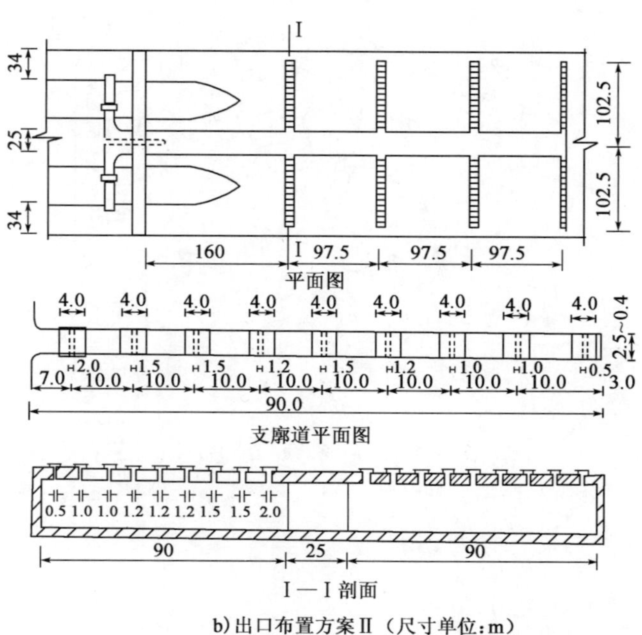

b) 出口布置方案Ⅱ（尺寸单位:m）

图 4-4　三峡工程分散两级双线船闸输水廊道出口布置方案

研究结果表明：在输水时间（流量）相同的前提下，对减小波高其中方案Ⅰ最差，方案Ⅳ最佳，方案Ⅱ、Ⅲ介于两者之间。

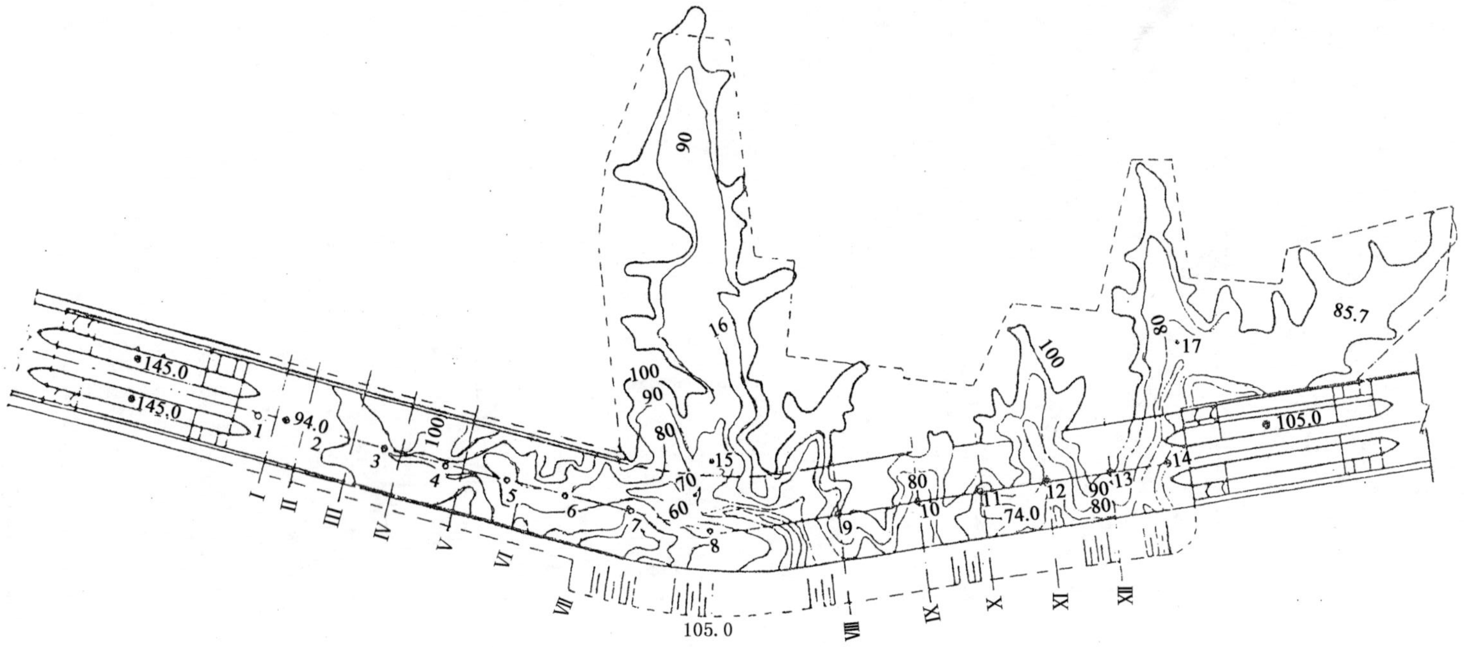

波动测点	1	2	3	4	5	6	7	8	9	10	11	12	13	14
距上闸门距离(m)	59.5	209.5	399.5	509.5	659.5	809.5	989.5	1154.5	1454.5	1642	1792	1942	2052	2245
测点间距(m)	150	150	150	150	150	150	195	300			150	150	150	150
流速测点	Ⅰ	Ⅱ	Ⅲ	Ⅳ	Ⅴ	Ⅵ	Ⅶ		Ⅷ	Ⅸ	Ⅹ	Ⅺ	Ⅻ	
距上闸门距离(m)	105	153	205	390	540	690	840		1454.5	1642	1752	1942	2092	

图4-5 三峡工程三级双线船闸设中间渠道布置方案(图为第二级)

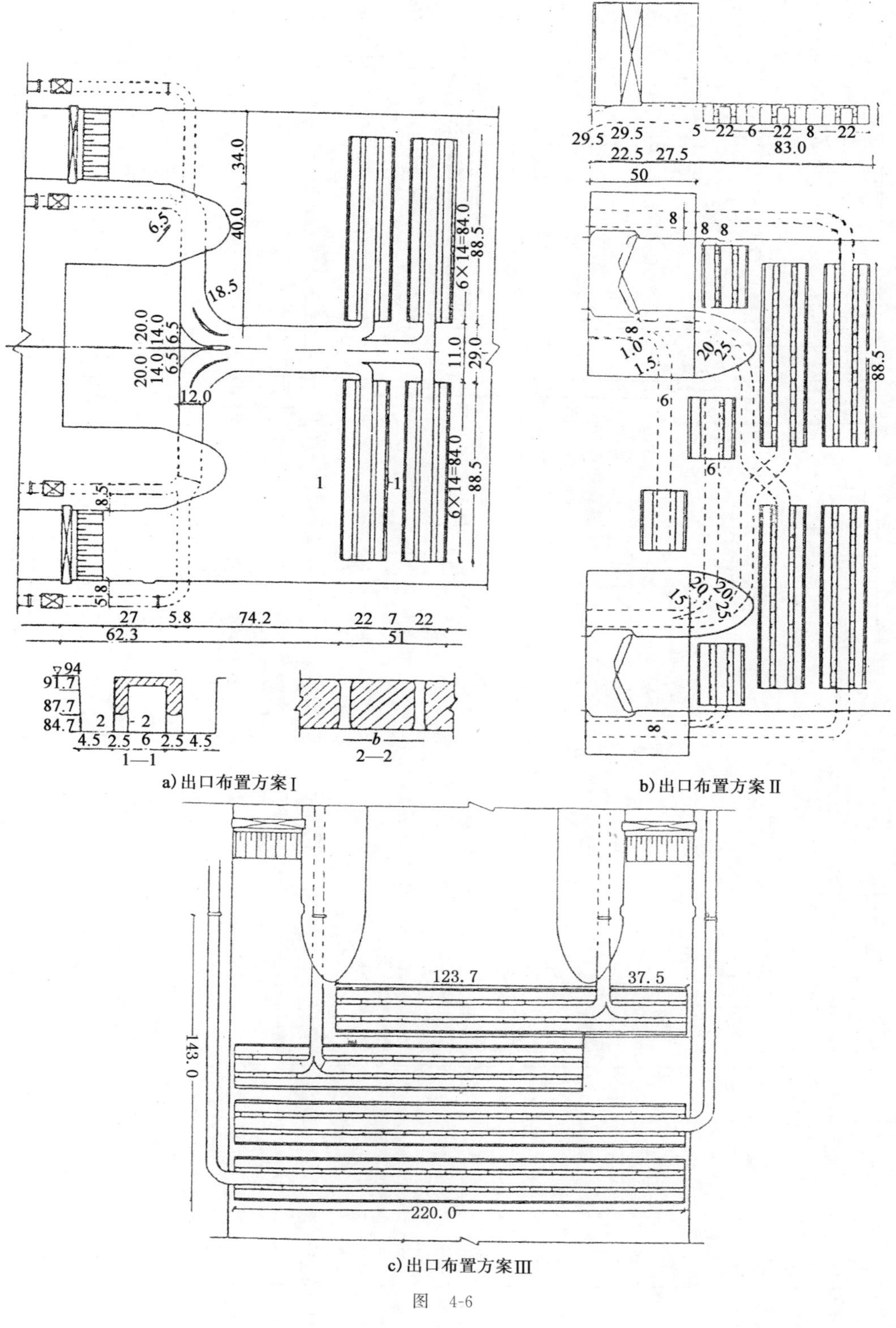

a)出口布置方案Ⅰ

b)出口布置方案Ⅱ

c)出口布置方案Ⅲ

图　4-6

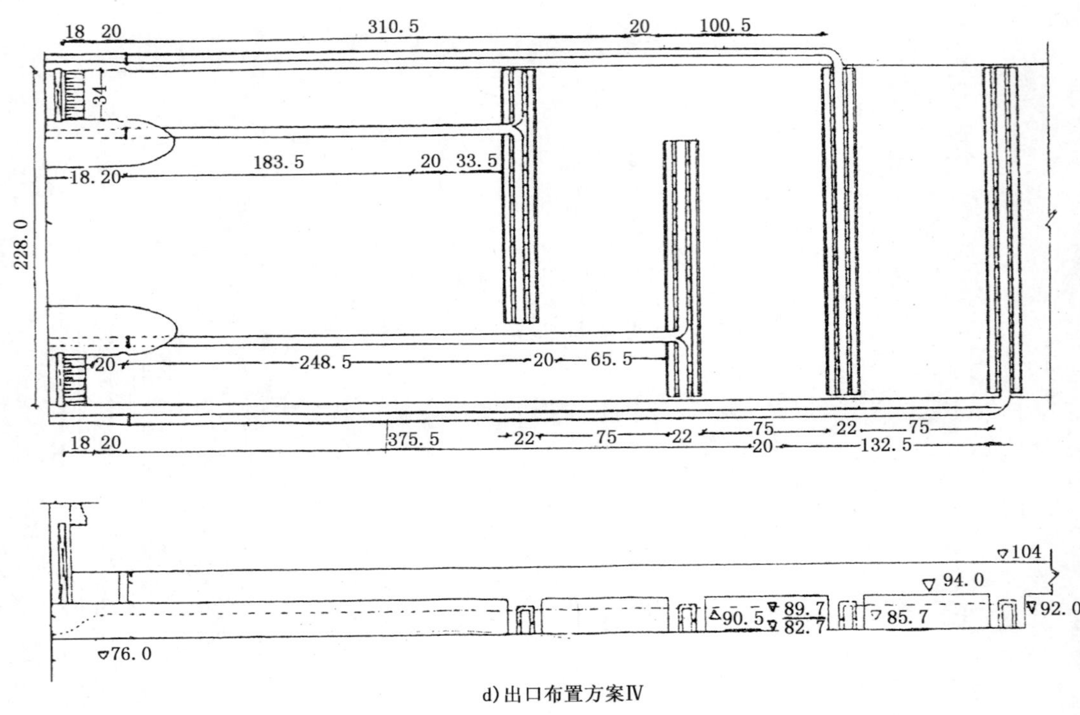

d)出口布置方案Ⅳ

图 4-6　三峡工程分散三级双线船闸输水廊道出口布置方案(尺寸单位:m)

4.2.2　进出口布置形式研究

针对中间渠道上下级船闸输水系统进出口布置形式分别为单廊道、双廊道、三廊道(简称单、双、三廊道)三种布置,渠道不同长度时,研究渠道内水体波动,论证出口不同布置形式对改善渠道内波动的影响。

1)进出口布置形式

渠道长 2000m,渠宽 40m,上下级船闸输水系统进出口布置为单、双、三横支廊道,具体布置尺寸见表 4-3。

输水廊道断面与进出口横支廊道布置　　表 4-3

类型	横支廊道		距端部边壁距离(m)	进、出水域面积(m^2)	廊道间中心距(m)	阀门处廊道断面积(m^2)	横支廊道出口支孔与阀门处廊道面积比	横支廊道进口支孔与阀门处廊道面积比
	个数	断面积(m^2)						
单	1	4.0×4.0	12	800	0	4.0×3.4	0.71	1.16
双	2	2.7×4.0	80	3520	68		1.41	2.33
三	3	2.0×4.0	148	6240	68		2.12	3.49

注:水域面积计算,选择渠道宽度为 40m。

(1)上级船闸出口布置形式

单廊道布置见图 4-7。

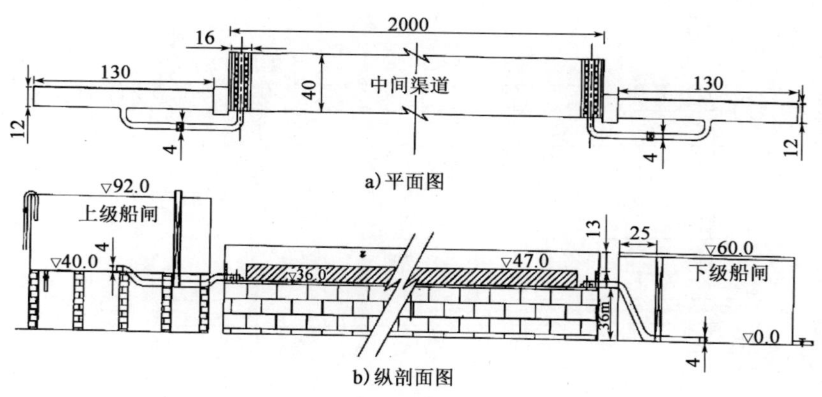

图 4-7 上级船闸、中间渠道、下级船闸模型布置(尺寸单位:m)

双廊道布置:在单廊基础上,距第一横支廊道中心 68m 处布置形状与其相同的横支廊道,为使主廊道水体能在两横支廊道中均分,在主廊道与第 1 横支廊道连接的转弯前 10m 处,将原来 $4.0\times4.0(m^2)$ 廊道断面积逐渐扩大到 $5.6\times4.0(m^2)$,在该处均分 1、2 分流口,进口面积均为 $2.7\times4.0(m^2)$,经过直线段后,转弯分别与 1、2 横支廊道连接,布置见图 4-8。

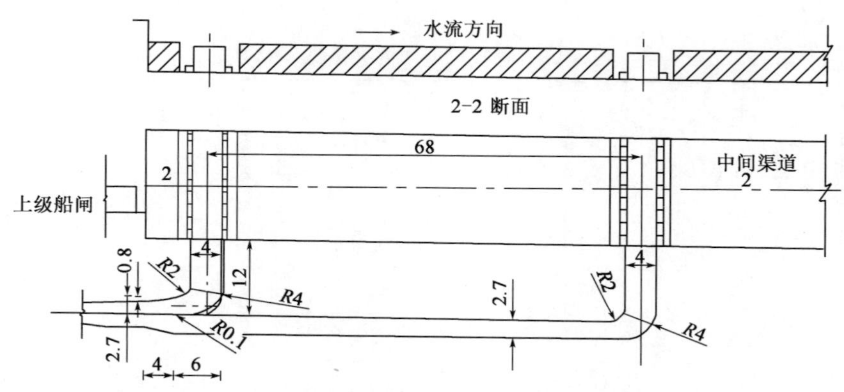

图 4-8 上级船闸出口双廊道平面布置图(相对应于下级船闸进口)(尺寸单位:m)

三廊道布置:在双廊道基础上,距第二横支廊道中心 68m 处布置第三横支廊道。在主廊道与第 1 横支廊道连接的转弯前 10m 处,将主廊道断面积 $4.0\times4.0(m^2)$ 逐渐扩大到 $6.4\times4.0(m^2)$,在该处均分 1、2、3 分流口,进口面积均为 $2.0\times4.0(m^2)$ 经过直线段后,转弯分别与 1、2、3 横支廊道连接,布置见图 4-9。

(2)下级船闸进口布置形式

主廊道方向改为朝向下游,双、三廊道尺寸、形状、廊道间距离与上游布置形式相同,唯一不同的是横支廊道的支孔面积。

2)试验条件

针对船闸输水廊道进出口不同布置形式,渠道水深上级船闸泄水为 2.5m,下级船闸灌水为 3.0、3.2、3.6(m)；进出口为单、三廊道，渠道长度 L_n＝2000m、1400m、1000m 和 700m，双廊道仅进行渠道长度 L_n＝2000m 的试验，分别观测船闸泄水和灌水时渠道的波动特性、渠道内水面比降变化、渠道内通航水深的变化等。

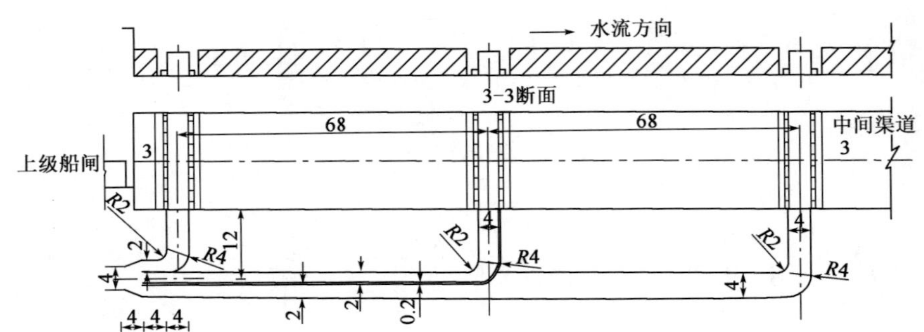

图 4-9 上级船闸出口三廊道平面布置图(相对应于下级船闸进口)(尺寸单位:m)

3)试验成果

(1)上级船闸泄水

双廊道、三廊道出水口试验成果中的数据，经整理计算分析，建立单宽流量与波高(h_p、h_r、h_z)及水力要素(J、V)等的关系见表 4-4。表中单廊道成果试验数据为以前试验的成果，列在一起，便于比较。

出水口不同布置形式的渠道波动特性　　表 4-4

渠道长度 L_n(m)	渠道起始水深 D_n(m)	廊道数	推进波波高 h_p(m)	反射波波高 h_r(m)	振荡波波高 h_z(m)	最大流速 V_{max}(m/s)	最大比降 J_{max}(‰)
2000	2.5	单	$0.211q$	$0.343q$	$0.307q$	$0.389q$	$0.35q^{2.06}$
2000	2.5	双	$0.209q$	$0.317q$	$0.209q$	$0.364q$	$0.751q^{1.589}$
2000	2.5	三	$0.210q$	$0.316q$	$0.276q$	$0.364q$	$0.843q^{1.377}$
1400	2.5	单	$0.209q$	$0.357q$	$0.304q$	$0.404q$	$5.18q^{0.185}$
1400	2.5	三	$0.212q$	$0.342q$	$0.311q$	$0.360q$	$1.119q^{1.337}$
1000	2.5	单	$0.208q$	$0.360q$	$0.126q$	$0.381q$	$0.529q^{1.25}$
1000	2.5	三	$0.208q$	$0.357q$	$0.154q$	$0.340q$	$0.882q^{0.353}$
700	2.5	单	$0.211q$	$0.375q$	$0.090q$	$0.365q$	$0.280q^{1.62}$
700	2.5	三	$0.211q$	$0.361q$	$0.087q$	$0.301q$	$0.116q^{2.008}$

从表可见，出口分散以后：推进波无明显变化；反射波有减小趋势，减小比例在 1%～8%范围内；振荡波无明显减小趋势；流速有减小趋势，减小范围在 7%～18%；比降变化不明显。

在渠道长度 2000m，船闸初始水头 30m，渠道水深 2.5m，阀门开启时间 6min 的条件下，上级船闸泄水时，观测输水廊道出口为单、三廊道渠道内水面波动情况，分别见图 4-10 和图

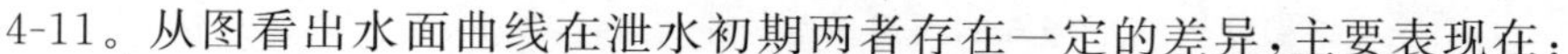

4-11。从图看出水面曲线在泄水初期两者存在一定的差异，主要表现在：

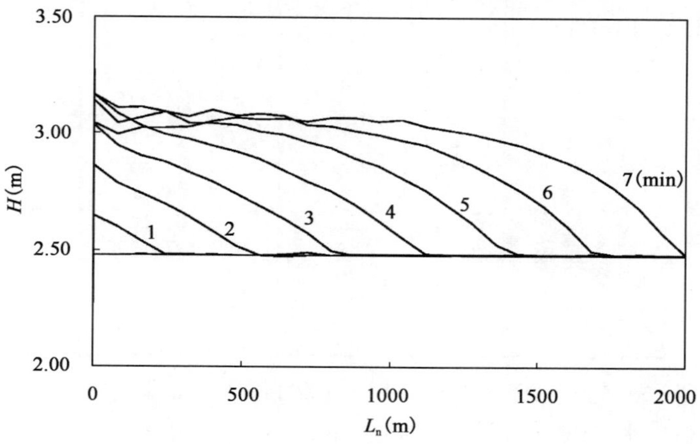

图 4-10　单廊道上级船闸泄水初期水面线

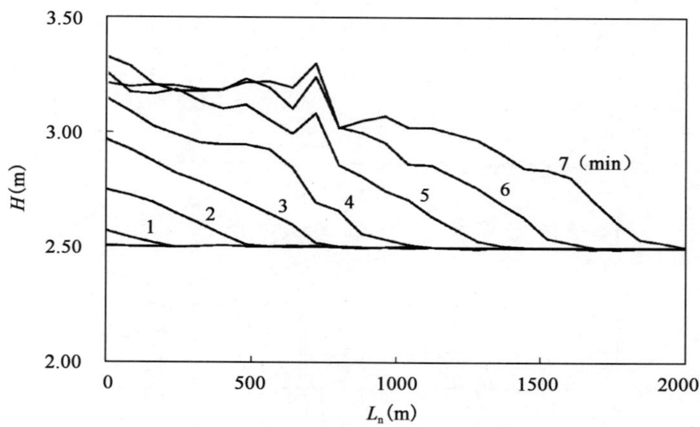

图 4-11　三廊道上级船闸泄水初期水面线

①$0<t<3.0$min 渠道端部水位测点，单廊道水位高于三廊道水位；在 $3.0<t<6.3$min 范围内，正好反过来，三廊道水位高于单廊道水位。

②在 $3.0<t<6.3$min 时为推进波时段，单廊道没有明显的叠加现象，而三廊道在该时段范围内受出水段长度的影响，有明显的叠加现象，水面紊动大。

③在 $t>6.3$min 即为反射波与振荡波时段，两者的波高、水位、比降基本一致。

比较结果表明：单廊道、双廊道与三廊道对渠道内波动影响主要发生在泄水初期的推进波时段，影响端部水位及渠道内波的叠加。

(2)下级船闸灌水

双廊道、三廊道进口试验成果数据，经整理计算分析，建立单宽流量与波高(h_p、h_r、h_z)及水力要素(J、V)等关系见表 4-5。表中单廊道成果试验数据同列在一起，便于比较。从表可见：渠道长度 2000m、1400m 分散布置后，落水波、反射波及振荡波均有不同程度的减小，尤其是振荡波减小幅度达 19%～20%、流速有减小趋势，比降不明显。

进口不同布置形式的渠道波动特性 表 4-5

渠道长度 L_n(m)	渠道起始水深 D_n(m)	廊道数	落水波波高 h_p(m)	反射波波高 h_r(m)	振荡波波高 h_z(m)	最大流速 V_{max}(m/s)	最大比降 J_{max}(‰)
2000	3.0	单	$0.250q$	$0.372q$	$0.322q$	$0.536q$	$0.519q^{1.767}$
2000	3.0	双	$0.261q$	$0.334q$	$0.261q$	$0.581q$	$1.283q^{1.074}$
2000	3.0	三	$0.243q$	$0.326q$	$0.257q$	$0.524q$	
1400	3.2	单	$0.245q$	$0.405q$	$0.278q$	$0.517q$	$1.050q^{0.649}$
1400	3.2	三	$0.216q$	$0.370q$	$0.226q$	$0.419q$	$1.196q^{1.124}$
1000	3.6	三	$0.203q$	$0.373q$	$0.117q$	$0.372q$	$0.174q^{1.496}$

在相同的条件下，即渠道长度 2000m，船闸初始水头 30m，渠道水深 3.0m，阀门开启时间 6min，当下级船闸灌水时，观测输水廊道进口为单、三廊道渠道中水面波动情况，分别见图4-12和图 4-13。从图看出：与上级船闸泄水一样，整个水面过程曲线存在差异，主要表现在以下几个方面：

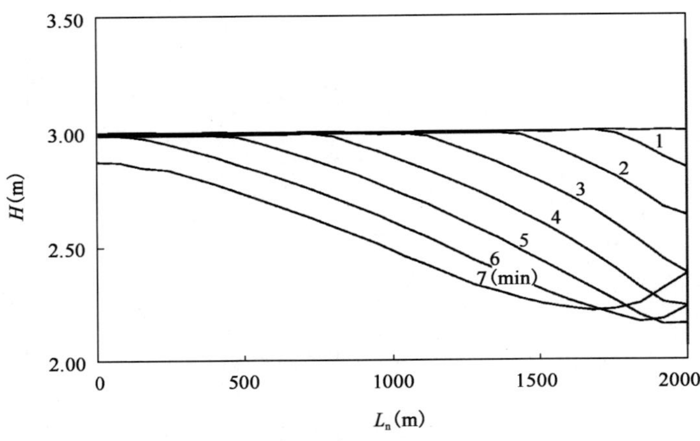

图 4-12 单廊道下级船闸灌水初期水面线

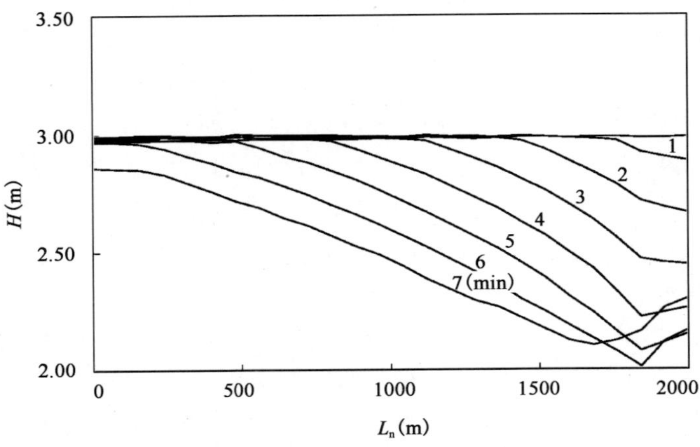

图 4-13 三廊道下级船闸灌水初期水面线

①$0<t\leqslant5.3$min 范围内，渠道端部水位测点，单廊道水位高于三廊道水位，随着船闸的灌水，两者水位趋于接近。

②单廊道 $t\leqslant4.22$min 船闸灌水初期，渠道内水面最大降低，发生在端部第 1 号水位测点，$t=5.27$min 左右发生在第 2 号水位测点，$t=6.32$min 发生在第 3 号水位测点。而三廊道 $t\leqslant3.16$min 渠道水面降低发生在第 1 号测点，$3.16<t\leqslant6.32$min 发生在第 3 号测点。

③$t>6.32$min 即渠道内波动为反射波与振荡波时段，两者波动性质形状基本一致。

比较结果表明：单廊道与三廊道渠道内波动的差异，主要发生在灌水初期，水面降低和位置有所不同，而对于反射波与振荡波波形基本一致。

综上所述得到如下初步认识：

(1)上下级船闸分别单独泄水或灌水，输水廊道的进出口分别为单廊道(集中式)和双廊道(相对分散)、三廊道(分散式)，输水廊道分散布置进出口形式对上级船闸泄水渠道内波高的改善效果不大。但对下级船闸灌水时，渠道中落水波、反射波有一定程度改善，尤其是对振荡波的改善。

(2)当出口为单横支廊道时，船闸泄水集中在一横断面上，造成局部水面壅高，流态紊动，流速较大，在相同流量条件下，当分散布置时，出流面积增加，使泄入渠道的水体均匀分布于较大水域面积上，改善了进出口水流状态，减少了断面流速和局部水面壅高。

(3)水流条件受制于渠道平面布置，本方案渠道为矩形断面规则渠道，分散程度相对于波长还是不够大。经数模计算表明，出水口布置在渠道中部，波高明显减小。

4.3 调节池工程措施

调节池(也称附加蓄水池、消能池、平水池等)，一般采用涵管或敞口与渠道连接，它的消波原理是：在船闸灌泄水之前渠道与调节池水位相平，当渠道内的长波运动，造成端部水位的升高或降低时，在重力作用下，中间渠道水体会流入或流出调节池，并尽量使调节池中的水位变化相位与渠道中的水位变化相位相反，以此减小渠道内的波动。

4.3.1 研究实例

国外在 20 世纪 60～70 年代底，在运河船闸中间渠道上设置调节池的工程措施，有较多的应用，举例如下。

美国 Donald. M. Liddell 的《高水头船闸运河的涌浪问题》[58]一文中，详细介绍了在伊利湖和安大略湖之间，加拿大境内韦兰运河上诸多船闸在运行期间产生严重的涌浪问题、圣劳伦斯海道博哈诺斯船闸的涌浪问题、苏沃 5 座船闸的涌浪问题和俄亥俄河麦克阿尔派恩船闸的涌浪问题。该文对运河中解决涌浪问题的方法做出了评价，提出可供选择的几种方法：一是降低灌泄水速度，由于涌浪的波幅与流量成正比，而波浪的陡度决定于流量的变化率，可通过延长输水时间来减轻涌浪。二是加大河道尺度，河道加深后波速增加，可减低涌浪波幅，增加河道宽度也会降低涌浪波幅。三是控制船闸作业方法，需根据涌浪波幅、周期、反射等制定船闸的操作程序。四是设置控制涌浪的蓄水池，即消能池，使灌水时有附加的水源，泄水时有附加的容水池，该池通过涵洞与河道相连。俄亥俄河上的麦克阿尔派恩船闸：该通航枢纽，采用综合措施，即主船闸尺度 183cm×33.6cm(长×宽)，灌水时间 $T=9\text{min}$，$Q_{max}=510\text{m}^3/\text{s}$。该通航枢钮，采用综合措施：①扩大运河宽度，由 61m 扩大到 152.4m。②水深由2.74m增加到4.6m。③建造一座边长为 457m，水深为 3.05m 的三角形调节池，灌水时，二分之一的流量来自调节池。经综合治理后，波高减小了，航行条件得到改善。

前苏联 A. Г. 依里英的“短渠内的不稳定流”和 σ. 斯尼申科的《对运河短渠道内降低波高的研究》[44]中，对列宁伏尔加顿运河上的齐姆良水利枢纽 14 号和 15 号船闸中间渠道长1625m，渠道宽 75～80m，呈规则的梯形断面及单向弯曲。当上级船闸泄水时，$Q_{max}=90\text{m}^3/\text{s}$，波浪幅值达 0.4～0.5m。当上下级船闸同时灌泄水时，波浪幅值达 0.65～0.7m。当渠道内有船舶时，波浪互相干扰、叠加，在渠道中形成波幅达 1.5m，危及船舶的安全停泊，破坏船闸的启闭机械。为此在 14 号和 15 号船闸附近设置调节水池(平水池)见图 4-14，并通过一个孔口与渠道连接，通过模型试验得到连接管孔口面积 ω 与平水池面积的最优比值为 0.00146。

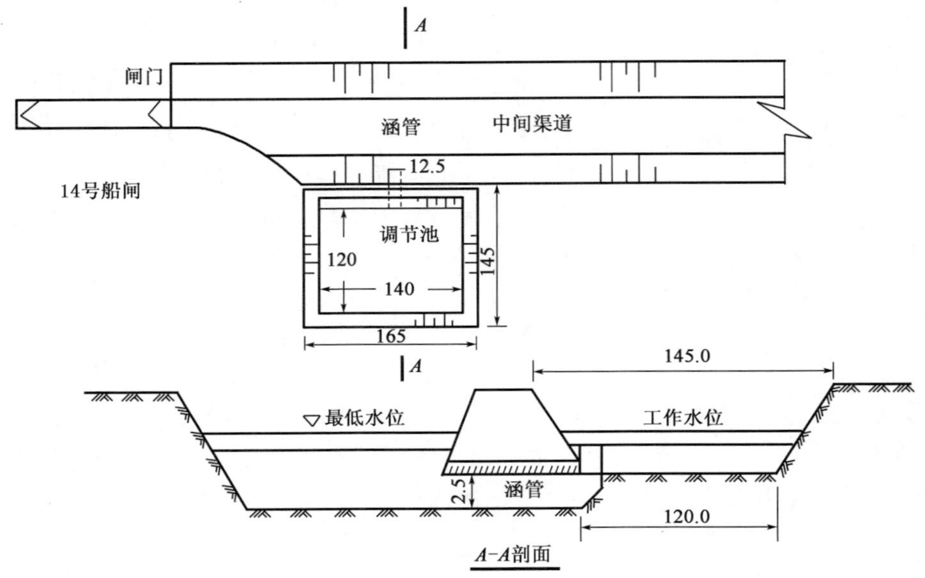

图 4-14　渠道端部设置的调节池(尺寸单位：m)

国内乔文荃在《双线连续多级船闸下游引航道优化布置及其非恒定流研究》[32]中，曾进行调节池方案比较试验，调节池设计成梯形和三角形，调节池门口宽度 39m，调节池面积$13.65\times10^4\text{m}^2$。当船闸双泄，闸门开启时间 $t_v=2\text{min}$，波动幅值由 0.85m 降为 0.5m，是有一定效果的。

4.3.2　调节池研究

针对调节池工程措施，在船闸中间渠道通航条件试验中作了探索性研究。设中间渠道长2000m，宽 40m，水深 2.5m(泄水)，3.0m(灌水)，船闸初始水头 20～30m，阀门开启时间 $t_v=6\text{min}$。

调节池布置形式的设计如下。

为改善波动条件，调节池一般建在渠道端部波动变化幅度较大的位置，根据渠道波动特性分析其消波原理。在渠道长 L_n=2000m、宽 B_n=40m 条件下,分别对上、下游端部增设调节池的情况,研究波高、比降等水力要素的改善程度。调节池为 200m×40m 的矩形调节池的底高程与渠道底高程相同,布置见图 4-15。

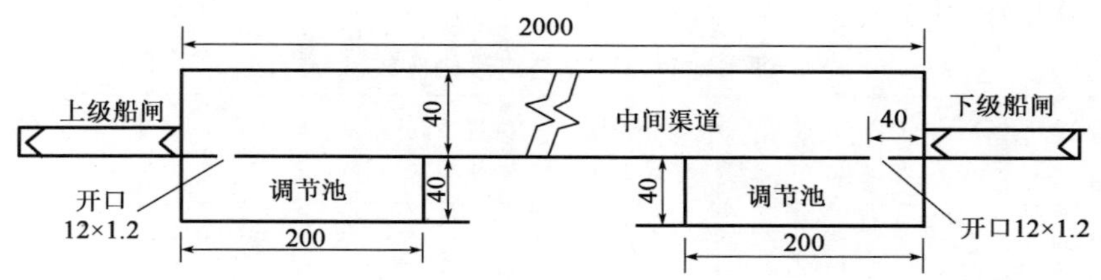

图 4-15 中间渠道端部设置的矩形调节池(尺寸单位:m)

(1)孔口淹没高度的优化

相同的开口位置,孔口分淹没和非淹没两种,宽度为 12m,孔口高度分别为 0.9、1.2、1.4、2.0(m)以及敞开,共 5 种形式。试验结果见表 4-6。从表看出:孔口高度 1.2~2.0m 范围内,振荡波波高 0.23~0.28m,比降 0.9‰~1.35‰,其中孔高 1.2~1.4m,振荡波 0.23~0.24m,可减小波高 18%左右;而在该范围内的水面比降改变不大。这里以开孔面积 ω 为横坐标,以振荡波波高 h_z 为纵坐标,点绘 $h_z=f(\omega)$ 关系曲线,见图 4-16。从图可以看出:淹没孔口高度控制在 1.4m 左右的时候,其水力指标最佳。

不同孔口面积波高与比降的比较 表 4-6

孔口面积(m^2)	最大流量 Q_{max}(m^3/s)	振荡波波高 h_z(m)	最大比降 J(‰)
12×0.9	117.7	0.28	0.95
12×1.2	116.5	0.23	1.35
12×1.4	120.4	0.24	0.90
12×2.0	118.0	0.27	1.13

注:其他流量的振荡波与比降趋势与表中一致。

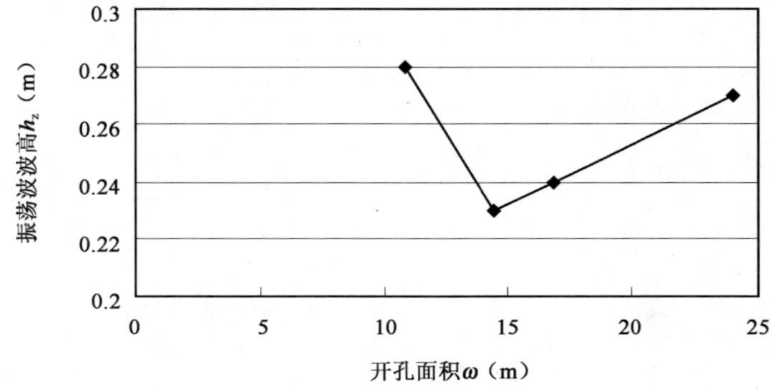

图 4-16 开孔面积与振荡波波高关系曲线

(2)孔口淹没与敞开比较

在调节池平面面积相同的前提下，在距离渠道端部40m处，用开孔12m（宽）×1.2m（高）的淹没孔口，以及12m（宽）的敞开孔口，在船闸初始水头分别为25m和30m，进行了比较试验，结果见表4-7。从表看出：孔口淹没与敞开，振荡波波高前者比后者小8%～10%。所以，出口淹没比敞开好，其次开孔面积不是越大越好。

调节池孔口敞开与淹没的比较试验 表4-7

调节池面积（m^2）	开孔面积（m^2）	运用方式	最大流量 Q_{max}（m^3/s）	推进波波高 h_p（m）	反射波波高 h_r（m）	振荡波波高 h_z（m）	最大比降 J_{max}（‰）
8000	12×3.0（敞开）	单闸泄	117.5	0.56	0.80	0.68	—
			133.9	0.64	0.94	0.77	1.48
	12×3.0（敞开）	单闸灌	121.0	0.72	0.85	0.69	—
			134.6	0.86	0.94	0.72	—
	12×1.2（淹没）	单闸泄	121.0	0.56	0.79	0.63	1.48
			134.0	0.65	0.89	0.69	1.63
	12×1.2（淹没）	单闸灌	121.0	0.66	0.83	0.62	1.25
			134.0	0.83	0.91	0.65	1.63

（3）试验成果与分析

高度在1.2～1.4m的淹没式孔口方案，该方案在渠道两端一侧分别布置形状为矩形的调节池，面积8000m^2，调节池与渠道通过12m宽的口连接，布置见图4-15。

船闸灌泄水，从试验现象观测到由长波运动造成端部水位的升高或降低，在重力作用下，中间渠道水体会流入或流出调节池，振荡的水体在渠道端不能形成有效的叠加，使水面波动能量得到削弱，波动在渠道内持续的时间也明显减小。试验成果见表4-8，并以最大流量Q_{max}为横坐标，分别以h_z、J为纵坐标，点绘h_z、$J=f(Q_{max})$关系曲线，见图4-17。从图中可看出，调节池方案的振荡波波高和水面比降减少明显。以上游船闸泄水，渠道水深2.5m，船闸初始水头20m为例，振荡波波高、比降分别为0.56m和1.26‰，与无调节池方案比较分别减少了28%和50%，试验中曾增加一倍调节池面积，结果波高与比降相应减小。

调节池孔口淹没时渠道中振荡波波高与水面比降 表4-8

船闸运转条件	渠道起始水深 D_n（m）	初始水头 H_0（m）	最大流量 Q_{max}（m^3/s）	振荡波波高 h_z（m）		最大比降 J_{max}（‰）	
				原方案	设调水池	原方案	设调水池
上船闸泄水	2.5	20	99.89	0.78	0.56	2.50	1.26
		25	116.29	0.90	0.63	3.63	1.48
		30	132.88	0.97	0.70	4.45	1.63
下船闸灌水	3.0	20	101.50	0.76	0.59	2.23	0.93
		25	118.33	0.89	0.62	3.11	1.25
		30	132.30	0.97	0.70	3.63	1.63

（4）小结

①采用调节池方案对渠道内的推进波、反射波及振荡波波高均有减小作用。改善程度与

布置形式有关。

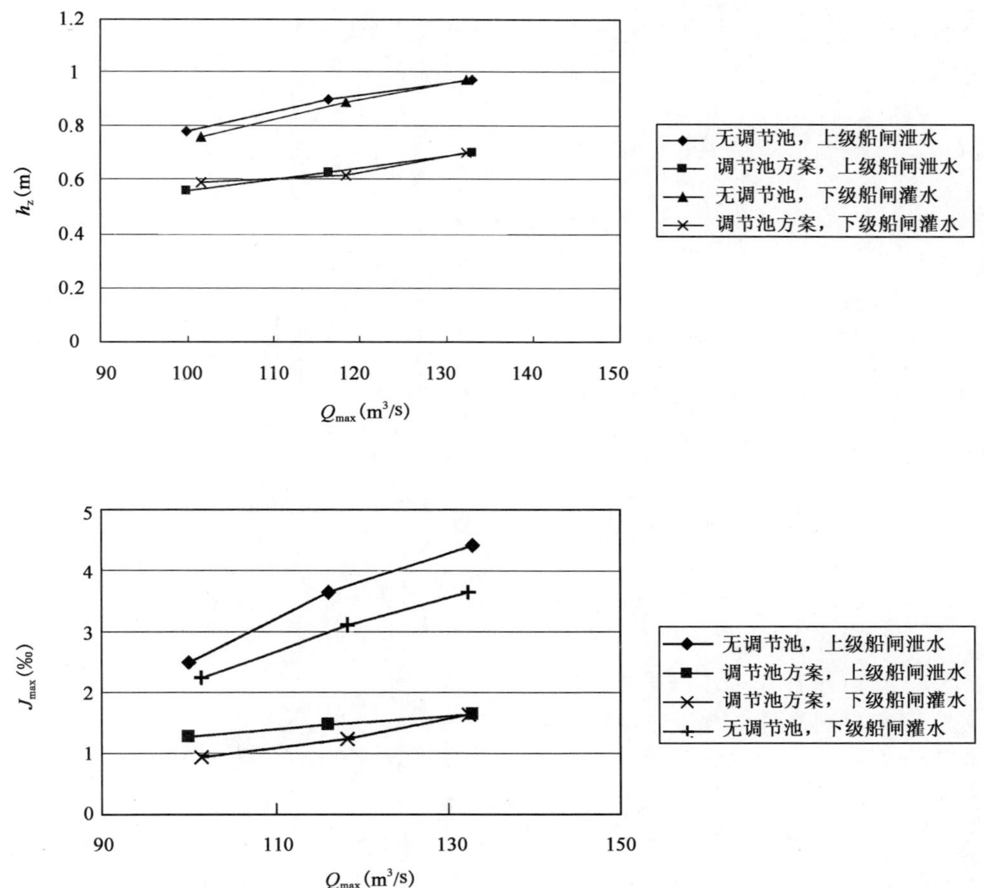

图 4-17　渠道无调节池与调节池方案，上下级船闸泄水灌水 h_z、$J = f(Q_{max})$ 关系曲线

②采用调节池方案的淹没孔口，开孔高度 1.4m，改善的效果比较明显。特别是船闸先泄后灌运行工况，船闸水头 30m，最大振荡波波高为 0.34m，均小于 0.6m。

③设计中间渠道时，根据具体地形条件布置调节池，可以改善水流条件，减小对渠道尺度的限制，提高设计指标。

④通过对调节池的探索性试验，证明设调节池能改善渠道内的水力要素（波高、比降）。调节池方案与调节池面积、与渠道的连接形式、相对位置等有关。

4.4　船闸输水阀门开启方式研究

船闸输水非恒定流在中间渠道中形成的推进波、反射波、振荡波，除与渠道尺度和水深有关外，还与船闸输水流量的大小有直接的关系。当船闸闸室尺度、水位差、输水系统已确定的前提下，影响输水流量大小的是输水时间 T，它与阀门开启时间 t_v 及其开启方式有关。

4.4.1 船闸输水时间与最大瞬时流量计算

具有中间渠道船闸的阀门匀速开启时间 t_v，可以决定输水时间及其流量的大小，一般可按下式计算：

$$T = \frac{2C\sqrt{H_0}}{\mu\omega\sqrt{2g}} + (1-\alpha)t_v \tag{4-1}$$

$$Q_{max} = \frac{k_P\mu^2\omega^2 g(1-k_v)T}{C} = \frac{8k_P CH_0(1-k_v)}{T(2-k_v)^2} \tag{4-2}$$

$$C = \frac{\Omega_1\Omega_2}{\Omega_1+\Omega_2}$$

式中：T——调平闸室与渠道的输水时间(s)；

Q_{max}——输水最大瞬时流量(m^3/s)；

H_0——水位差(m)；

μ——输水阀门全开时输水系统的流量系数；

ω——输水阀门全开面积；

α——与阀门形式和流量系数有关的系数；

t_v——阀门开启时间(s)；

k_v——阀门开启时间 t_v 与输水时间 T 的比值；

k_p——考虑到流量系数为非线性变化的校正系数；

Ω_1——上闸室水域面积，或为中间渠道的水域面积；

Ω_2——下闸室水域面积，或为中间渠道的水域面积；

g——重力加速度。

由于船闸输水非恒定流形成的渠道推进波波高与流量有关，可根据允许的最大单宽流量，求得允许的最大瞬时流量，再由该流量确定输水阀门的开启时间。

4.4.2 上级船闸泄水与下级船闸灌水开启方式研究

1)单闸匀速开启

(1)研究条件

上级船闸泄水：渠道水深 D_n=2.5～4.2m，水头 H_0=20～45m，阀门开启时间(匀速)t_v=4～18min。

(2)研究成果

在渠道长度 2000m 条件下，改变输水阀门开启时间，观测在不同瞬时流量时，渠道中形成的推进波(落水波)、反射波和振荡波波高与渠道尺度及水力要素的关系，并得到船闸输水最大的允许流量和渠道水力要素、波动特性的关系。

①上级船闸泄水

延长阀门开启时间能减小最大输水流量，波高、比降和流速，但振荡波周期没有太大变化；船闸初始水头增加，流量增加，波高、比降和流速均增大，输水时间也延长，振荡波周期没有太大变化;当渠道水深增加时,流量和输水时间没有改变,波高、比降和流速减小,振荡波波周期则是减小的趋势。中间渠道水流条件影响因素很复杂,即使最大流量相同,但由于水头或输水时间不同,水流条件也会有差异。

中间渠道水力参数与单宽流量的关系见表4-9。船闸最大允许泄水流量见表4-10。

中间渠道水力参数与船闸泄水单宽流量的关系 表4-9

初始水头 H_0(m)	渠道起始水深 D_n(m)	推进波波高 h_p(m)	反射波波高 h_r(m)	振荡波波高 h_z(m)	最大流速 V_{max}(m/s)	最大比降 J_{max}(‰)
20	2.5	0.230q	0.359q	0.320q	0.447q	0.203$q^{2.375}$
30	2.5	0.260q	0.355q	0.278q	0.474q	0.020$q^{4.395}$
40	2.5	0.269q	0.345q	0.231q	0.507q	0.015$q^{4.102}$
45	2.5	0.282q	0.350q	0.208q	0.656q	0.0008329$q^{6.090}$
20	4.2	0.228q	0.373q	0.263q	0.313q	0.01208$q^{7.415}$
30	4.2	0.217q	0.383q	0.171q	0.297q	0.08448$q^{1.803}$
45	4.2	0.192q	0.320q	0.207q	—	0.04271$q^{3.923}$

船闸最大允许泄水流量 表4-10

试验条件		允许最大流量(m^3/s)				最大单宽流量 q_{max}(m^2/s)	平均流速 V_n(m/s)
初始水头 H_0(m)	渠道起始水深 D_n(m)	Q_h	Q_V	Q_J	Q_{max}		
20	2.5	76	100	89	76	1.90	0.76
30	2.5	84	107	108	84	2.09	0.84
40	2.5	89	112	122	89	2.22	0.89
45	2.5	92	121	129	92	2.30	0.92
20	4.2	91	172	258	91	2.26	0.54
30	4.2	105	176	198	105	2.63	0.63
45	4.2	139	270	158	139	3.47	0.83

注:①Q_h、Q_v、Q_J 分别表示满足水深、流速、比降时的最大流量。Q_{max} 为最终满足要求的流量。

②V_n 为最大单宽流量与单宽面积的比值,即平均流速。

②下级船闸灌水

为保证渠道与闸室水位调平后不影响通航水深,渠道水深选为3.0~4.2m。

随阀门开启时间加长,相应减小了流量,此时波高、比降和流速减小,输水时间加长,波周期基本不变;船闸初始水头增加,相应加大了流量,波高、输水时间、比降和流速增大,波周期基本不变;当渠道水深增加,流量和输水时间没有改变,波高、比降和流速减小。最大流量一定,随着船闸水头增加,推进波波高、反射波波高、振荡波波高及流速均有减小趋势。与上级船闸泄水比较,主要是起始波为落水波以及水深减小带来的差异。

中间渠道的水力参数与单宽流量的关系见表4-11。船闸最大允许灌水流量见表4-12。

中间渠道水力参数与船闸灌水单宽流量的关系 表4-11

初始水头 H_0(m)	渠道起始水深 D_n(m)	推进波波高 h_p(m)	反射波波高 h_r(m)	振荡波波高 h_z(m)	最大流速 V_{max}(m/s)	最大比降 J_{max}(‰)
20	3.0	$0.205q$	$0.340q$	$0.315q$	$0.399q$	$0.045q^{4.556}$
30	3.0	$0.206q$	$0.331q$	$0.287q$	$0.373q$	$0.014q^{4.833}$
40	3.0	$0.190q$	$0.328q$	$0.270q$	$0.356q$	$0.006q^{5.074}$
45	3.0	$0.212q$	$0.321q$	$0.261q$	$0.331q$	$0.005q^{4.978}$
20	4.2	$0.148q$	$0.284q$	$0.265q$	$0.233q$	$0.299q^{0.932}$
30	4.2	$0.146q$	$0.290q$	$0.228q$	$0.227q$	$0.151q^{1.514}$
45	4.2	$0.149q$	$0.286q$	$0.173q$	$0.148q$	$0.019q^{3.279}$

船闸最大允许灌水流量 表4-12

试验条件		允许最大流量(m^3/s)				最大单宽流量 q_{max}(m^2/s)	平均流速 V_n(m/s)
初始水头 H_0(m)	渠道起始水深 D_n(m)	Q_h	Q_V	Q_J	Q_{max}		
20	3.0	75	89	98	75	1.88	0.60
30	3.0	86	84	110	84	2.11	0.70
40	3.0	104	79	127	79	1.97	0.66
45	3.0	115	61	140	61	1.52	0.51
20	4.2	46	128	78	46	1.14	0.27
30	4.2	140	135	211	135	3.37	0.80
45	4.2	116	270	102	102	2.56	0.61

注:①Q_h、Q_v、Q_J 分别表示满足水深、流速、比降时的最大流量。

②V_n 为最大单宽流量与单宽面积的比值,即平均流速。

③上级船闸泄水与下级船闸灌水的比较

a.泄水时水体从闸室泄入渠道,灌水是从渠道取水灌入闸室,由于推进波(涨水波)和落水波的运动特性(波的传递反射),泄水时的比降比灌水大。

b.船闸灌泄水时,随阀门开启时间的加长,最大流量、最大波高和最大比降均相应减小。

c.灌水比降比泄水小,尤其是 $t_v<6$min 时比降差异最大,当 $t_v\geq 6\sim 12$min 泄水比降比灌水大0.8‰,其后随阀门开启时间延长,在数值上两者呈现逐步接近的趋势。

d.泄水最小水深为4.13~4.21m,灌水最小水深为2.58~3.27m;泄水时最小水深随阀门开启时间延长变化不大,灌水时则呈增大的趋势,并随阀门开启时间加长逐步趋于平缓。

2)阀门变速开启

当船闸输水阀门采用单一匀速开启时,流量过程近似呈三角形分布,流量为由零→最大→零,该最大流量是引航道水力条件和船舶(队)航行、停泊条件的控制因素。这里的水力条件是指渠道中波动、比降和流速。在中间渠道中,为了减小灌泄水的最大流量,以减小波高、流速和比降,试图采用阀门按曲线方程开启。由于控制系统条件限制,在模型要做到这点,有一定难度,故采用三级变速。

(1)开启时间与高度的确定

船闸闸室长130m，宽12m，起始水深2.5m，船舶（队）2×500t，总排水量1368t。对于500t级船舶，允许纵向力为25kN，初步拟定输水时间为12min，船闸初始水头分别为20m、30m、40m，根据这些条件来确定梯形流量过程线的有关参数。具体计算方法参见赵德志的《船闸输水阀门开启规律的探讨》[60]一文。不同初始水头情况下，阀门开启高度及流量过程曲线见图4-18～图4-20。

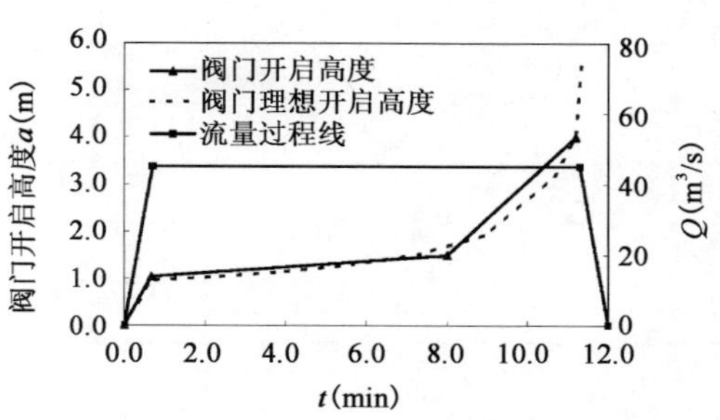

图4-18 水头20m，阀门理想开启高度及流量过程线

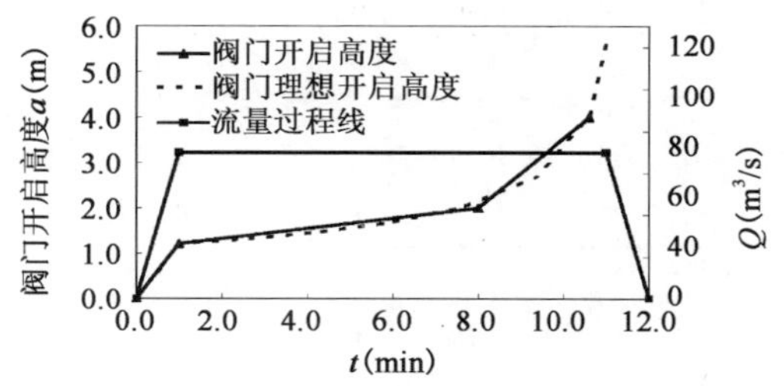

图4-19 水头30m，阀门理想开启高度及流量过程线

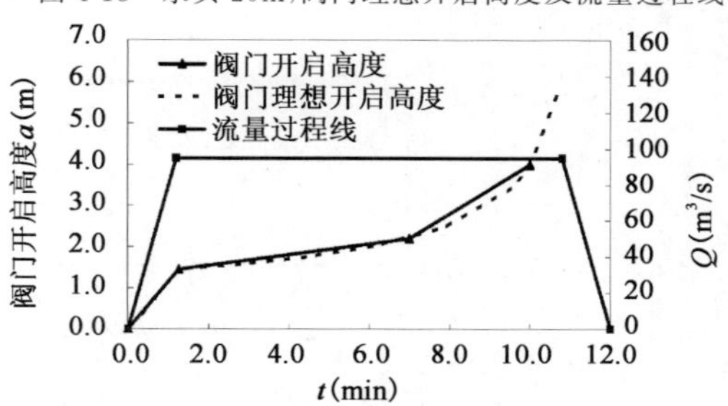

图4-20 水头40m，阀门理想开启高度及流量过程线

图中虚线是理想状态下的阀门开启高度曲线，按该曲线开启可使流量呈梯形分布，需要的阀门面积为22.1～23.27m^2。模型的实际阀门段廊道面积（宽×高）4×3.4=13.6（m^2），主廊道面积为4×4=16（m^2）。试验过程中将阀门段面积扩大到与主廊道面积一样，但该面积仍不能满足梯形流量过程线的要求，因此只能在这个基础上进行三次变速开启方式的试验，如图中阀门开启高度折线所示。等加流量时段采用与梯形流量过程线相同的开启速度；等流量时段由于阀门开启高度的变化太大，采用二级变速，第二段与梯形流量曲线基本相同的开启速度递增；第三级速率变化较大，廊道高度受到限制。变速开启高度采用4.0m，见表4-13。

不同水头各变速阶段阀门开启时间与对应高度值 表4-13

初始水头 H_0(m)	20				30				40			
变速阶段	0	1	2	3	0	1	2	3	0	1	2	3
t(s)	0	40	480	672	0	60	480	636	0	76	420	600
a(m)	0.0	1.04	1.50	4.00	0.00	1.22	2.00	4.00	0.00	1.46	2.20	4.00

注：t为各开启时段的时间；a为阀门开启时段的高度。

（2）梯形流量的验证

从图4-21、图4-22看出，第一、二级开启过程与曲线方程符合程度较好，第三级则与曲线方程相差较大，只能是近似的。为验证变速开启的实际流量过程线与设计梯形流量过程线的差别，实测了模型流量过程，见图4-21、图4-22，并与设计值进行了比较，见表4-14。从图4-21看出，上级船闸泄水流量过程线与实际流量拟合得较好，而图4-22的下级船闸灌水稍差，尤其是第三级的实际流量偏小。从梯形流量而言，上级船闸泄水实际流量的平均值与曲线方程开启的梯形流量比较接近，而与下级船闸灌水的流量相差较大。但总的来说，流量拟合还是比较好的。

梯形流量过程比较 表 4-14

曲线方程开启梯形流量(m^3/s)	变速开启梯形流量(m^3/s)(近似值)	
	上级船闸泄水	下级船闸灌水
45	45	55
70	78	85
95	108	118

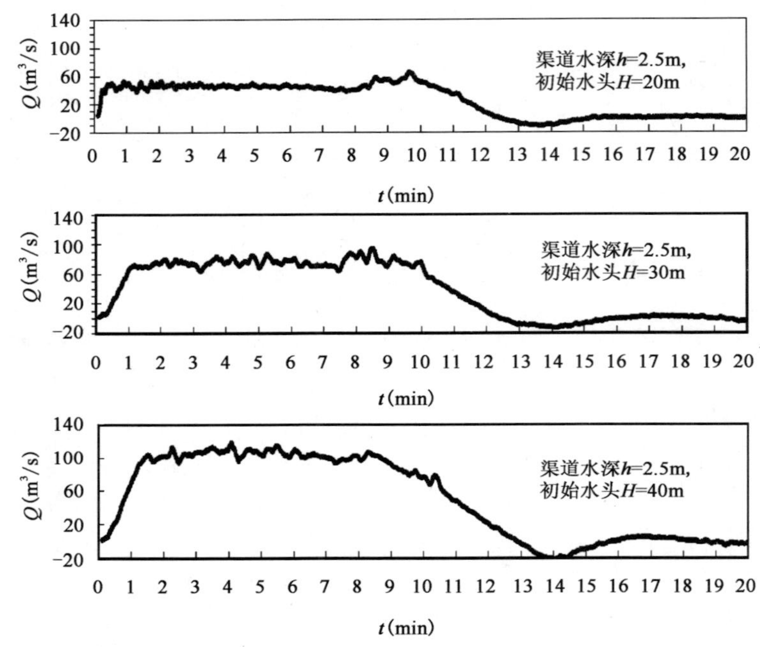

图 4-21 上级船闸变速开启泄水流量过程线

(3)渠道中的水力要素及其比较

试验观测了渠道内的水力要素。泄水水体开始从渠道始端传递到末端的时间约 6.5min,末端反射波回到始端的时间约 12.6min,调平闸室与渠道水位的时间约 12min,然后水体往复振荡。下级船闸灌水的落水波、反射波以及振荡波时段与泄水过程基本一致。不同的是,泄水时推进波端部的陡度较大,反射波与振荡波局部比降较大;而下级船闸灌水时,水面线比较平滑,比降略小。造成这个差别的主要原因是上级船闸泄水水体流入中间渠道,而下级船闸灌水是水体流出中间渠道,中间渠道的波动特性不同。

在变速、匀速两种开启方式的输水时间相同条件下,对两种开启方式的水力要素进行比较后看出:

①由于阀门变速开启时灌泄水过程中的最大瞬时流量比阀门匀速开启小,使渠道中的推进波、反射波及振荡波的波高均减小。

②在相同输水时间的情况下,阀门面积匀速方式为 13.6m^2,变速为 16.0m^2,后者比前者大 17.6%,振荡波波高后者较前者减小最大为 85%。

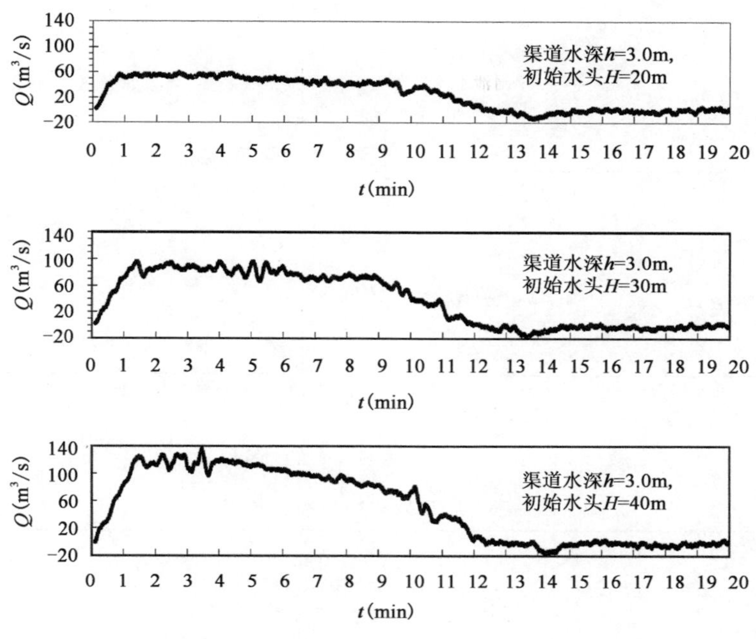

图 4-22　下级船闸变速开启灌水流量过程线

③变速与匀速开启方式全渠道中最大比降之比，泄水为 3.05～4.38，灌水为 1.02～1.92。变速开启时渠道内的比降大，原因是变速开启初期流量增率比匀速开启大。

曲线方程开启方式使流量呈梯形分布，需要较大输水廊道面积。而改用变速开启，在面积增加不多的基础上，使流量近似呈梯形分布，达到了减小波高的目的，但比降较匀速方式大得多，不容易满足船舶停泊条件。

4.5　双线船闸的运转方式研究

4.5.1　双线船闸运转组合

双线船闸的运转有四种组合，即同时联泄、单泄、错开泄Ⅰ和错开泄Ⅱ。各种运转组合进入引航道的最大流量依次为：①$Q_{max}=2Q_{单max}$；②$Q_{max}=Q_{单max}$；③当两个船闸阀门开启时间间隔 $\Delta t_v<t_v$ 时，$Q_{单max}<Q_{max}<2Q_{单max}$；④当 $\Delta t_v>t_v$ 时，$Q_{max}\approx Q_{单max}$，见图 4-23，从图看出，在选择双线船闸运转组合时应排除图中的 a)、c)，采用图中的 b)、d)运转方式，使进入引航道的流量，为单闸泄水的最大流量。需说明的是，单闸和双闸同泄均为特例，可以根据允许停泊条件确定合理交错时间。

4.5.2　双线船闸工程实践

搜集国内部分枢纽上的通航建筑物，双线船闸尺度、水头、最大瞬时流量以及引航道的情况（表 4-15），这些船闸存在运转方式的合理选择问题。

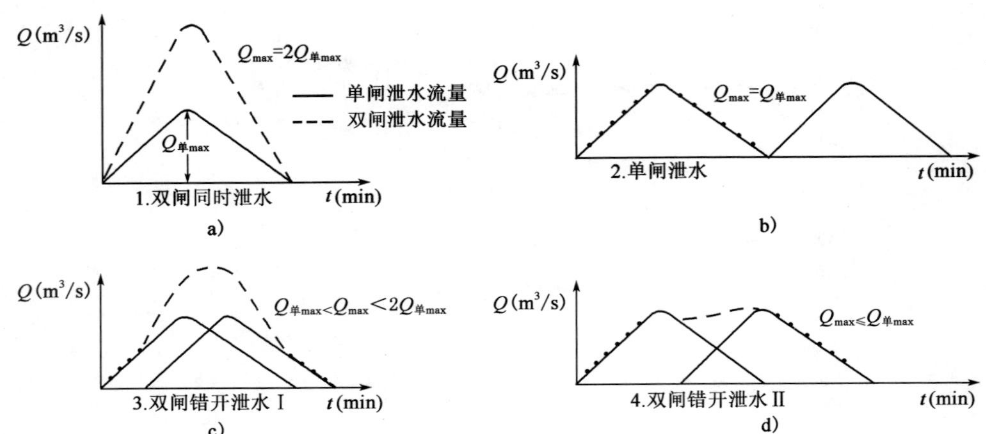

图 4-23　双线船闸运转组合情况

国内部分枢纽双线船闸的基本情况　　表 4-15

<table>
<tr><th rowspan="2">序号</th><th colspan="2">名　　称</th><th rowspan="2">航道等级</th><th rowspan="2">水头(m)</th><th rowspan="2">闸室尺寸(m)
(长×宽×槛上水深)</th><th rowspan="2">Q_{max}
(m^3/s)</th><th rowspan="2">备　　注</th></tr>
<tr><th>枢纽</th><th>船闸</th></tr>
<tr><td>1</td><td>葛洲坝</td><td>2号、3号</td><td>Ⅰ</td><td>27.0</td><td>280×34×55
120×18×3.5</td><td>808.0
320.0</td><td>引航道共用</td></tr>
<tr><td>2</td><td>三峡</td><td>双线</td><td>Ⅰ</td><td>113.0</td><td>280×34×55</td><td></td><td>引航道共用</td></tr>
<tr><td>3</td><td>长洲</td><td>1号、2号</td><td>Ⅲ</td><td>15.55</td><td>190×23×3.5
260×34×4.5</td><td>350.0
—</td><td>引航道共用</td></tr>
<tr><td>4</td><td>长洲</td><td>3号、4号</td><td>Ⅰ</td><td>15.55</td><td>330×34×6.3</td><td>540～620</td><td>有的资料水头为16.28m,有的资料门槛水深5.6m</td></tr>
<tr><td>5</td><td>株洲</td><td>1号、2号</td><td>Ⅱ～Ⅲ</td><td>10.55</td><td>280×34×4.5
180×23×3.5</td><td>同灌 500
同泄 470</td><td>引航道中心设透孔靠船墩</td></tr>
<tr><td>6</td><td>长沙</td><td>1号、2号</td><td>Ⅱ</td><td>7.8</td><td>280×34×4.5</td><td>同灌 600
同泄 580</td><td>引航道共用</td></tr>
<tr><td>7</td><td>草街</td><td>双线</td><td>Ⅲ</td><td>26.5</td><td>180×23×3.5</td><td>357.0</td><td>引航道共用</td></tr>
<tr><td>8</td><td>桂平</td><td>1号、2号</td><td>Ⅰ～Ⅲ</td><td>10.5</td><td>190×23×3.5
280×34×5.6</td><td>319.2
—</td><td>引航道共用,但高程不同</td></tr>
</table>

4.5.3　双线船闸运转方式研究实例

(1)王秉哲在《三峡工程船闸设中间渠道的试验研究》中,研究了船闸中间渠道非恒定流及改善措施。针对船闸双线分散两级(中间渠道长3.9km)和分散三级(两中间渠道各长2.4km)的布置方案。观测了中间渠道非恒定流长周期波动现象,包括波的形成、传播、衰减、叠加、流速、比降等项水力特性。研究了船闸进出口布置形式与渠道内波流运动的关系,船闸组合运行对船舶(队)航行和停泊条件的影响等。得到如下认识:

①中间渠道内波浪属于浅水长波,具有非恒定流波动特性和传递流量的能力。波长一半为渠道长度,波高(幅)为渠道上下游端部瞬时波面的峰谷值。波周期与渠道水深、长度等有关,波周期在数分钟至数十分钟。

②船闸输水廊道进口与出口布置形式直接影响渠道内的波高、比降和流速流态。进出口形式布置要求输水流量在断面上分配均匀,沿纵向充分扩散。

③波浪是长周期的水面升降运动,对船舶航行产生影响,加大了水面比降,增大比降阻力。波流传播共同作用,使阻力增大;当最低通航水位时,波浪引起水面降低,减小有效水深。

④船舶(队)航行阻力与船闸输水流量有关,流量大、则流速、比降也大,使阻力加大,但均小于推轮的有效推力。

⑤船闸组合运行输水时间12.0～12.3min,1顶9×1000t船队停靠在下引航道靠船墩处,在a.上双闸泄;b.上下双闸同时灌泄;c.上双下单闸灌泄的三种运行方式下,纵向水平分力均超过允许值,需引起注意。其他组合运行及船队均满足。

(2)株洲航电枢组位于株洲县境内,枢组由左汊、11孔和右汊14孔泄水闸,船闸、电站等组成,布置见图4-24。右岸一线船闸为Ⅲ级,二线船闸为Ⅱ级,在两船闸的上下游引航道之间,用18个靠船墩隔开,靠船墩之间,一种是透空式;一种是设隔水墙,但底部透空。为探讨双闸同时或错时灌水或泄水时,引航道中的水力要素(纵、横向流速和比降)和水位波动特性,进行数学模型研究,结果见表4-16。

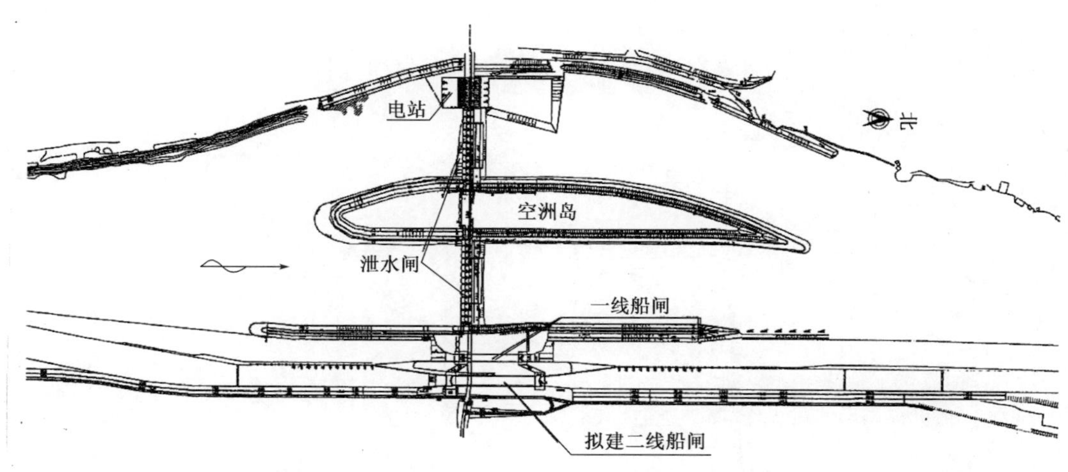

图4-24　株洲航电枢组总体布置图

从表看出:双闸运转方式对引航道的水力特性影响甚大,双闸错时灌泄水比同时灌泄水波幅值减小27%～50%;水面比降减小23%～35%,因此在实际运转中,应避免同时灌泄水方式。

株洲枢纽双线船闸输水水力特性 表 4-16

尺度(m)		最大瞬时流量(m^3/s)	运行方式	水力特性			
闸室(长×宽×槛上水深)	引航道			ΔH_{max}(m)	J_{max}(‰)	V_{ymax}(m/s)	V_{xmax}(m/s)
一线 180×23×3.5 二线 280×34×4.5 (方案 2)	$L_{n上}=585$ $L_{n下}=600$ $B_n=75$	500	双闸同时灌水	−0.26～0.48	−0.43～0.40	0.66	0.09
		360	双闸错时灌水	−0.19～0.28	−0.28～0.32	0.62	0.23
		470	双闸同时泄水	−0.68～0.43	−0.39～0.47	1.04	0.20
		330	双闸错时泄水	−0.29～0.25	−0.3～0.34	1.01	0.24

注:①引航道水力特性值,双闸同时灌泄水≥二线船闸>一线船闸>双闸错时,本表仅列出同时与错时灌泄水特性值。

②ΔH、J、V_y、V_x 分别为最大波幅、比降、纵向流速和横向流速。

③错时 $\Delta t=5$min 灌泄水。

④表中波幅值数据有待论证。

(3)长沙综合枢纽位于长沙市望城县境内的湘江蔡家洲,是一座以保障长沙、株洲和湘潭三市供水,改善航运,兼顾发电等多种功能的综合性枢纽工程。枢纽建筑物有左右岸副坝,船闸、低堰泄水闸 26 闸孔,泄洪排污闸,电站、鱼道等,布置见图 4-25。船闸位于河道左岸,右侧与泄水闸紧邻,船闸为单级双线,一、二线并列,轴线相距 62m,引航道对称共用。两船闸灌水从上游引航道取水,船闸泄水时,两船闸的左侧廊道泄入下游引航道,右侧廊道泄入河侧。为探讨双闸同时、错时灌水或泄水,以及单闸灌水或泄水时,引航道各工况的水力特性,进行数学模型研究,结果见表 4-17。从表看出:可得出与株洲航电枢纽相同的结论。

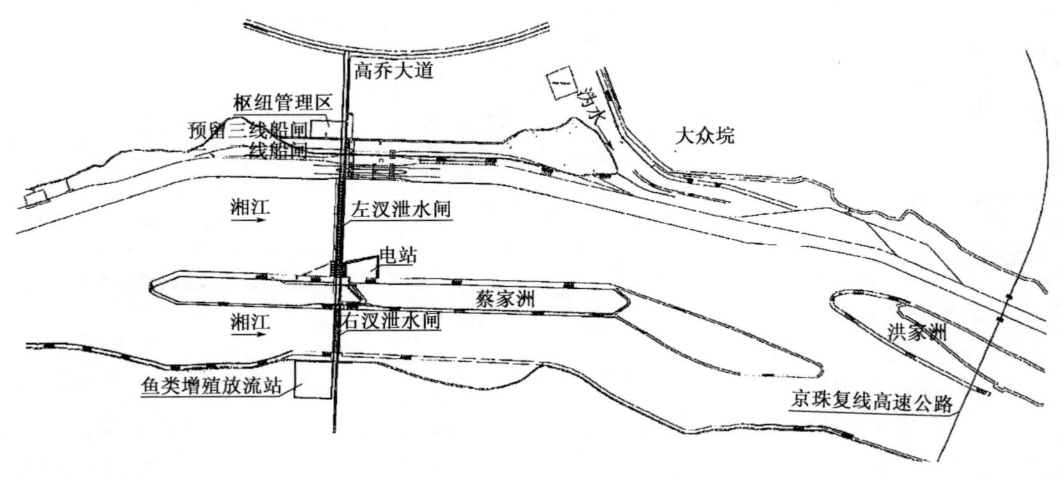

图 4-25 长沙综合枢纽总体布置图

长沙枢纽双线船闸输水水力特性　　　　表 4-17

尺度（m）		最大瞬时流量（m^3/s）	运行方式	水力特性			
闸室（长×宽×槛上水深）	引航道			ΔH_{max}（m）	J_{max}（‰）	V_{ymax}（m/s）	V_{xmax}（m/s）
280×34×4.5	$L_{n上}=L_{n下}=910$ $B_{n上}=B_{n下}=146$	600	双闸同时灌水	−0.27～0.24	−0.35～0.4	0.44	0.28
		350	双闸错时灌水	—	—	—	—
		580	双闸同时泄水	−0.39～0.37	−0.4～0.1	0.65	0.1
		350	双闸错时泄水	−0.12～0.25	−0.1～0.25	0.43	0.11

注：①双闸同时输水水力特性均大于一线或二线单线灌泄水。
②表中波幅值数据有待论证。
③符号含义同表 4-16。

(4)三峡船闸(设中间渠道方案)输水系统出口布置形式试验

出口布置形式见图 4-26，观测了单船闸泄水时引航道船只停泊的缆绳受力试验。

①试验条件：船闸初始水头 H_0 为 25、36、41、43(m)，引航道宽 226m，水深分别为 5.0、5.5、5.7、6.7、7.7(m)。

停泊位置离出水孔段 60m。

船舶以 4×3000t 为控制船型，总排水量为W=13440t。

阀门开启为匀速，开启时间 t_2=3、4、5、8(min)。

②以单船闸泄水，观测船队纵向受力(纵向力为控制作用力，横向力较小，忽略不计)，见表 4-18。

单船闸泄水时船队纵向受力　　　　表 4-18

船闸初始水头 H_0(m)	引航道水深(m)	阀门开启时间 t_v	3min	4min	5min	6min
43	5.0	船队纵向力(kN)	198.2	143.6	113.8	66.1
41	5.0		183.2	142.5	102.0	54.0
	5.7		164.9	120.2	89.6	46.9
	6.7		128.3	99.8	70.4	40.7
	7.7		114.0	80.4	61.1	36.7
36	5.0		159.2	120.0	84.7	45.5
25	5.5		129.0	83.0	55.0	12.0

从表可以看出，船队纵向力与水头、阀门开启速度成正比，与引航道水深成反比，按允许受力来衡量，只有 $H_0<36$m，$t_v\geqslant 8$min 时才能安全停泊。

当双闸联泄或错开泄水时，船舶缆绳受力将成倍增加，所以引航道的停泊条件已成为控制因素。

在试验中曾进行了计算值与实测值的比较，计算结果表明：当 $t_v\geqslant 4$min，计算值与实测值是吻合的，唯 $t_v\leqslant 4$min 时，实测值比计算值大。

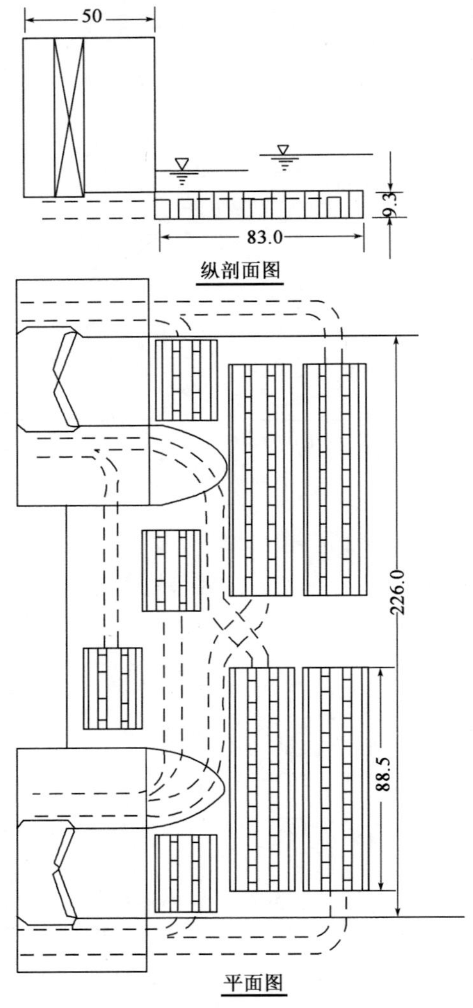

图 4-26 三峡船闸(设中间渠道)共用引航道出口布置形式(尺寸单位:m)

综上可见:对于双线船闸共用引航道时,为改善引航道的水流条件和船舶(队)的停泊条件,应避免双闸同时灌水或泄水,尽可能避免双闸错开时间 $\Delta t < t_v$ 的时间,应按单闸或 $\Delta t > t_v$ 来运行,目的均是减少进入引航道的流量,改善引航道的通航条件。

4.6 本章小结

引航道与中间渠道通航条件的改善措施有多种,最简单和直观的方法是加大宽度或增加水深,但这里存在一个经济比较问题。因此应根据地质地形条件,船闸规模、闸室尺度、输水时间、通过能力等因素,经综合研究及多方案技术经济比较,确定改善措施。

(1)应根据地质地形条件选择引航道的取泄水方式,减少从引航道取泄流量,从而改善引航道的通航条件。

(2)增加阀门匀速开启时间,延长输水时间,减小最大流量及流量增率,可减小中间渠道内的波高、水面比降、水流流速和船舶系缆力。建议在满足输水时间的前提下,延长阀门开启时间。

(3)曲线方程开启方式使流量呈梯形分布,需要较大输水廊道面积,而改用变速开启,在增加面积不多的基础上,使流量近似呈梯形分布,达到减小波高的目的,但受流量增率影响,该开启方式产生的水面比降较匀速方式大得多,不易满足船舶停泊条件。

(4)采用调节池方案对中间渠道内的推进波、反射波及振荡波、比降均有减小作用。改善程度与布置形式有关。行之有效的调节池方案与调节池面积、与渠道的连接形式、位置等有关,需要结合实际工程进行研究。

(5)输水廊道的进出口分别为单廊道(相对集中)和双、三廊道(相对分散),对上级船闸泄水时渠道内波高的改善效果不大,但对下级船闸灌水时渠道内波高有一定程度的改善;另外从消能以及波动衰减考虑,还是应分散布置。

(6)双线船闸共用引航道时,应尽可能避免双闸同时灌水或泄水,宜采用错时灌水或泄水,错开时间为1倍阀门开启时间,能改善引航道的通航条件。

(7)船闸中间渠道上下游船闸采用先泄后灌运转方式,错开时间约为1倍阀门开启时间,能改善渠道通航条件。

(8)船闸中间渠道的长度可按地形条件布置,宽度可利用溪沟及其低洼地带,不强求规则。只要求满足水深、宽度、曲率半径的规范要求。对于规则断面的中间渠道宜尽量缩短长度。

(9)缩短引航道长度,可以使口门处产生的与原波浪性质相反的反射波早些返回,以抵消引航道内的波动。其次也可在引航道导航墙上开孔以分散引航道内的水流,从而减小波动现象。

参 考 文 献

[1] 涂启明.船闸总体设计与图例[M].北京:人民交通出版社,1992.

[2] 王作高.船闸设计[M].北京:水利电力出版社,1992.

[3] 宗慕伟,杨孟藩.船闸输水系统设计[R].南京:南京水利科学研究院,1989.

[4] 须清华.通航建筑物应用基础研究[M].北京:中国水利水电出版社,1999.

[5] A.B.米哈依洛夫.船闸[M].华东水利学院,译.北京:科学出版社,1957.

[6] 周华兴.船闸通航水力学研究[M].哈尔滨:东北林业大学出版社,2007.

[7] 中华人民共和国行业标准.JTJ 305—2001 船闸总体设计规范[S].北京:人民交通出版社,2001.

[8] 中华人民共和国行业标准.JTJ 306—2001 船闸输水系统设计规范[S].北京:人民交通出版社,2001.

[9] 中华人民共和国行业标准.JTJ 220—98 渠化工程枢纽总体布置设计规范[S].北京:人民交通出版社,1998.

[10] 中华人民共和国行业标准.GB 50139—2004 内河通航标准[S].北京:人民交通出版社,2004.

[11] 中华人民共和国行业标准.JTJ/T 235—2003 通航建筑物水力学模拟技术规程[S].北京:人民交通出版社,2003.

[12] 中华人民共和国行业标准.JTJ/T 232—98 内河航道与港口水流泥沙模拟技术规程[S].北京:人民交通出版社,1998.

[13] 李焱.三峡工程船闸灌水上游引航道内水力特性数值模拟[R].天津:天津水运工程科学研究所,2001.

[14] 李焱,郑宝友,孟祥玮.高坝通航中间渠道和渡槽的尺度及通航条件研究[R].天津:天津水运工程科学研究所,2006.

[15] 李焱,郑宝友,孟祥玮,龙滩升船机中间渠道和渡槽通航条件水工模型研究[R].天津:天津水运工程科学研究所,2006.

[16] 孟祥玮,等.船闸设中间渠道的尺度和水力特性及船舶(队)通航条件模型研究[R].天津:天津水运工程科学研究所,2006.

[17] 李焱,刘清江.通航建筑物引航道通航水流条件研究[R].天津:天津水运工程科学研究所,2007.

[18] 刘清江,李焱,等.船闸灌泄水非恒定流对引航道内通航条件影响研究[R].天津:天津水运工程科学研究所,2006.

[19] 孟祥玮.船闸灌泄水引航道非恒定流研究[D].天津:天津大学建筑工程学院,2010.

[20] 戈龙仔,刘清江,陈汉宝.中间渠道和渡槽通航水流条件数值模拟研究[R].天津:天津水运工程科学研究所,2006.

[21] 于宝海,曹玉芬.船闸闸室与引航道水力及停泊条件分析[J].港湾建设,2007(2).

[22] 戈龙仔,曹玉芬,等.船闸中间渠道非恒定流特性与调节池改善措施探讨[J].水道港口,

2006(6).

[23] 李焱,刘清江.导航堤(墙)开孔对引航道通航水流条件影响的研究[R].天津:天津水运工程科学研究所,2006.

[24] 孟祥玮.三峡电站日调节非恒定流对上游引航道通航条件研究[R].天津:天津水运工程科学研究所,2008.

[25] 李云,等.泰特—巴拉那水道及伊泰普电站通航建筑物[J].水利水运工程学报,2001(增刊).

[26] 王鸿筠,等.三峡枢纽第五、六级船闸及中间渠道水工模型试验报告[R].北京:水利水电科学研究院,1959.

[27] 赵德志,等.三峡水利枢纽两级船闸中间渠道涌浪初步试验报告[R].天津:天津水运工程科学研究所,1985.

[28] 丁道扬.设中间渠道船闸非恒定流数学模拟研究[R].南京:南京水利科学研究院,1995.

[29] 丁方中.三峡船闸中间渠道二维非恒定流数学模拟计算报告[R].南京:南京水利科学研究院,1985.

[30] 王秉哲,等.三峡工程分散两级双线船闸中间渠道非恒定流及改善措施研究报告[R].天津:天津水运工程科学研究所,1990.

[31] 王秉哲,等.三峡工程分散三级双线船闸中间渠道非恒定流及改善措施研究报告[R].天津:天津水运工程科学研究所,1990.

[32] 乔文荃,等.双线连续多级船闸下游引航道优化布置及其非恒定流研究报告[R].南京:南京水利科学研究院,1990.

[33] 周华兴,等.船闸设中间渠道的有关问题[J].水利水运工程学报,2005(增刊).

[34] (苏)阿尼普钦科.关于船闸下游引渠消波[J].傅永清,译.内河航运,1962(10).

[35] (苏)B.巴拉宁.船闸下游引渠消波[J].傅永清,译.内河航运,1962(10).

[36] 李发政,等.三峡船闸下游引航道通航条件研究[J].长江科学院学报,1999(5).

[37] 乔文荃.三峡船闸上游引航道非恒定流及改善措施的研究[R].南京:南京水利科学研究院,1993.

[38] 周华兴.船闸灌泄水非恒定流对引航道水力特性影响的研究[J].水利水运科情报,1992(1).

[39] 周坦.葛洲坝水利枢纽三江下游引航道船闸泄水引起波动及对航道维护的影响[R].武汉:长江航道局,1984.

[40] 涂启明.试论船闸引航道尺度[J].水利学报,1984(7).

[41] 周华兴,等.船闸灌泄水引航道内波动与比降研究[J].水道港口,2005(2).

[42] 周华兴.三峡双线船闸引航道停泊条件分析[J].水运工程,1995(3).

[43] Hans-werner Partensiky.船闸灌水时引航道内的波浪[J].宗慕伟,须清华,译.P.A.S.C.E Journal of water ways and harbors division volume 86 No. ww1 March, Part. 1.

[44] (苏)斯尼申科.对运河短渠内降低波高的研究[J],傅永清,译.内河航运,1959(9).

[45] 交通部水运司.中国水运工程建设技术[M].北京:人民交通出版社,2005.

[46] 彭伟,等.湘江航运枢纽多线船闸关键技术研究——双线船闸灌泄水非恒定流水力特性

及对通航条件影响研究[R].天津:交通运输部天津水运工程科学研究院,2013.
[47] 曹玉芬,戈龙仔,等.带中间渠道船闸运转方式的试验研究[J].水道港口,2007(3).
[48] 李焱,等.船舶进出承船厢水力特性试验[J].水道港口,2006(2).
[49] 李焱,等.升船机船厢出入水中间渠道内水力特性试验[J].水道港口,2007(1).
[50] 李焱,等.升船机中间渠道的航行水力特性和尺度试验研究[J].水利水运工程学报,2005(增刊).
[51] 梁应辰.葛洲坝水利枢纽通航建筑物设计[J].水利水电技术,1981(7).
[52] 孟祥玮,郑宝友,王秉哲.三峡枢纽通航条件研究[J].中国三峡建设,2004(2).
[53] 史德亮.三峡工程上游引航道往复流对通航的影响[J].长江科学院院报,1998(4).
[54] 孟祥玮,等.船闸输水基本方程的应用[J].水利水电技术,2008(10).
[55] 吴时强,等.中间渠道内非恒定流数模拟[J].水利水运科学研究,1997(3).
[56] 王秉哲,等.高水头船闸中间渠道内涌浪问题的研究[J].水道港口,1988(4).
[57] 郑宝友,周华兴.对《船闸总体设计规范》中问题的讨论[J].水利水运工程学报,2013(4).
[58] 华东水利学院,重庆交通学院.渠化工程学[M].北京:人民交通出版社,1981.
[59] 陈阳,李焱,孟祥玮.船闸引航道内水面波动的二维数学模型研究[J].水道港口,1998(3).
[60] 赵德志.船闸输水阀门开启规律的探讨[J].水道港口,1983(2).

索　　引

后　　记

船闸引航道非恒定水流的产生原因，除船闸灌泄水以外，还有升船机承船厢出入水、电站增(减)负荷的日调节和泄水闸启闭闸门的泄洪等。本书仅对船闸灌泄水非恒定流问题进行了总结。今后，在不断完善提高本书内容的同时，还应对以下几个方面的工作进行总结提高。

(1)电站日调节非恒定流

水电站调峰非恒定流一般为非恒定渐变流，但在突然增(减)负荷幅度较大时又具有非恒定急变流的特性，水体的这种运动是受重力、惯性力、阻力等综合作用的结果，其中重力是主要原动力，它会使水面的升降变化与水体的运移相伴而生，并逐渐趋于衰减。"波源"即调峰水电站下泄流量的变化，这个过程不断作用于上下游河道的水体；电站流量调峰导致河道水位、水面比降及流速的变化，从而影响航宽、航深、流速、比降等航行条件。当电站日调节使河道水位与船闸(含升船机)引航道水位产生水位差时，水体会从引航道口门进入或流出，继而引发引航道水体非恒定的波流运动。

交通部天津水运工程科学研究所于2000～2010年十年间，曾针对三峡枢纽电站日调节、船闸灌水及两者联合运转，研究了船闸灌水、电站增(减)负荷，以及两者同时与错时运行，上游引航道水力特性、波流运动规律以及水力要素对船舶(队)航行与停泊安全的影响，同时还研究了水流条件的改善措施。研究得到了较为完整的研究成果，需进行系统的总结。

(2)升船机承船厢出入水非恒定流

升船机承船厢出入水方式存有两种情况，一是当下游水位变幅大，承船厢一般采用出入水方式。其"利"是土建结构简单、开挖量小，工程量省，施工难度小。其"弊"是船厢出水瞬间的吸附力大，需顾及引航道的水体波动特性与水力要素等通航条件，其操作程序比不出入水方式要复杂些。二是当下游为中间渠道时，由于中间渠道中的水位变幅小，承船厢可采用不入水方式。

升船机承船厢采用出入水方式时，于中间渠道会表现出引航道、闸室集中输水和振荡波三种类型的水力特性。承船厢出入水时，中间渠道的水力特性与承船厢底部面积、出入水速度有关，它涉及进入渠道的流量。以往有关科研院校曾结合具体工程(三峡、岩滩、水口、向家坝、龙滩、百色、构皮滩、丹江口、隔河岩等升船机工程)做了大量的试验研究工作。主要是针对船舶(队)进出船厢时，厢内水位的涌高(降低)与断面系数、航速的关系，承船厢底部面积、形状、升降速度与吸附力的关系，以及承船厢升降速度的安全保障设施等进行了卓有成效的研究，提出了数十篇论文。如何结合不同的航道等级和相应的船型船队系统，研究提出船厢出入水时，引航道的水力要素(流速、比降、系缆力)与中间渠道的波动特性规律(推进波、反射波、振荡波)等，还有待去总结提高。

对于水力式升船机，若从引航道取水向竖井灌水，竖井水体泄入下游引航道时，同样有引航道通航条件问题。

(3)大坝泄洪非恒定流

泄水闸的功能是在枯水期处于关闭状态蓄水以增加电站水头、洪水期敞开宣泄洪水,中水期则根据需要拦水或下泄。根据闸门位置、开度和速度不同,泄水闸闸门有多种开启方式。不同的开启方式均使闸上、闸下河道产生能量的再分配,改变水流流速和流向,造成回流范围和强度的变化,会影响船闸引航道口门区及连接段的水流与航行条件。

在通航枢纽中,中洪水流量时,以恒定流方式通过泄水闸向下游泄流,水流自身具有巨大的能量,它的本质特征表现为全部水体波动,在闸下航道水域形成强烈的泄水波,该泄水波频率高、周期短、脉动性强,往往对口门区及连接段的通航安全构成威胁。枢纽泄洪流量恒定条件下的上下游通航条件研究工作开展较多,如结合三峡等水利枢纽工程平面布置设计,均开展了相应的研究工作。

泄水闸闸门在启闭过程中,在枢纽上下游形成非恒定流的长波运动,当泄流量增加,闸下游产生顺流正波,闸上游产生逆流负波;当泄流量减小,闸下游为顺流负波,闸上游为逆流正波。长波运动会影响下游河道水位变幅、水面比降、波高和口门区的通航水流条件等。波动有时会对船舶航行产生阻力,影响航速,有时又会影响舵效和安全。该非恒定水流遇到引航道口门时,如存有水位差,水流会进入或流出引航道形成周期性的往复波流运动,影响引航道内船舶的航行和停泊。

综上所述,引航道(中间渠道)通航水流条件的影响因素除船闸灌泄水外,还有电站日调节、升船机承船厢出入水和泄水闸启闭闸门泄洪等。这方面已分别做了大量科研工作,取得了一定的科研成果,也已具备进行总结和提高的条件。电站日调节、升船机承船厢出入水和泄水闸启闭闸门泄洪非恒定流问题,应作为本书的后续工作逐步开展。